Stephanie van der Linden

STRICKEN BASICS

Der Strickkurs für Einsteiger mit über 180 Schrittfotos, 70 Strickmustern und Online-Tutorials

INHALT

HINWEIS

Zu den im Buch mit ▶ markierten Themen gibt es Video-Tutorials in der TOPP Digitalen Bibliothek. www.topp-kreativ.de/digibib

Den Freischaltcode dazu finden Sie im Impressum auf Seite 156.

VORWORT

Stricken macht Spaß und lässt viel Platz für Kreativität. Tolle Garne und wunderschöne Nadeln machen Lust auf mehr. Ganz egal ob frech oder klassisch, grob, fein, kraus, vernoppt, verschlungen, haarig, verzopft, bestickt oder zugenäht – jedes fertige Strickstück hat den Reiz des Einzigartigen und ist heiß begehrt. Wer Stricken kann, ist klar im Vorteil.

Dies ist nun ein neuer Strickkurs für all diejenigen, denen es geht wie einer lieben Bekannten, die endlich Stricken lernen wollte und von mir gut meinend mit meinen besten und liebsten Strickbüchern überschüttet wurde. Inmitten der tollsten Strickliteratur saß sie da, ein Knäuel, zwei Stricknadeln in den Händen und wusste weder ein noch aus. Die buntesten Schlingenbilder halfen nichts, weil sich diese Knoten und Schlaufen einfach nicht auf ihren Nadeln zeigen wollten. Als sie mir aber mal auf die strickenden Hände sehen konnte, klapperten bald auch ihre Nadeln.

Dennoch, an einem Nachmittag lernt man nicht alle Stricktricks. Eine Strickschule mit bewegten Bildern sollte es geben, mit allem Nötigen und Wichtigen, vielen, vielen Hinweisen und das alles anschaulich erklärt.

Wer diesen Strickkurs durcharbeitet, lernt schnell, Strickanleitungen zu verstehen und nachzuarbeiten, und unendliche Maschenvarianten tun sich auf.

Beim Stricken ist heute noch mehr denn je Spaß und Entspannung wichtig. Warum also nicht für Bequemlichkeit sorgen? Meine 6-jährige Tochter brachte sich als Linkshänderin ihre erste Anschlagtechnik selber aus einem meiner Strickbücher bei. Und ich staunte nicht schlecht, als sie mir nicht nur ihre ersten Maschen zeigte, sondern diese auch noch – anders als auf den Bildern im Buch – linkshändig in entgegengesetzter Richtung auf der Nadel lagen. Ja, warum eigentlich nicht?

Neugierig geworden machte ich mich auf die Suche und fand, wenn denn das Thema Linkshändigkeit überhaupt erwähnt wurde, fast immer die lapidare Haltung: „Lassen Sie das, das bringt nur Probleme!" Dabei ist das Prinzip leicht erklärt und erstaunlich viele sind auch beim Stricken bereits linkshändig in anderer Richtung unterwegs. Alles, was zum gewünschten Ergebnis führt, kann doch auch nur richtig sein.

Egal, ob Sie rechtshändig oder linkshändig durchs Leben gehen, probieren Sie doch mal beide Strickvarianten, bleiben Sie bei dem, was Ihnen am bequemsten erscheint, und trauen Sie sich ruhig, andersherum zu stricken! So viele Probleme werden gar nicht auf Sie warten! Ran an die Nadeln!

Stephanie van der Linden

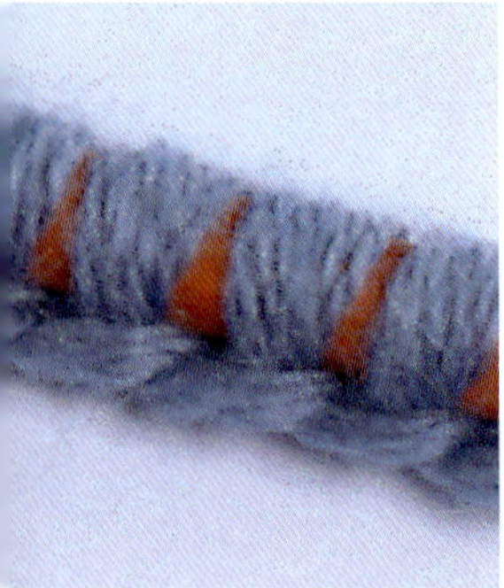

STRICKEN – DIE EINFACHSTEN SCHLINGEN DER WELT?!

Für manche sind es die kompliziertesten Knoten der Welt. Wer aber einmal verstanden hat, worum es geht, kann bald die Nadeln klappern lassen und jede Menge Maschenvarianten aneinanderreihen. Dann wird das Stricken zur Lust und Entspannung pur.

Ein Strickstoff entsteht aus einem einzigen Faden. Man arbeitet sich Masche für Masche in Reihen von unten nach oben vor. Auf der Maschennadel liegen die Maschen der letzten Reihe. Mit der Arbeitsnadel wird nacheinander aus jeder Masche eine neue Schlaufe des Fadens herausgeholt. Dies ist bereits die neue Masche der nächsten Reihe. Sie bleibt auf der Arbeitsnadel liegen, bis sie selber wieder gestrickt wird. Wird die „alte" Masche von der Nadel gehoben, kann gleich die nächste Masche der Maschennadel in Angriff genommen werden.

HINWEIS

Dieser Lehrgang beschreibt sowohl rechtshändiges als auch linkshändiges Stricken. Schrittfotos für Linkshänder werden mit einem **L** gekennzeichnet, Abweichungen im Text sind hellgrau eingefügt.

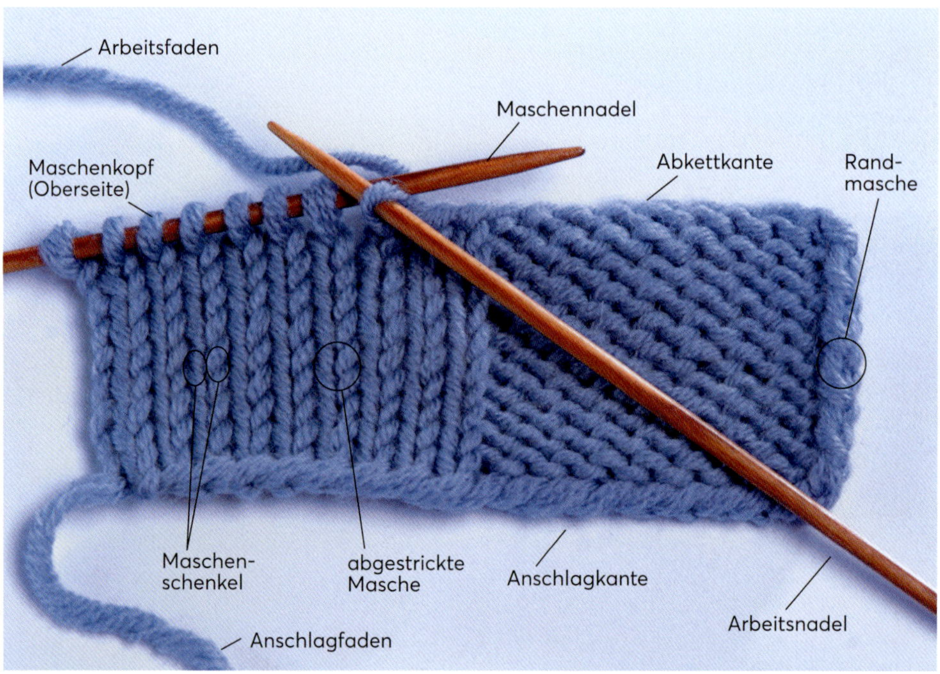

Die Einteilung in **Rechtshänder** und **Linkshänder** bezieht sich in diesem Buch im Wesentlichen auf die Strickrichtung mit all ihren Besonderheiten. Da beide Hände beim Stricken aktiv sind, muss das nicht unbedingt der eigenen Händigkeit entsprechen. Suchen Sie sich die bequemste Art und Strickrichtung aus.

Manchmal ist es auch hilfreich, sicher in beide Richtungen stricken zu können, etwa wenn große Strickstücke jeweils nach wenigen Maschen immer wieder gewendet werden müssten. Geübten Strickerinnen ist das Stricken in beide Richtungen also ganz und gar nicht unbekannt.

! Rechte und linke Maschen lassen sich anhand ihres „Kragens" leicht unterscheiden. Rechte Maschen tragen V-Ausschnitt, linke Maschen tragen Rollkragen.

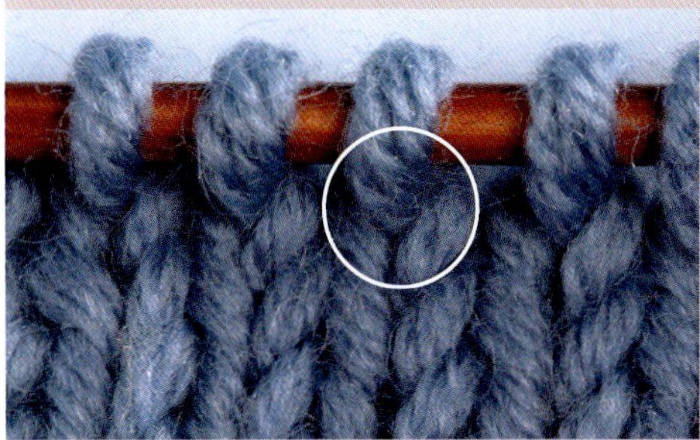

Wird der Faden dabei von hinten nach vorne aus der Masche gehoben, entsteht eine **rechte Masche**. Im Maschenbild werden die beiden Maschenschenkel sichtbar, die das typische „V" einer rechten Masche bilden.

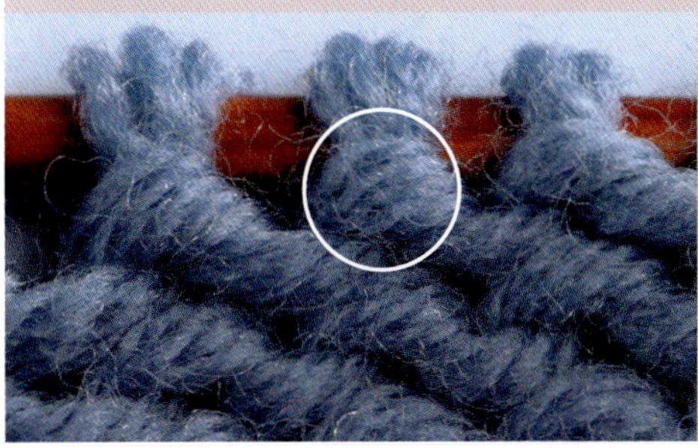

Schiebt man den Faden dagegen von vorne nach hinten durch die Masche, entsteht eine **linke Masche**. Sichtbar werden vor allem die nach vorn gekippten Maschenköpfe.

HINWEIS

Eine rechts gestrickte Masche erscheint auf der Rückseite als linke Masche. Eine links gestrickte Masche erscheint auf der Rückseite als rechte Masche.

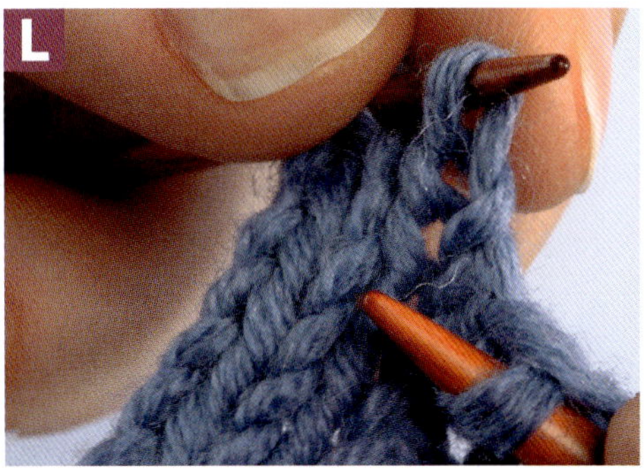

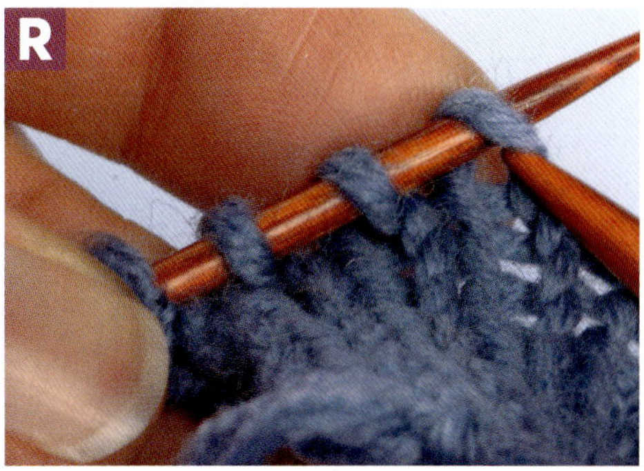

Rechtshänder stricken ihre Maschen von rechts nach links. Die Maschen liegen mit dem rechten Maschenschenkel vorne. Der linke Maschenschenkel liegt hinter der Nadel. Linkshänder arbeiten ihre Maschen von links nach rechts. Die Maschen liegen mit dem linken Maschenschenkel vorne. Der rechte Maschenschenkel liegt hinter der Nadel.

STRICKNADELN & CO.

Eigentlich braucht man zum Stricken nur Nadeln und Garn. Das Angebot an Strickequipment ist inzwischen aber so groß, dass es sich lohnt, sich einen kleinen Überblick zu verschaffen. Ansonsten gilt: Gut ist, was gefällt.

Stricknadeln sind das Arbeitswerkzeug schlechthin. Sie werden in der Regel aus beschichtetem Aluminium, aus Bambus oder Edelhölzern wie Rosenholz, Ebenholz oder Birkenholz angeboten. Aluminium- und Bambusnadeln können in den gebräuchlichsten Größen auch in Kaufhäusern gekauft werden. Für die handschmeichelnden Edelholznadeln sollte man dagegen im Fachhandel oder in der Manufaktur selber nachfragen.
Ganz besonders dünne Nadeln, die es in der Regel nur im Fachhandel gibt, werden meist aus sehr hartem, vernickeltem Stahl hergestellt, damit sie sich beim Stricken nicht verbiegen. Besonders dicke Nadeln sind oft aus Kunststoff, da sie aus anderen Materialien zu schwer würden.
Nadelstärken werden in Größen entsprechend ihrem Durchmesser angeboten. Sie sind in den Stärken zwischen 2,0 mm bis 9,0 mm jeweils in Abstufungen von 0,5 mm gut erhältlich. Dünnere oder dickere Nadeln und Zwischengrößen in 0,25-mm-Schritten führt oder bestellt nur der Fachhandel.
Es gibt inzwischen auch Firmen, die sich auf außergewöhnliche Stricknadeln spezialisiert haben und limitierte Auflagen aus besonderen Materialien wie Horn, Bein, dem Kasein-Kunststoff Galalith oder seltenen Holzsorten anbieten. Es lassen sich

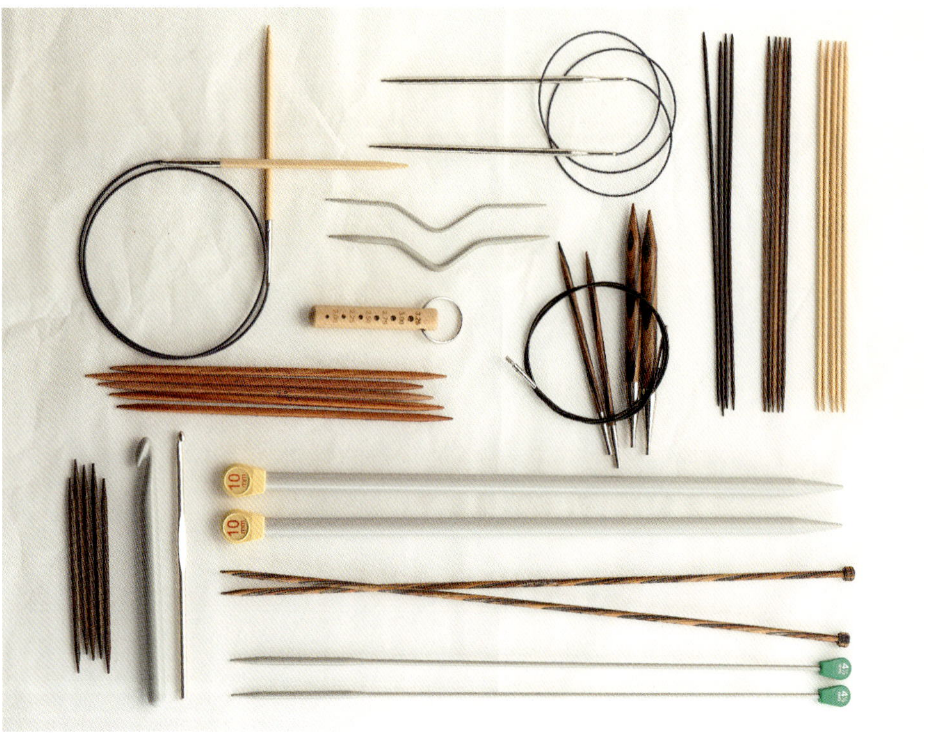

ebenso Kunststoffnadeln mit eingelegtem Metallkern, laminierte und marmorierte Holznadeln finden, wie Nadelsets mit separaten Kunststoffseilen, die mit Hilfe besonderer Systeme miteinander verbunden werden können.
Je nach Verwendungszweck werden auch verschiedene Nadelformen nötig. Die **Jackennadel** mit gleichbleibend dickem Schaft in der entsprechenden Nadelstärke hat wohl jeder als die klassische Stricknadel vor Augen. **Schnellstricknadeln** sind eine Weiterentwicklung der klassischen Jackennadeln. Ihr Schaft verjüngt sich nach etwa 8–10 cm, sodass sich die bereits abgestrickten Maschen leichter zusammenschieben lassen und das Stricken flotter von der Hand geht. Ein Nachteil von Jacken- und Schnellstricknadeln ist, dass das Gewicht des bereits Gestrickten an den Außenseiten der Nadeln kräftigen Zug auf die Unterarme hebelt. Aus diesem Grund greifen die Meisten inzwischen auch beim Reihenstricken zu **Rundstricknadeln**. Sie bestehen aus zwei Nadelschäften, die durch ein Kunststoffseil miteinander verbunden sind. Ursprünglich zum Rundstricken erdacht, ermöglichen sie es aber auch, das Gewicht des bereits Gestrickten auf den Beinen oder dem Tisch abzulegen und so die Unterarme zu entlasten. Außerdem lässt sich das Stricken jederzeit, auch mitten in einer Reihe unterbrechen, das Strickzeug problemlos transportieren und man hat beide Nadeln stets parat. Zusätzlich zu Material und Stärke der Nadelteile kann bei Rundstricknadeln noch die Länge des Kunststoffseils gewählt werden. Meistens sind Seile in einer Länge von 40–200 cm Länge vorrätig, manche Hersteller bieten auch an, jede gewünschte Seillänge zu liefern. Ein **Nadelspiel** besteht aus 5 Nadeln gleichbleibender Stärke zum Rundstricken von Strickteilen mit geringem Durchmesser. Sie werden in Längen von 10 cm für Fingerhandschuhe und bis 20 cm für Strümpfe und Mützen angeboten. 30–40 cm lange Nadelspiele werden zum Kunststricken verwendet, sind aber eher selten. Eine **Zopfnadel** ist eine kurze Hilfsnadel, ähnlich einer Spielnadel mit Knick in der Mitte, damit stillgelegte Maschen nicht herunterrutschen.

ZUBEHÖR

Sinnvoll ist außerdem eine stumpfe **Stick- oder Wollnadel** mit großem Nadelöhr zum Vernähen der Fäden und zum Zusammenfügen der Strickteile. Eine spitze Sticknadel kann für manche Stickstiche nützlich sein. Ein **Maßband** ist unverzichtbar zum Abmessen der Strickteile für den Größenvergleich mit dem Originalschnitt. Zum Bestimmen der Maschenprobe kann auch die Maschenecke S. 159 dienen. Die **Stoffschere** sollte ausschließlich für textile Materialien verwendet werden, da sie sonst schnell stumpf wird. Wächst die Stricknadelsammlung mit der Zeit an und unterscheiden sich die Nadelstärken nur sehr wenig, hilft ein **Nadelmaß** aus Karton, Kunststoff oder Metall, die tatsächliche Stärke zu bestimmen – ein gedrucktes Nadelmaß ist auf S. 148 zu finden. **Maschenmarkierer** kennzeichnen besondere Stellen im Strickstück. Ringe aus Kunststoff, Metall oder geknoteten Fadenresten (oder einfache Büroklammern) können zwischen 2 Maschen auf die Stricknadel gehängt werden. Einzelne Maschen werden durch Einhängen eines Kunststoffhakens markiert, die später wieder leicht **ausgehängt** werden können. Mit einer **Häkelnadel** lassen sich schnell hübsche Randabschlüsse arbeiten.
Der Handel bietet noch eine Menge weiteres Strickzubehör. Dabei sollte jeder individuell entscheiden, welches für den eigenen Gebrauch sinnvoll ist. In meiner „Maschentasche" befinden sich neben Bleistift und Papier auch ein Taschenrechner, eine Handcreme und mein Maschenbuch, in das alle Strickprojekte eingetragen und je eine Banderole und Kopien der Strickschriften eingeklebt werden. So haben Ärmel und Socken auch noch nach längerer Zeit die Chance, gleich lang zu werden.

WELCHE WOLLE SOLL ES SEIN?

Handstrickgarne werden nicht nur in fantastischen Farben und Färbungen angeboten. Auch die verschiedenen Qualitäten, Stärken und Strukturen geben jedem Garn ein eigenes Aussehen. Sie sind entweder tierischen, pflanzlichen oder synthetischen Ursprungs. Häufig werden reinen Naturgarnen synthetische Fasern beigemischt, um die Scheuerfestigkeit zu erhöhen.

STRICKTRICK

Auch versierte Strickerinnen tun sich oft schwer, sich auf eine Farbe für ihr geplantes Strickstück festzulegen. Um die passende Garnfarbe zu finden, hilft es häufig, sich vorzustellen, im liebsten Bekleidungsgeschäft zu stehen. Würde das fertige Strickstück dort in der gesamten Farbpalette angeboten – in welcher Farbe würde ich es wählen?

Garnhersteller lassen sich immer neue Färbeverfahren und modische Garnstrukturen einfallen. Neben den klassischen Materialien, die auch in der Bekleidungsindustrie verwendet werden, experimentieren sie mit immer neuen Materialien wie Bambus, Ramie, Soja oder Metallen. Auch die Eigenschaften der klassischen Materialien werden stetig verbessert. Wer noch Erinnerungen an kratzige Wolle oder knisternde Polyesterpullis hat, wird überrascht sein von dem angenehmen Tragekomfort der heutigen Garne aus schmuseweichem Merino oder hautfreundlicher Microfaser. Man sollte sich ruhig einen Besuch im Fachhandel gönnen, um die Garne und die dort bereits vorbereiteten Strickproben vor dem Kauf in die Hand zu nehmen.

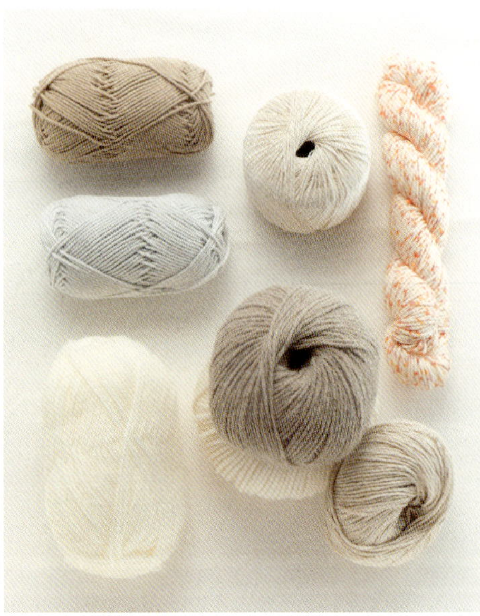

Neben der persönlichen Vorliebe für ein Material ist auch der Verwendungszweck wichtig für die Auswahl eines Garns. Um nach einer Strickanleitung zu arbeiten, sollte möglichst ein Garn aus gleichem Material und ähnlicher Lauflänge gesucht werden, damit die Maschenprobe mit der Anleitung übereinstimmt und das Strickstück die gewünschte Passform erhält.
Ein Strickstück aus kühlender Baumwolle hat ein höheres Gewicht als das gleiche Strickteil aus wärmender Wolle. Ein Baumwollfaden ist bei gleichem Gewicht also kürzer als ein Wollfaden. So ist der Garnverbrauch auch entsprechend höher, da Garne nicht nach Lauflänge, sondern nach Gewicht verkauft werden.
In der Regel werden Handstrickgarne in Rundknäueln, Flachknäueln oder Strängen von 50 g, selten auch auf Konen gewickelt, verkauft. Manche Sockengarne werden als Gesamtpaket für ein Paar Socken als 100 g-Knäuel angeboten, besonders wertvolle oder langlaufende Garne auch in 25 g-Knäuel.
Zu Knäuel oder auf Konen gewickelte Garne sind sofort einsatzbereit. Konen werden von außen nach innen abgestrickt. Den Faden eines Knäuels am besten aber von innen nach außen abwickeln, damit das Knäuel beim Stricken nicht herumspringt, verknotet und verschmutzt.
Stränge müssen vor dem Stricken noch zu einem Knäuel umgewickelt werden. Dazu gibt es spezielle Garnwickler. Es ist aber auch möglich, das Garn traditionell von Hand zum Wollball aufzuwickeln.
Dazu den Strang zunächst vorsichtig auseinanderdrehen und am besten über eine

Stuhllehne hängen, damit sich das Garn beim Abwickeln nicht verknotet. Eventuelle Garnschlingen, die den Strang in Form halten, lösen. Ein Fadenende suchen, etwa 20 cm herunterhängen lassen und etwa 10–15 mal in Form von Achten um Daumen und kleinen Finger legen. Beide Schlingen von den Fingern heben und aufeinanderlegen. Nun kann das Garn zunächst um die Mitte der Schlingen gewickelt werden, nach einer Weile immer wieder ein Stückchen drehen, sodass mit der Zeit ein Wollball entsteht. Das heraushängende Fadenstück ermöglicht es später, dieses selbst gewickelte Knäuel aus der Mitte abzustricken.

HINWEIS

Anfängern fällt der Einstieg ins schönste Hobby der Welt umso leichter, je einfacher das Garn für die ersten Maschen ist. Auf Effektgarne, haarige oder mehrfädige Garne möglichst noch verzichten und besser ein glattes oder fest verzwirntes Garn aussuchen – natürlich in der schönsten aller Farben!

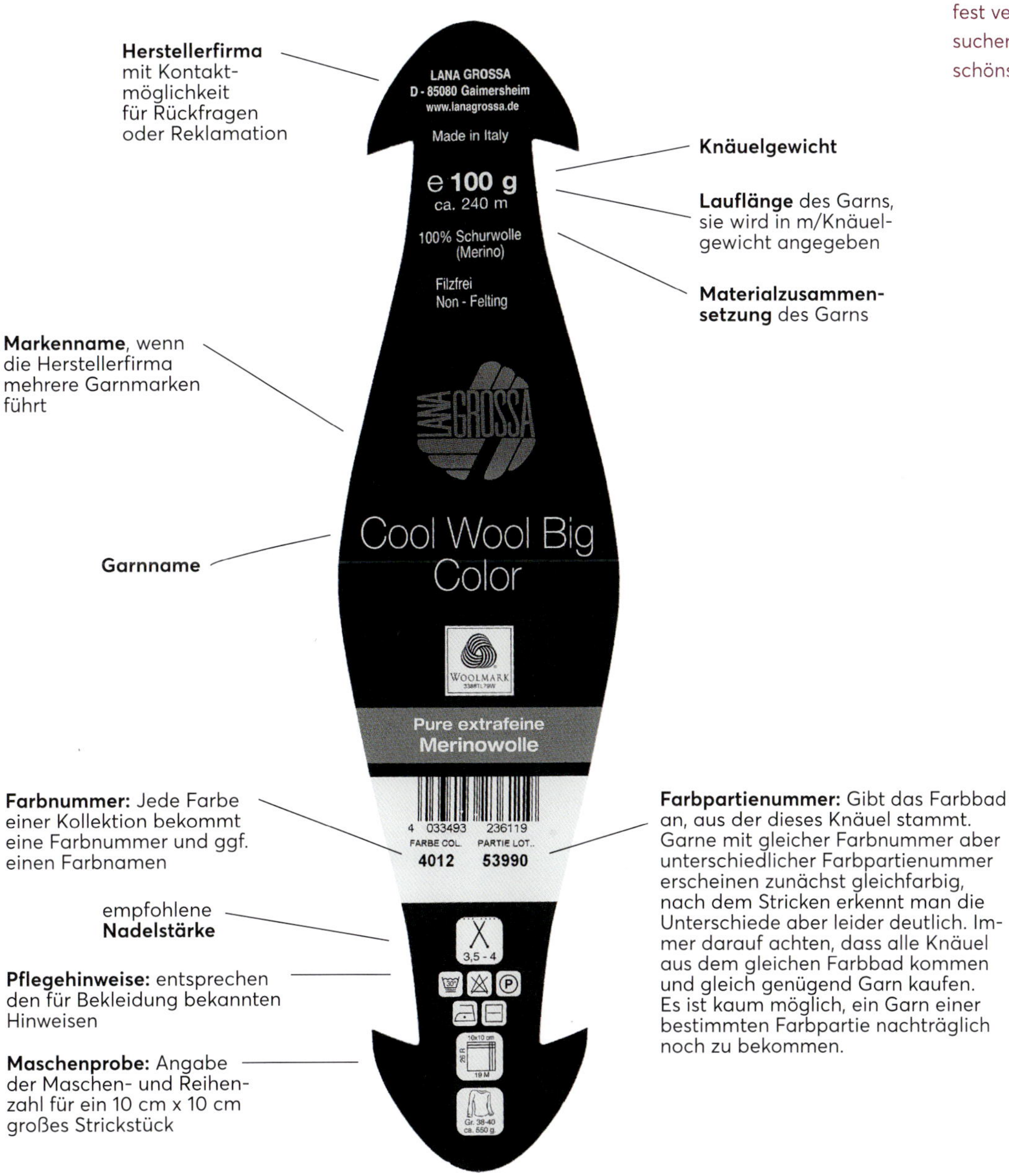

DIE RICHTIGE PFLEGE

Das schönste Material, in das mühevolle Handarbeit investiert wurde, verdient auch die beste Pflege, damit man lange Freude daran hat. Ein liebevoll hergestelltes Stück kann durch falsche Pflege rasch aus der Form geraten oder Schaden nehmen. Glücklicherweise finden sich die wichtigsten Pflegehinweise auf der Banderole des ausgewählten Garns.

Handwäsche – 40° Schonwaschgang – Mit geringer Temperatur bügeln – Nicht bleichen – Nicht im Wäschetrockner trocknen – Professionelle Textilreinigung, Schonverfahren

HINWEISE

Die Zahlen im Bottich geben die maximale Waschtemperatur an.

Ein Balken unter dem Bottich bedeutet Schonwaschgang, zwei Balken: Spezialschonwaschgang.

Die Punkte geben die Temperatur an:
● = nicht heiß,
●● = mäßig heiß,
●●● = heiß.

Das Punkte- und Balkensystem gilt auch für die übrigen Pflegesymbole.

WOLLE WASCHEN

Richten Sie sich bei der Behandlung der Wolle stets nach den Informationen auf der Banderole.
Für die Handwäsche das Waschpulver oder das Flüssigwaschmittel vollständig in lauwarmem, eher kaltem Wasser auflösen. Drücken Sie das Strickteil in der Lauge mehrmals durch. Das Waschwasser umspült die Fasern und löst den Schmutz. Das Wollstück vorsichtig aus dem Wasser heben und ausdrücken – nicht wringen! Das Strickteil mindestens dreimal in frischem kaltem Wasser ausspülen.
Nach dem Spülen das ausgedrückte Wollstück auf ein Frotteetuch legen, einwickeln und ausdrücken.
Neuere Waschmaschinen verfügen über schonende Programme, die selbst feinem Gestrick gerecht werden. Nach der Wäsche in der Maschine nur leicht anschleudern und überschüssiges Wasser mit Handtüchern ausdrücken, ohne dass das Strickstück dabei außer Form gerät.
Bleiben Waschmittelreste in der Wolle zurück, fühlt sie sich hart und rau an. Dann hilft ein Schuss Essigessenz im letzten Spülgang der Waschmaschine, um sie wieder flauschig zu machen. Essig wirkt

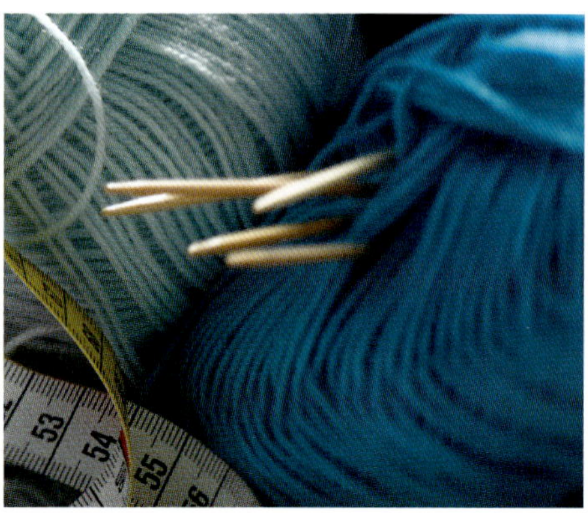

! Rubbeln, reiben und mit heißem Wasser schrubben, das verträgt Wolle kaum. Zu heiß gewaschene Wolle kräuselt sich stark, läuft ein und verfilzt. Größere und schwerere Strickteile wie zum Beispiel Pullis oder Tücher sollten entweder sorgsam mit der Hand gewaschen werden oder im Wollprogramm der Waschmaschine.

auch auf natürliche Weise bakterienabtötend. Ein bis zwei Esslöffel reichen für eine Waschmaschinenladung aus. Der Geruch verschwindet dann nach dem Waschen vollständig.
Sockenwolle ist in der Regel sehr strapazierfähig und entsprechend vorbehandelt, sodass sie beim Waschen nicht verfilzt. Sie kann problemlos bei 40 Grad in der Maschine bestehen. Dazu am besten Feinwaschmittel ohne optische Aufheller verwenden und das Feinwaschprogramm einstellen. Bei Garnen mit Stretchanteil keinen Weichspüler zur Wäsche geben, da sonst die Elastizität leidet. Nach dem Waschen ist sogar der Wäschetrockner im Schonprogramm möglich.
Alle größeren Teile am besten liegend auf einem Handtuch trocknen und auf keinen Fall mit Wäscheklammern auf die Wäscheleine hängen, da sie sonst Druckstellen der Klammern aufweisen und sich völlig aus der Form hängen.

BÜGELN UND DÄMPFEN

Die meisten Strickteile werden nach dem Waschen ohnehin so schön, dass es nicht notwendig ist, sie zu bügeln. Manchmal lässt es sich jedoch nicht vermeiden. Dann ist es besonders wichtig, die Temperaturangaben auf der Banderole des Garnes zu beachten.
Mit einem feuchten Tuch über dem Strickstück lässt es sich besonders schonend bügeln. Das Dämpfen vermeidet Glanzstellen. Reliefmuster und Rippenbündchen werden üblicherweise nicht gebügelt oder gedämpft. Sollte es doch nötig sein, dann werden sie von links auf einer dicken Frotteeunterlage gedämpft. Berühren sie dabei mit dem Bügeleisen kaum das feuchte Tuch. Der warme Dampf macht das Strickteil glatt, nicht das Pressen mit dem heißen Eisen. Falten lassen sich kaum wieder ausbügeln.

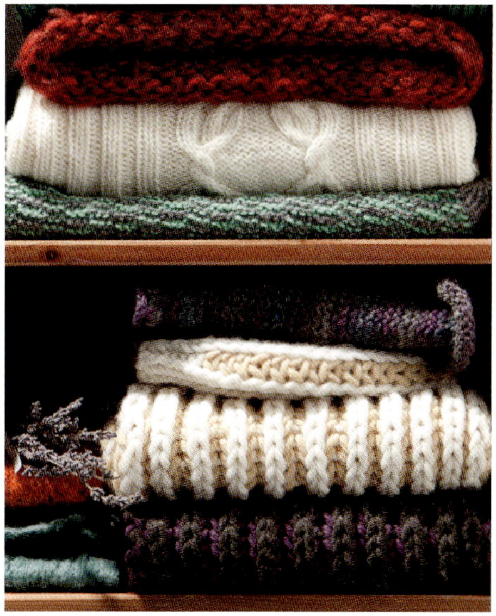

AUFBEWAHRUNG

Grundsätzlich sind selbst gestrickte Stücke relativ locker gearbeitet – hängen Sie diese Stücke daher nicht auf einen Kleiderbügel, falls es die Größe erlauben sollte, da das Teil sonst leicht aus der Form gerät und sich verzieht. Stricksachen lieber sorgfältig zusammenlegen und im Schrank aufbewahren. Stapeln Sie dabei nicht zu hoch oder zu dicht, denn die Wolle sollte atmen können. Wichtig ist, dass keine Feuchtigkeit mehr im Gewebe sitzt, da feuchte Wäsche stocken kann und somit den Nährboden für Schädlinge bildet.
Legen Sie wenn nötig noch einen Mottenschutz zu den Wollsachen. Mottensicher ist es in jedem Fall, die Teile in Zeitungspapier einzuwickeln, denn Motten mögen keine Druckerschwärze. Das ist aber nicht jedermanns Sache und auch nicht immer praktisch. Doch glücklicherweise mögen Motten auch keine natürlichen, ätherischen Öle wie z.B. Lavendel, Nelken, Zitronenschalen, Seifen oder Zedernholz – es muss also nicht unbedingt Chemie sein. So ein Duftsäckchen, mit getrocknetem Lavendel etwa, lässt sich einfach selbst herstellen.

HINWEIS

Wollsachen nie in der Sonne oder an der Heizung trocknen. Hitze schadet den Fasern und der Leuchtkraft der Farben.

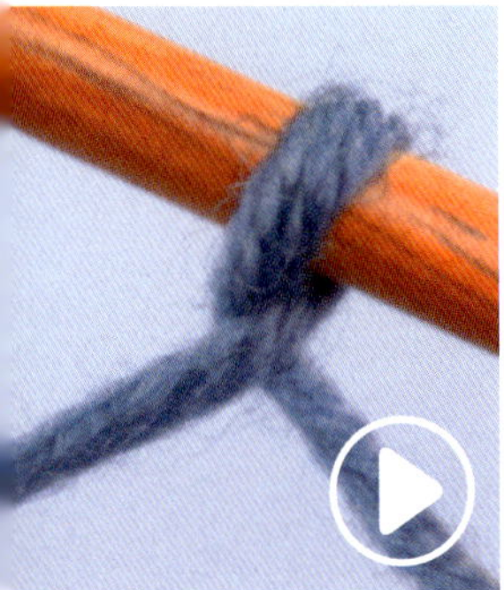

Video:
Grundschlinge

GRUNDSCHLINGE

Die Grundschlinge ist die erste Masche eines Strickstücks. Sie kommt ganz ohne Knoten aus, fügt sich ins Strickbild der Anschlagkante ein und lässt sich notfalls auch gut wieder aufziehen.

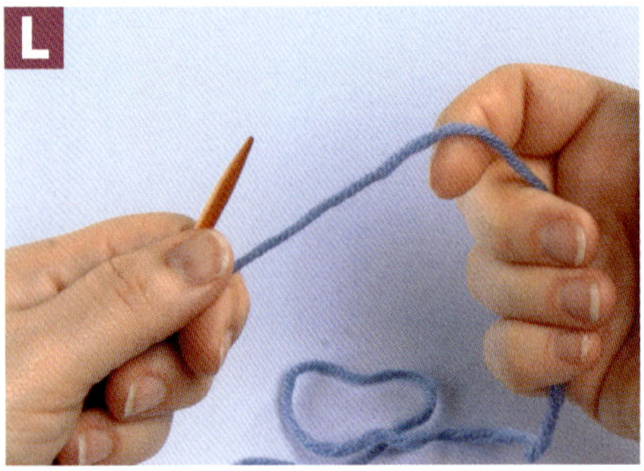

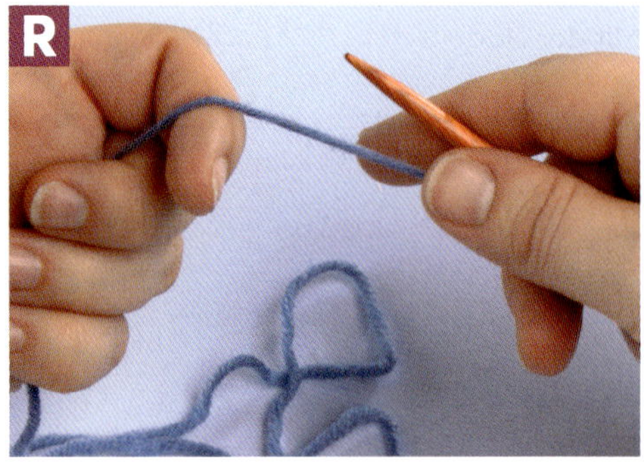

Den Faden etwa dreimal so lang wie die geplante Breite des Strickstücks aus dem Inneren des Knäuels herausziehen. Die linke [rechte] Hand umfasst an dieser Stelle das Fadenende und die rechte [linke] Hand umfasst zusammen mit einer Stricknadel oder mit einem Nadelteil der Rundstricknadel den Arbeitsfaden, also das Fadenstück, das zum Knäuel läuft.

STRICKTRICK
Machen Sie es sich gemütlich! Neben schönen Garnen und Nadeln versüßt auch eine angenehme Atmosphäre den Einstieg ins Stricken. Sorgen Sie für eine gute Beleuchtung, ein lauschiges Sitzplätzchen und vielleicht etwas entspannende Musik im Hintergrund.

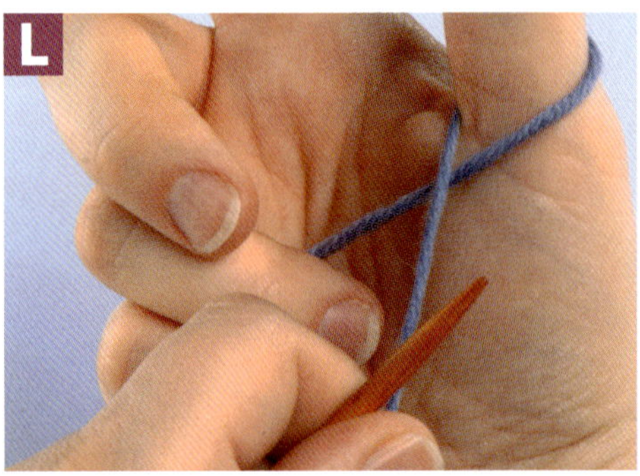

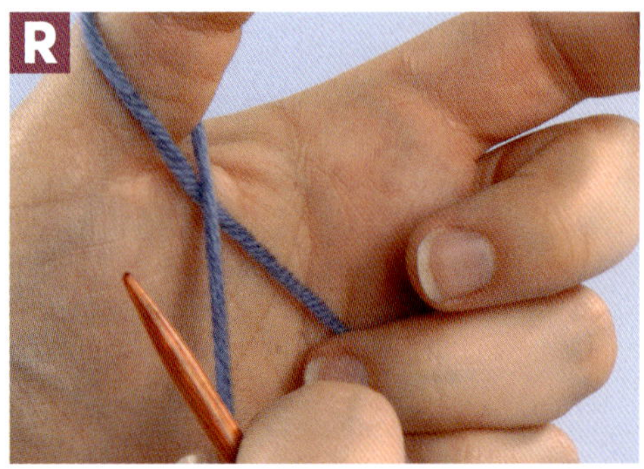

Den Arbeitsfaden mit der rechten [linken] Hand von außen nach innen im Uhrzeigersinn [gegen den Uhrzeigersinn] um den linken [rechten] Daumen legen, sodass sich vor dem Daumen ein Fadenkreuz bildet. Mittel-, Ring- und kleiner Finger der linken [rechten] Hand halten weiterhin das Fadenende.

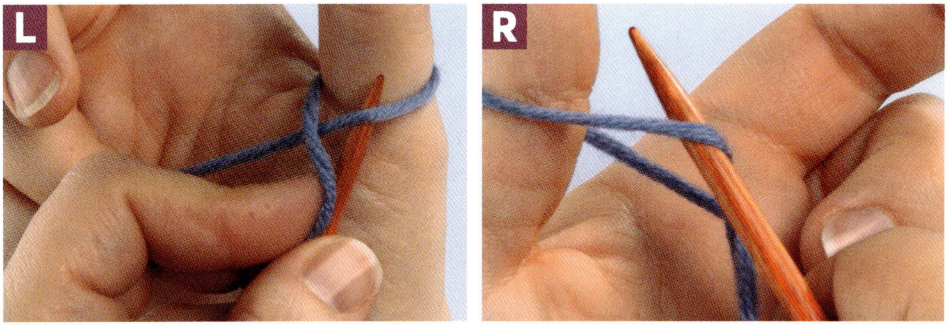

Mit der Nadel von unten in die Daumenschlinge einstechen.

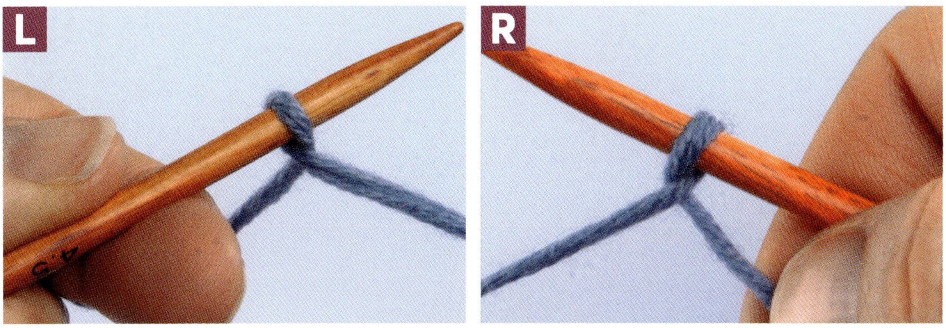

Den Daumen aus der Schlinge herausziehen und den Faden auf der Nadel anziehen.

STRICKTRICK

Gönnen Sie sich ein Knäuel Wolle in einer besonders schönen Farbe, ohne dabei bereits ein Strickprojekt vor Augen zu haben. Ein Wollknäuel, mit dem nach Herzenslust geübt, probiert und wieder geribbelt werden darf, beugt einem schlechten Gewissen vor und nimmt den Druck, dass aus den allerersten Maschen gleich ein stricktechnisches Meisterwerk entstehen muss. Denn Übung gehört einfach dazu!

AUFSCHLINGEN

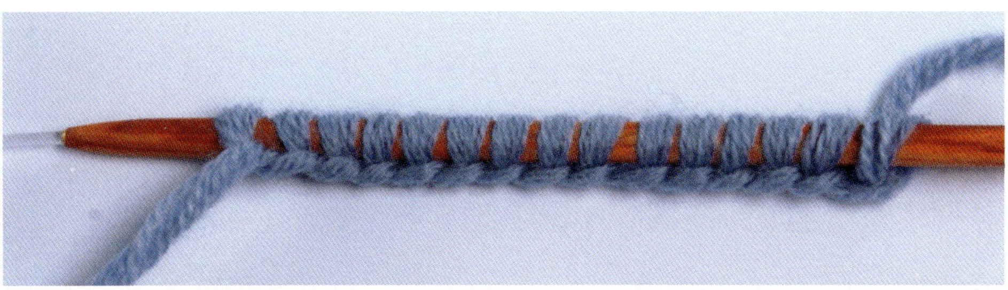

Mehrere Grundschlingen hintereinander ergeben ebenfalls einen Maschenanschlag, Aufschlingen genannt. Das Stricken der ersten Reihen bereitet aber häufig Schwierigkeiten, da die Maschen hin- und herrutschen und die Strickkante nicht sehr elastisch wird. Daher verwendet man das Aufschlingen weniger zu Beginn einer Strickarbeit, sondern eher zum Ansetzen von zusätzlichen Maschen an ein Strickstück, an dem bereits einige Reihen gestrickt sind.

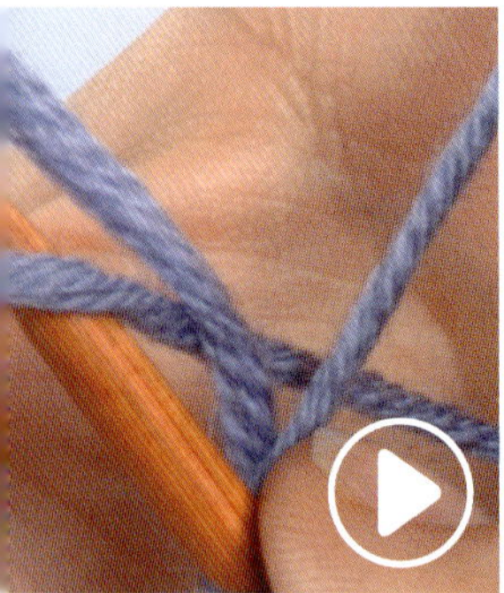

Video:
Kreuzanschlag

KREUZANSCHLAG

Der Kreuzanschlag ist die in Deutschland häufigste Art, die erste Maschenreihe auf die Nadeln zu bringen. Man erhält einen schönen, elastischen und haltbaren Strickrand und die gefürchtete erste gestrickte Reihe wird hier schon gleich miterledigt. Der Kreuzanschlag gibt den ersten Maschen so viel Stabilität, dass er nicht nur für Anfänger eine gute Wahl ist.

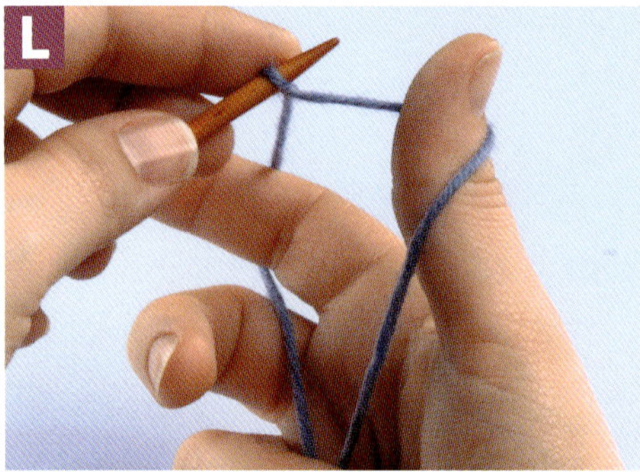

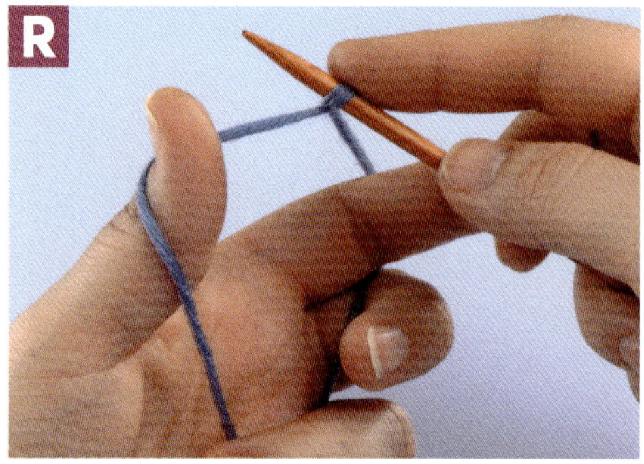

Für den Übergang von Grundschlinge zum Kreuzanschlag die Grundschlinge mit Daumen und Zeigefinger der rechten [linken] Hand auf der Nadel halten und beide Fadenenden frei hängen lassen. Mit Daumen und Zeigefinger der linken [rechten] Hand zwischen beide Fäden fassen und dabei den Arbeitsfaden auf den linken [rechten] Zeigefinger und das Fadenende auf den linken [rechten] Daumen legen. Die beiden Fäden mit den übrigen Fingern der linken [rechten] Hand so fassen, dass der Faden um die Finger etwas gespannt wird.

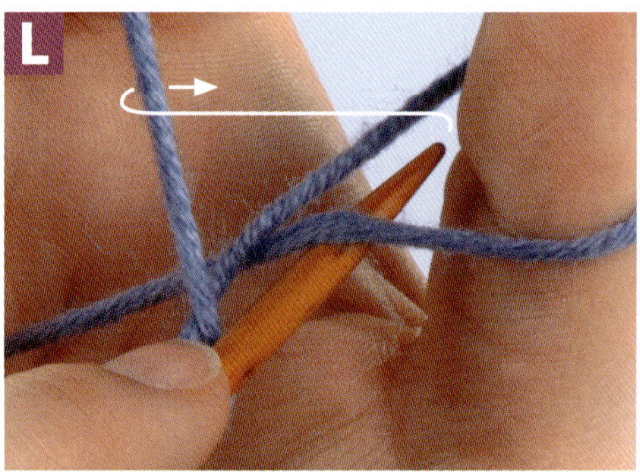

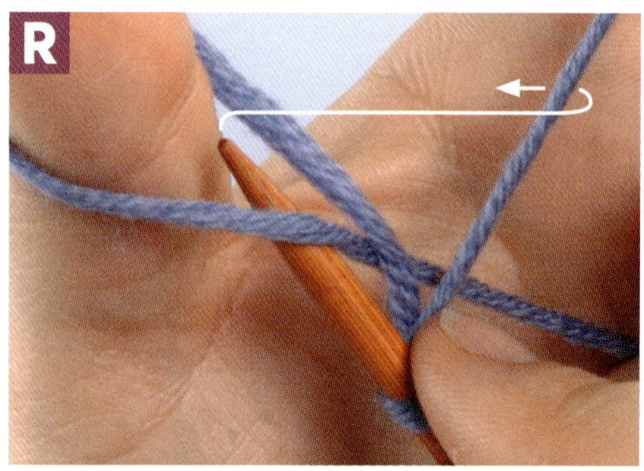

Zum Anschlagen der Maschen den Daumen anheben und die Nadel ein wenig nach unten ziehen, bis sich beide Fadenteile vor dem Daumen kreuzen. Mit der Nadelspitze von unten in die Daumenschlinge einstechen und in Pfeilrichtung von rechts nach links [von links nach rechts] hinter dem Zeigefingerfaden herumfahren.

STRICKTRICK
Sie schlagen gerade Ihre allerersten Maschen an? Machen Sie gleich mal ein Foto von diesen denkwürdigen Schlingen. Viele begleitet ihr Bild vom Einstieg ins Stricken noch jahrelang als beste Motivationsquelle durchs Strickleben.

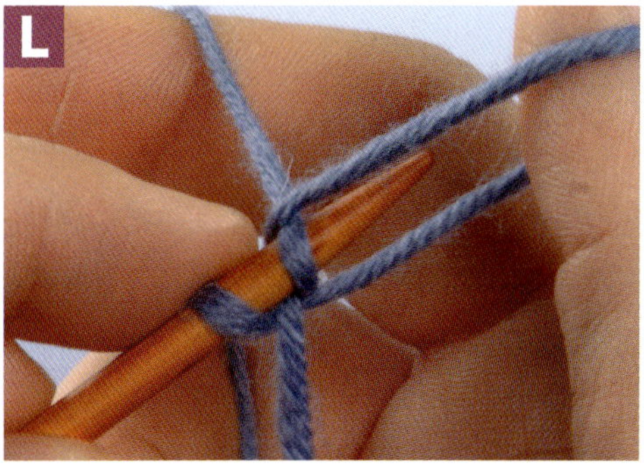

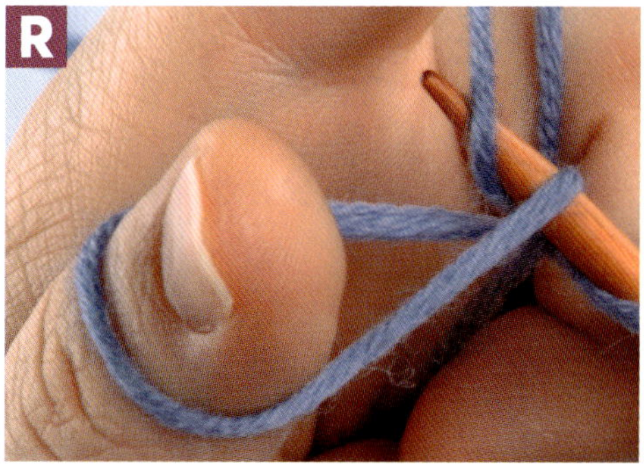

Den Zeigefingerfaden mit der Nadel durch die Daumenschlinge ziehen und die Schlinge vom Daumen gleiten lassen.

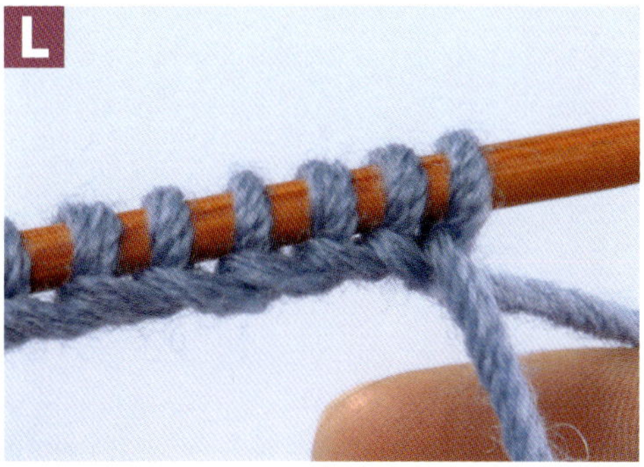

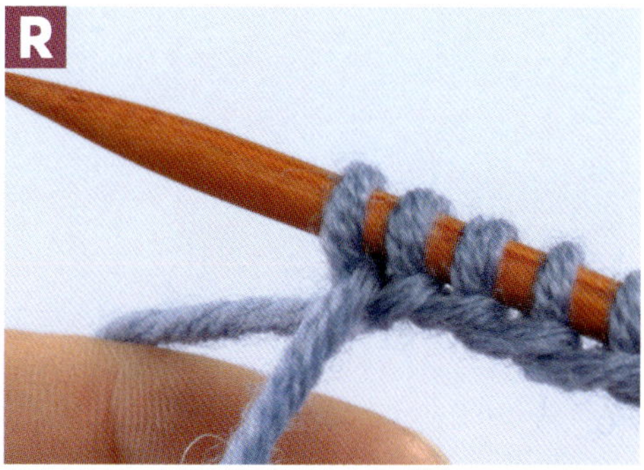

Das Fadenende mit dem Daumen anziehen, sodass sich eine Masche auf der Nadel bildet. Wird nun der Daumen angehoben und die Nadel gesenkt, kann es gleich weitergehen. Durch Wiederholen der Arbeitsschritte 2–4 werden nun so viele Maschen wie benötigt angeschlagen.

STRICKTRICK

Die Anschlagkante wird lockerer, wenn die Maschen mit zwei Nadeln angeschlagen werden. Gut darauf achten, dass sich der Faden nicht zwischen die beiden Nadeln legt!

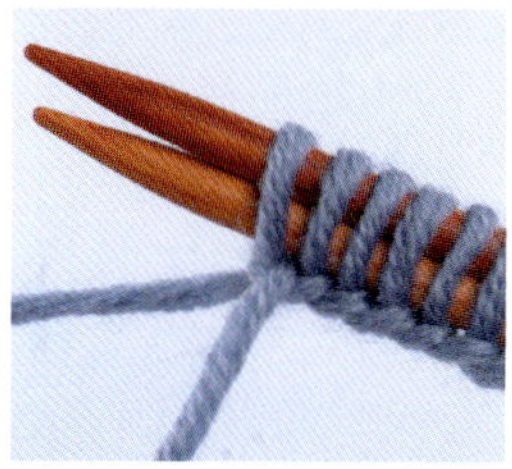

HINWEIS

Für einen etwas robusteren Anschlag kann ein zusätzlicher Faden mit eingestrickt werden. Dazu zunächst ein Fadenstück etwa zweimal so lang wie die gewünschte Strickstückbreite abschneiden und beiseitelegen. Nach der Grundschlinge den zusätzlichen Faden mit über den linken Daumen legen und die Daumenschlinge jeweils mit doppeltem Faden arbeiten.

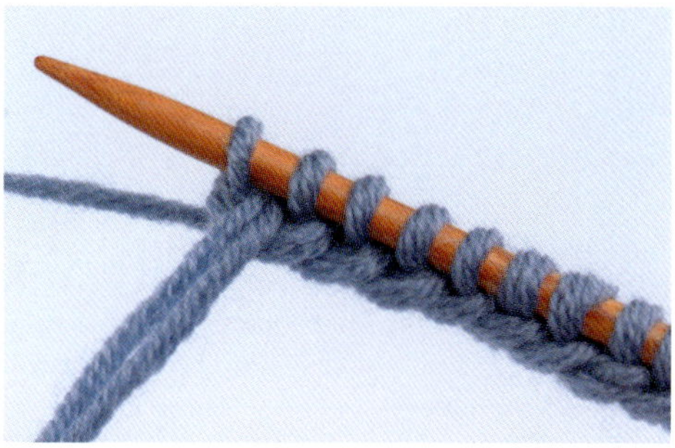

RECHTE MASCHEN

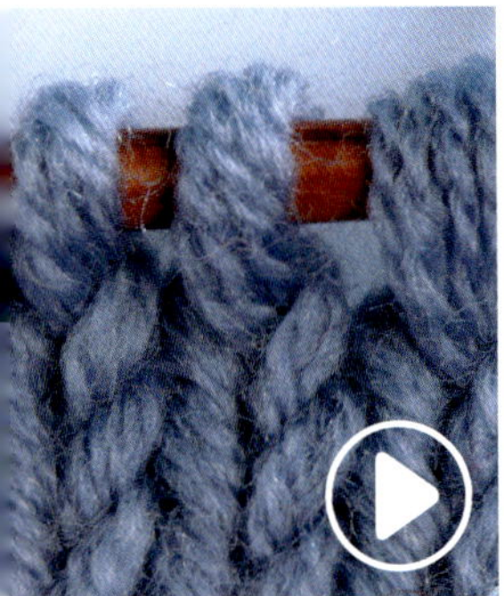

Video: Rechte Maschen

Das Stricken rechter Maschen ist die erste Grundstrickart. Der Faden wird hinter Maschen und Nadeln gehalten. Mit der Arbeitsnadel, einer zweiten Nadel, auf der sich zu Beginn noch keine Maschen befinden, wird nacheinander aus jeder Masche eine Fadenschlinge herausgehoben, um die alte Masche von der Nadel gleiten zu lassen.

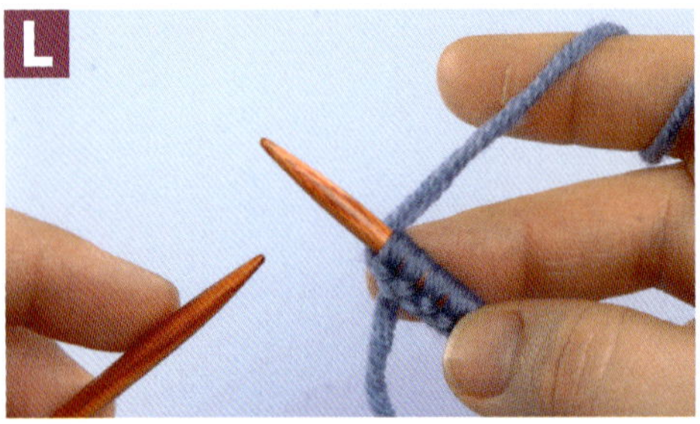

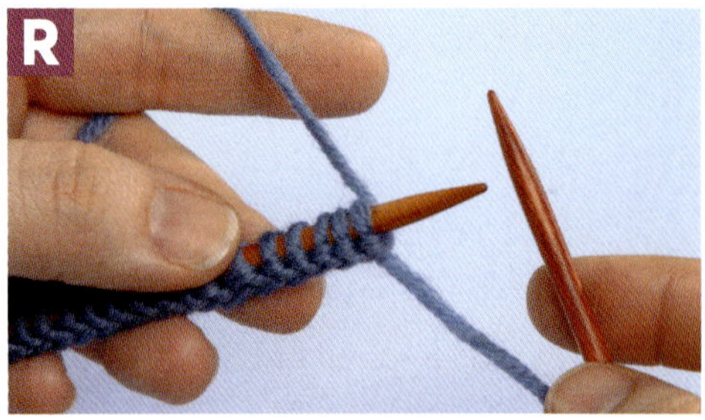

Sind alle benötigten Maschen angeschlagen, die Arbeit zum Stricken der ersten Maschen wenden. Dazu die Maschennadel von der rechten in die linke Hand [von der linken in die rechte Hand] geben und dabei einmal um 180° drehen, sodass der Arbeitsfaden wieder am rechten [linken] Maschenrand, dem Reihenanfang, liegt. Die Nadel wie ein Brotmesser halten. Den linken [rechten] Zeigefinger heben und den Arbeitsfaden (Faden zum Knäuel) darüber legen. Das Fadenende hängt lose herunter.

HINWEIS

Nadelhaltung und Fadenlauf sind Geschmacks- und Gewohnheitssache und unterscheiden sich weltweit sehr. Jede Strickerin wird mit der Zeit ihre eigene Technik und ihren eigenen Strickstil entwickeln. Alles, was dabei zum richtigen Ergebnis führt, ist erlaubt und richtig.

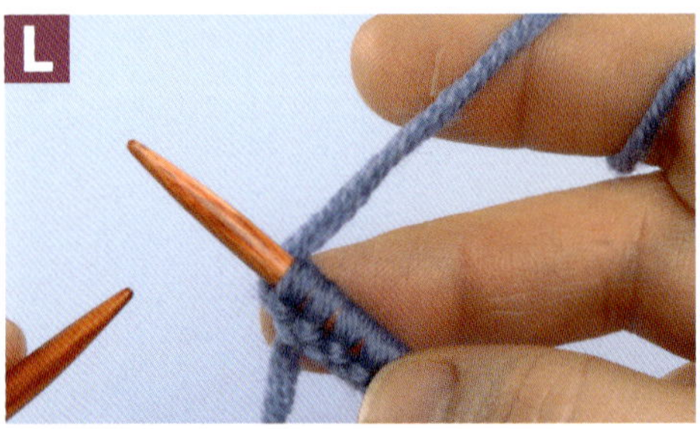

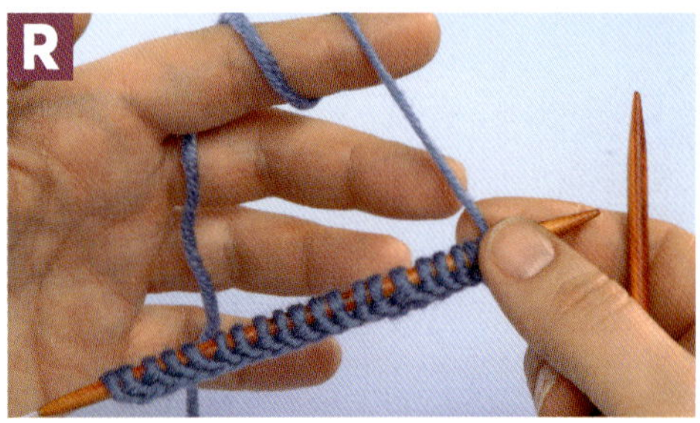

Die Fadenspannung entsteht durch Druck zwischen Mittel- und Zeigefingergelenk der linken [rechten] Hand und kann so je nach Bedarf variiert werden. Für mehr Spannung den Faden zusätzlich um den kleinen Finger oder zweimal um den Zeigefinger legen.
Die Maschennadel mit der linken [rechten] Hand halten, die zunächst noch maschenleere Arbeitsnadeln mit der rechten [linken] Hand. Der Arbeitsfaden liegt auf dem linken [rechten], angehobenen Zeigefinger.

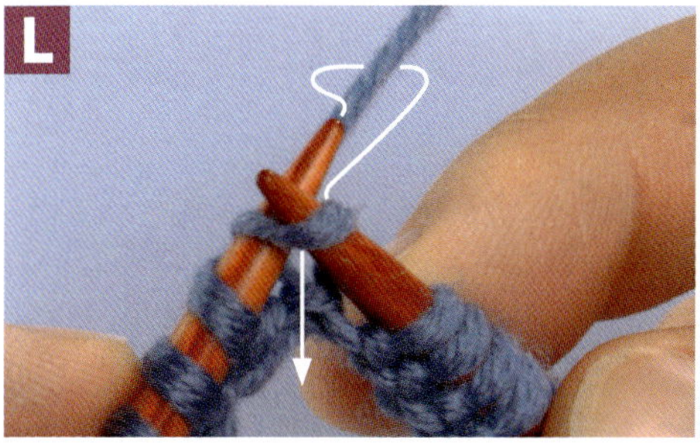

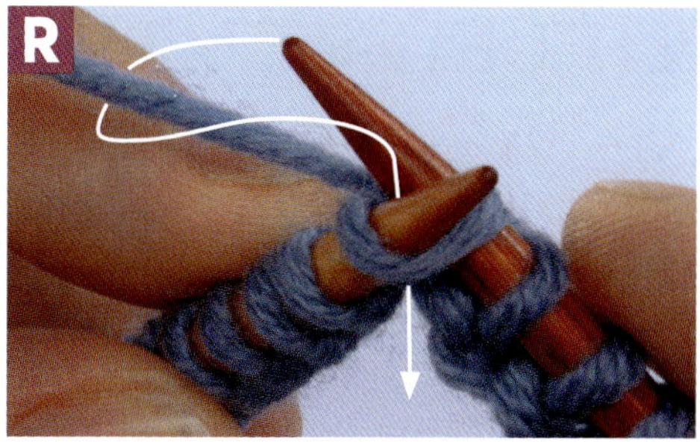

Mit der Spitze der Arbeitsnadel von vorne nach hinten in das vordere Maschenglied einstechen. Dabei bleibt die Arbeitsnadel (rechte Nadel) [linke Nadel] unter der Maschennadel (linke Nadel) [rechte Nadel].

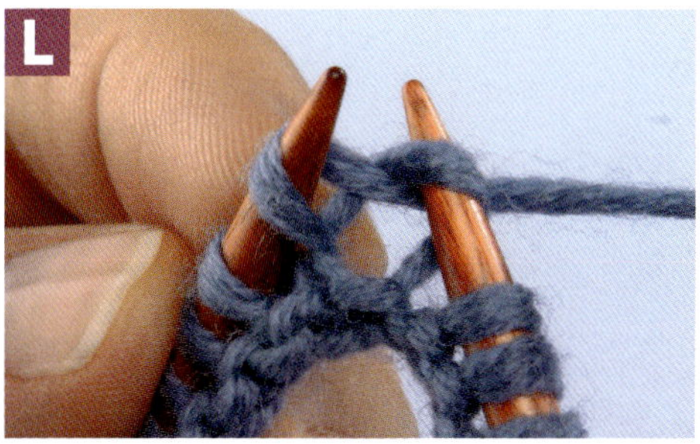

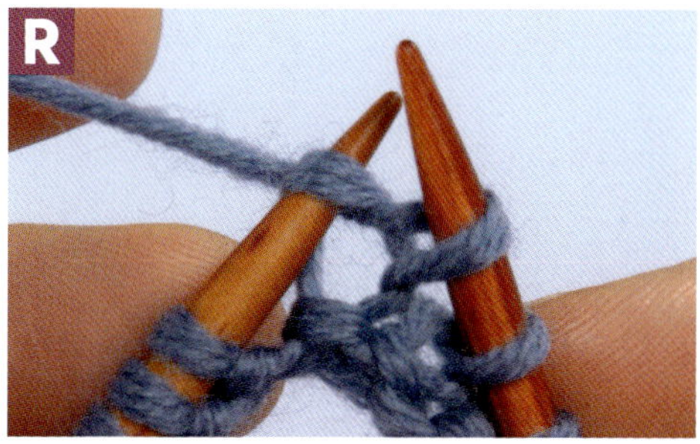

Den Arbeitsfaden mit der Nadelspitze der Arbeitsnadel in Pfeilrichtung erfassen, den Faden von unten nach oben zwischen den beiden Nadeln entlangführen und die Fadenschlinge durch die Masche ziehen. Damit befindet sich eine neue Masche auf der Arbeitsnadel.

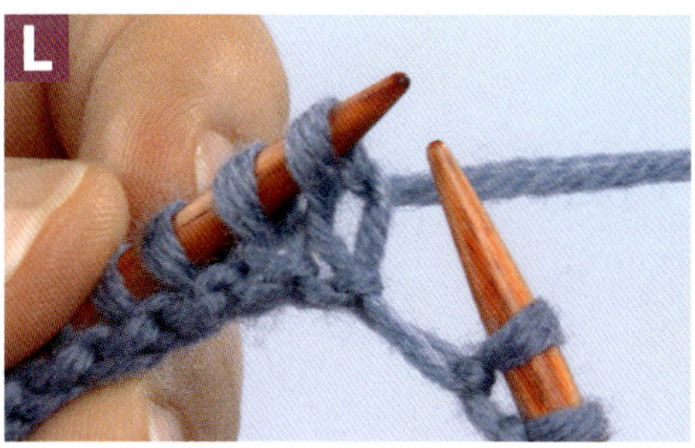

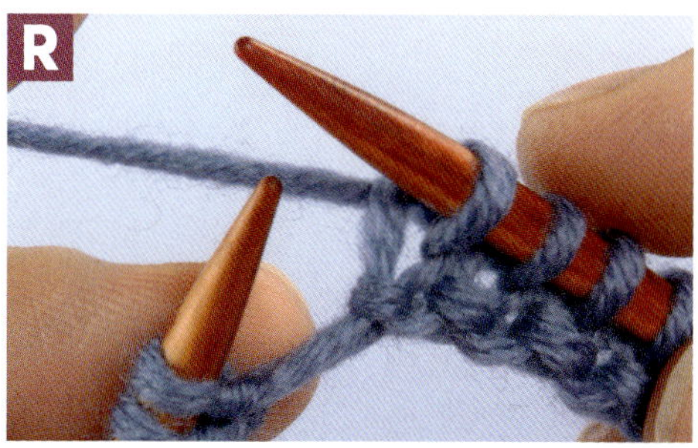

Die Masche der Vorreihe von der linken [rechten] Nadel heben. Aus dieser Position heraus können durch Wiederholen der Arbeitsschritte 3–5 leicht weitere rechte Maschen gestrickt werden.

HINWEIS

Rechtshänder sehen ihre Maschen mit dem rechten Maschenschenkel vor der Nadel, beim linkshändigen Stricken liegt der linke Maschenschenkel vorne.

Die Maschen drehen sich aber auch dann andersherum, wenn der Arbeitsfaden beim Stricken einer Masche in umgekehrter Richtung um die Nadel gelegt wird. So wird üblicherweise in östlichen Ländern gestrickt. Auch wenn das Strickbild später identisch ist, stimmen doch nicht alle Strickanleitungen für beide Strickstile überein!

Sollten die Maschen nicht wie auf dem Bild gezeigt auf der Nadel liegen, am besten noch einmal einen kurzen Blick in die Anleitung der beiden Grundstrickarten (rechte und linke Maschen) werfen!

VIELE RECHTE MASCHEN

Werden viele Reihen rechter Maschen übereinander gearbeitet, ergibt das ein Strickbild mit horizontalen Rippen und Furchen. Dabei wechselt sich immer eine Reihe aus rechten Maschen mit einer Reihe aus linken Maschen ab. Dieses Muster wird kraus rechts genannt. Beide Seiten des Strickstücks sehen gleich aus, wenn sie einfarbig gestrickt werden.

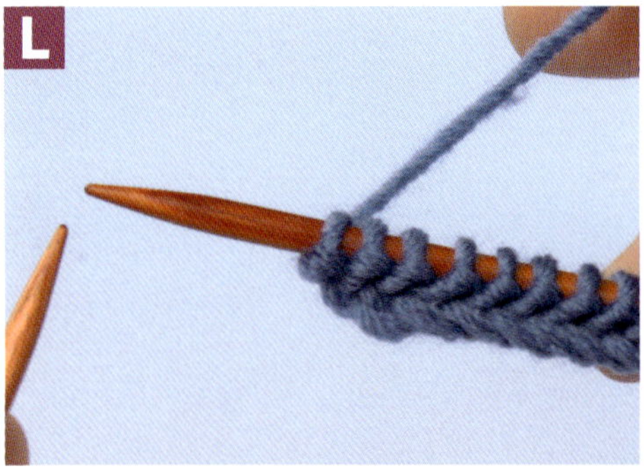

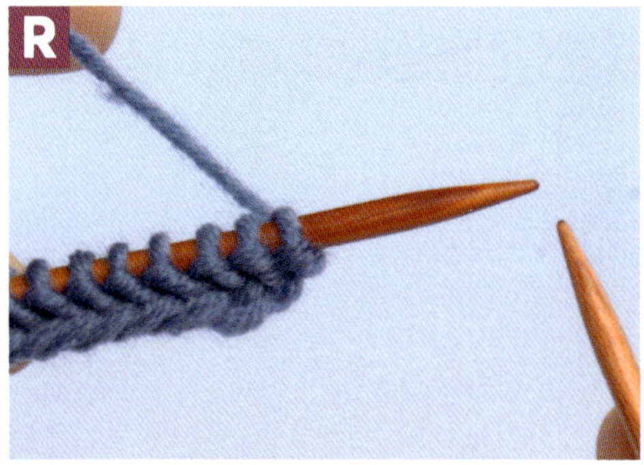

Befinden sich alle Maschen auf der Arbeitsnadel in der rechten [linken] Hand, ist das Reihenende erreicht. Um fortzufahren, die Nadel von der rechten in die linke Hand [von der linken in die rechte Hand] geben und dabei einmal um 180° wenden, sodass der Arbeitsfaden wieder am rechten [linken] Maschenrand, dem neuen Reihenanfang, erscheint. So können die Maschen der nächsten Reihe rechts gestrickt werden.

STRICKTRICK

Die Rippen von kraus rechts Gestricktem erleichtern das Zählen der Reihen: Pro Querrippe wurden 2 Reihen gestrickt.

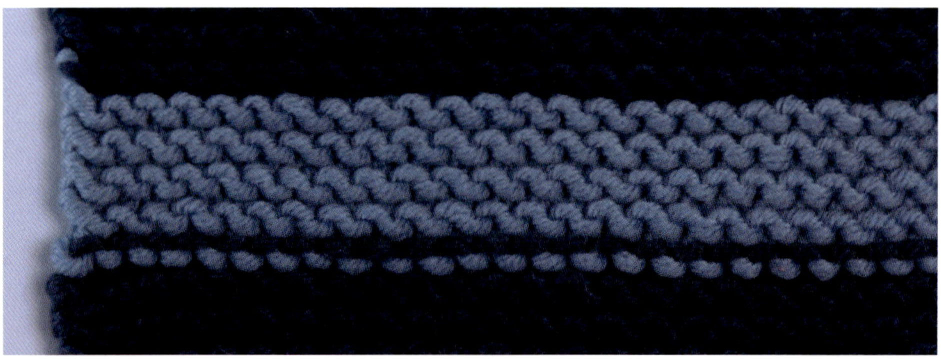

Wechselt man nach einigen Reihen die Garnfarbe, zeigt sich ein scharfer Farbübergang auf der Seite, die beim Stricken der ersten Farbreihe betrachtet wurde. Auf der Rückseite des kraus rechts Gestrickten erscheint dann ein ineinandergreifender Farbwechsel.

HINWEIS

Kraus rechts Gestricktes rollt sich an den Rändern nicht ein, wie es manche andere Muster tun. Das Muster eignet sich daher prima für Schals, Blenden und andere offene Kanten.

HINWEIS

Einen neuen Faden am besten immer am Reihenanfang ansetzen. Ein Fadenende von etwa 20 cm Länge lässt sich später sehr gut in der Naht verstecken. Es lohnt sich, etwas Faden zu opfern und nicht bis zum letzten Stückchen mitten in der Reihe zu stricken, denn vernähte Garnenden von einem Garnwechsel mitten im Strickstück bleiben häufig sichtbar. Außerdem wandern gemeine Garnenden oft mit der Zeit nach außen und schauen zwischen den Maschen aus dem Strickstoff heraus.

STRICKTRICK

Wenn die Fadenspannung beim Stricken anfangs immer noch mal einbricht, den Faden ruhig zusätzlich um einen weiteren Finger legen. Ist dagegen die Fadenspannung zu hoch – Hände lockern! Am besten noch einmal etwas dickere Nadeln zur Hand nehmen und ein paar Reihen üben.

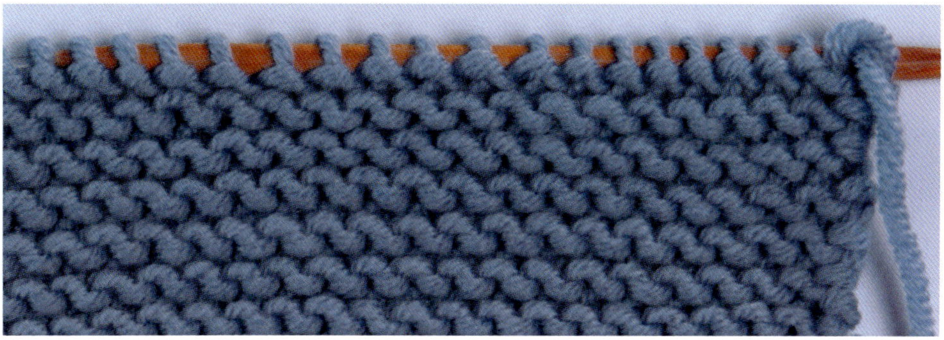

Wer die auf der Banderole seines Garns angegebene Maschenprobe nun mit den Maßen seines kraus rechts Gestrickten vergleicht, wird feststellen, dass zwar die Maschenzahl mit der Breite des Strickstücks übereinstimmt, jedoch die Reihenzahl für die Höhe eine völlig andere ist.
Kraus rechts Gestricktes zieht sich in der Höhe durch die Querrippen stark zusammen, sodass für ein 10 cm x 10 cm großes Stückchen mehr Reihen gestrickt werden müssen, als auf der Banderole angegeben sind. Für ein kraus rechts gestricktes Modell wird in der Anleitung immer eine eigene Maschenprobe abweichend von der auf der Banderole angegeben. Diese sollte man vor Beginn an einem Probestückchen überprüfen.

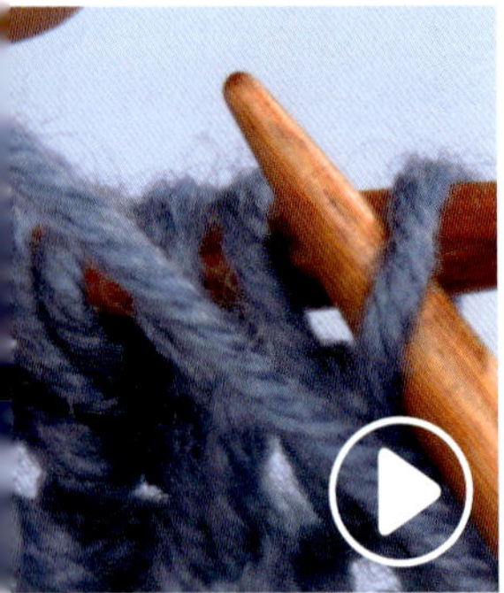

Video:
Hebemaschen

HEBEMASCHEN

Um eine Masche als Hebemasche zu arbeiten, wird sie ungestrickt von der Maschennadel auf die Arbeitsnadel gehoben, also ohne dabei den Faden durch die Maschenschlinge zu ziehen.
Aus Hebemaschen können viele sehr schöne Muster wie Patent-, Hebemaschen- und Mosaikmuster) entstehen sie machen ein Strickstück durch die hinterlegten Spannfäden dichter und wärmer, was man z.B. zum Verstärken von Fersen nutzen kann. Und manchmal dienen sie einfach dazu, Maschen auf der Nadel zu drehen.

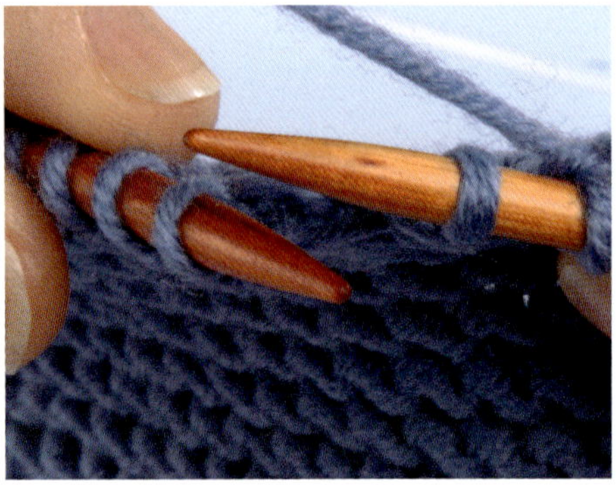

Wenn in der Anleitung nicht anders angegeben, wird die Masche so, wie sie auf der Maschennadel liegt, auf die Arbeitsnadel gehoben. Der Arbeitsfaden verläuft dabei auf der Rückseite der Strickarbeit. In Hinreihen verläuft der Faden also hinter, in Rückreihen vor Maschen und Nadeln. Soll dagegen der Arbeitsfaden auf der Vorderseite sichtbar sein, wird dies in der Anleitung extra angegeben. Gut darauf achten, den Faden nicht zu fest anzuziehen!

STRICKTRICK
Manchmal kann es nötig sein, die Masche auf der Nadel zu drehen. Dazu wie zum Rechtsstricken von vorne nach hinten einstechen und die Masche ungestrickt auf die Arbeitsnadel heben. Eine auf diese Weise abgehobene Masche liegt nun mit dem anderen Maschenschenkel auf der Nadel und ermöglicht z.B. eine entgegen der Strickrichtung geneigte Abnahme.

VOLLPATENT

Die Patentmasche ist eine Variante der Hebemasche. Dazu wird der Arbeitsfaden beim Abheben der Masche von vorne nach hinten über die Arbeitsnadel gelegt.
Das Vollpatent wird über eine ungerade Maschenzahl folgendermaßen gearbeitet:

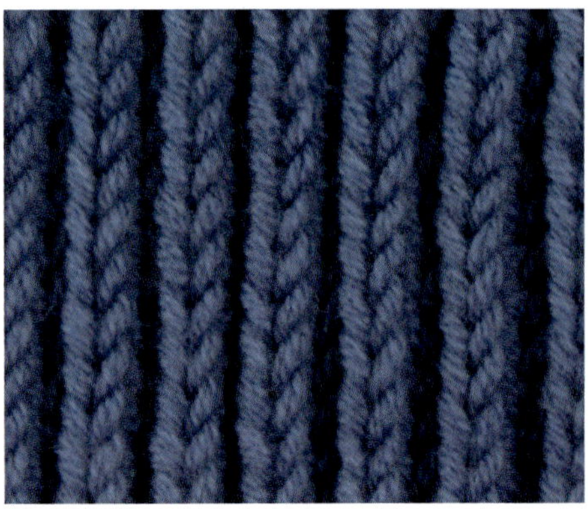

1. Reihe (Rückreihe): 1 Randmasche, * 1 Masche rechts, 1 Masche mit 1 Umschlag abheben; ab * stets wiederholen, enden mit 1 Masche rechts, 1 Randmasche.
2. Reihe (Hinreihe): 1 Randmasche, * 1 Masche mit 1 Umschlag abheben, die folgende Masche mit dem Umschlag rechts zusammenstricken; ab * stets wiederholen, enden mit 1 Masche mit 1 Umschlag abheben, 1 Randmasche. Diese zwei Reihen stets wiederholen, dabei immer die rechten Maschen mit den Umschlägen zusammenstricken.

HINWEIS

Die Anleitung zum Stricken von Hebemaschen gilt für Rechts- und Linkshänder gleichermaßen.

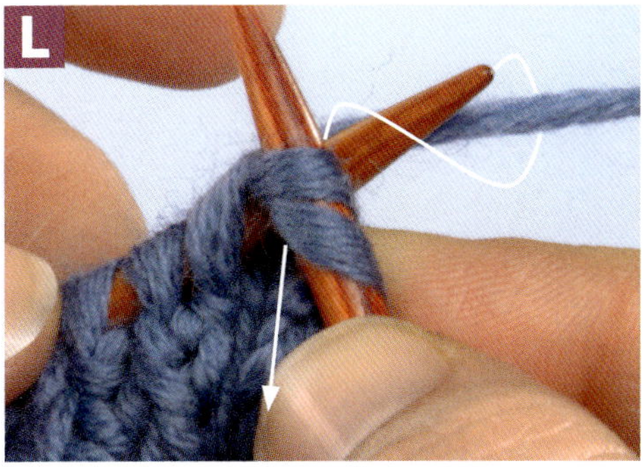

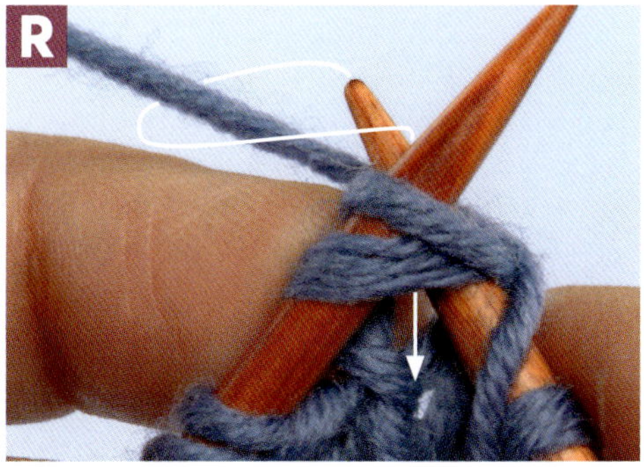

Eine Masche rechts stricken, dabei ab der 2. Reihe Masche und Spannfaden als eine Masche abstricken.

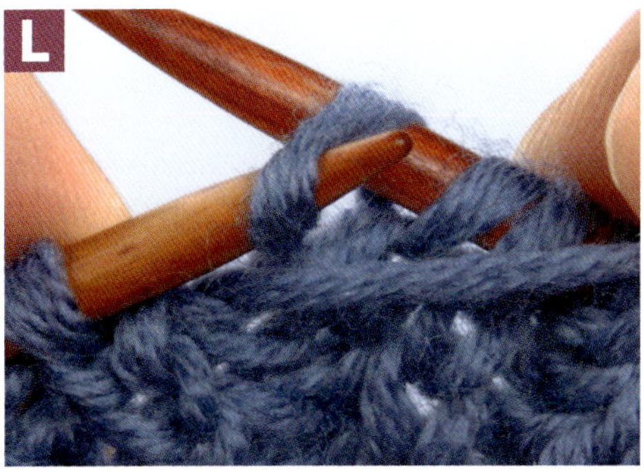

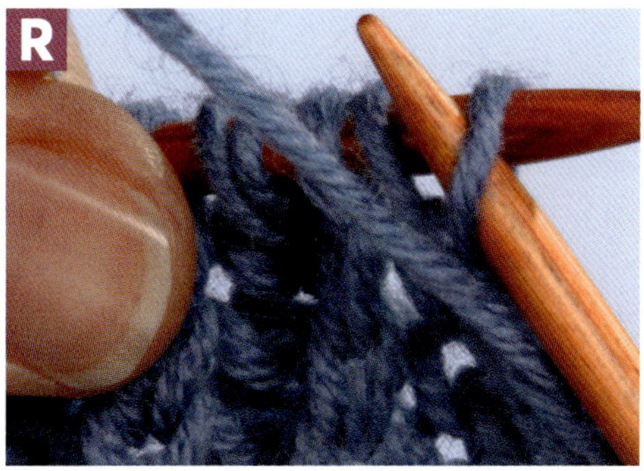

Den Faden zwischen den beiden Nadeln nach vorne nehmen. Mit der Arbeitsnadel so in die folgende Masche einstechen, dass die Arbeitsnadel vor der Maschennadel liegt.

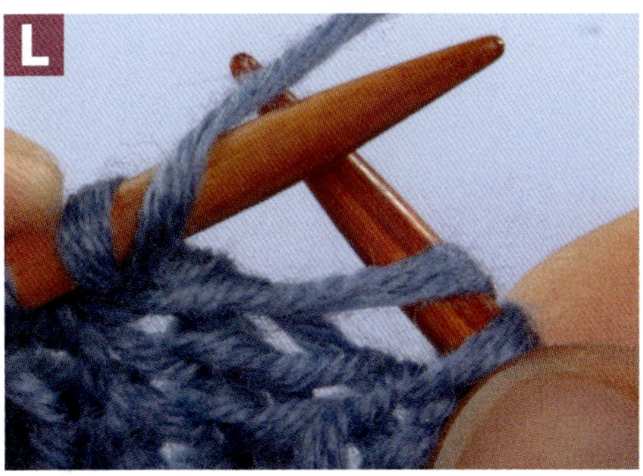

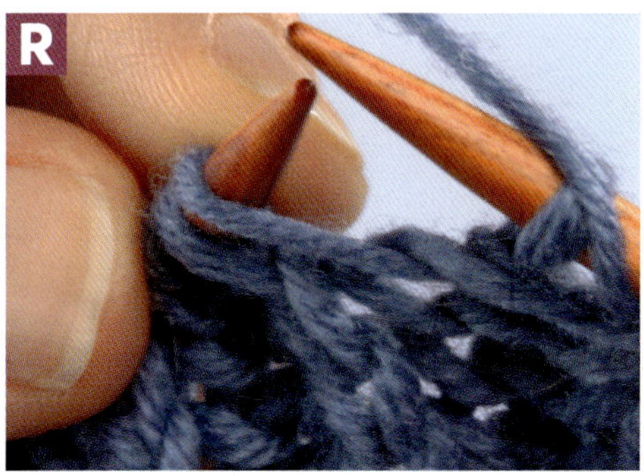

Die Masche von der Maschennadel auf die Arbeitsnadel heben und dabei den Arbeitsfaden von vorne nach hinten über die Arbeitsnadel legen.

HINWEIS

Unterschiedliche Patentmuster entstehen, wenn das Stricken der Patentmaschen variiert wird. So arbeitet man z.B. bei der Halbpatent-Variante die Patentmasche nur in jeder 2. Reihe.

STRICKTRICK

Patentmuster sind oft weicher als andere Strickmuster und an den Rändern zeigen sich leicht ungleichmäßige Maschen. Um dem Strickstück mehr Form und einen gleichmäßigen Rand zu geben, empfiehlt sich der Patentrand von S. 41.

RECHTES ABKETTEN

Um ein Strickstück in der gewünschten Höhe abzuschließen, müssen die Maschen abgekettet und so vor dem Aufribbeln gesichert werden.

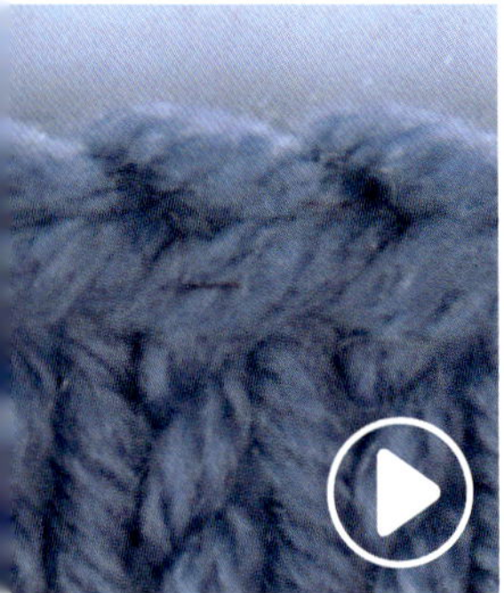

Video: Rechtes Abketten

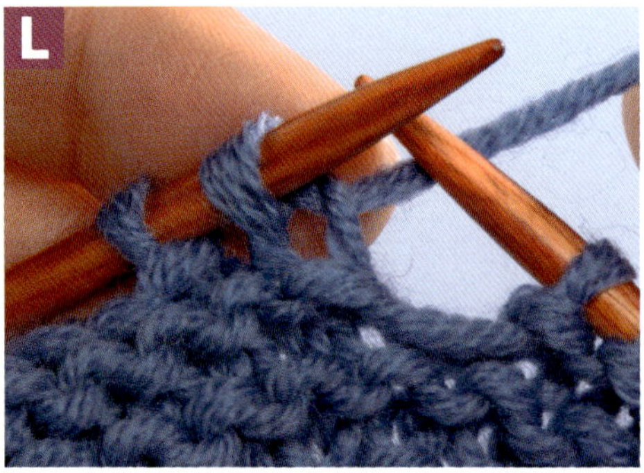

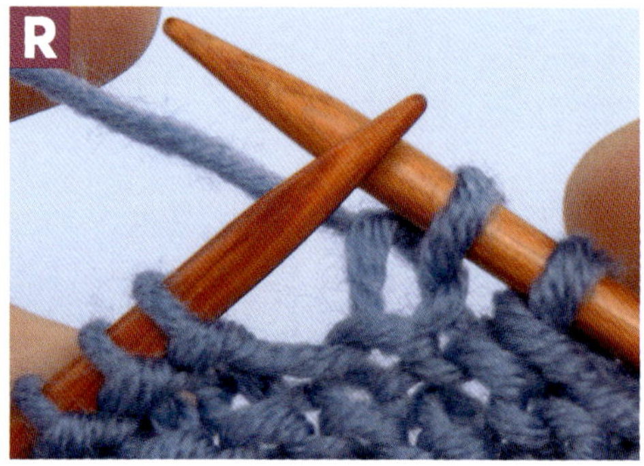

Zunächst zwei Maschen rechts stricken. Auf der Arbeitsnadel befinden sich nun nur diese beiden Maschen.

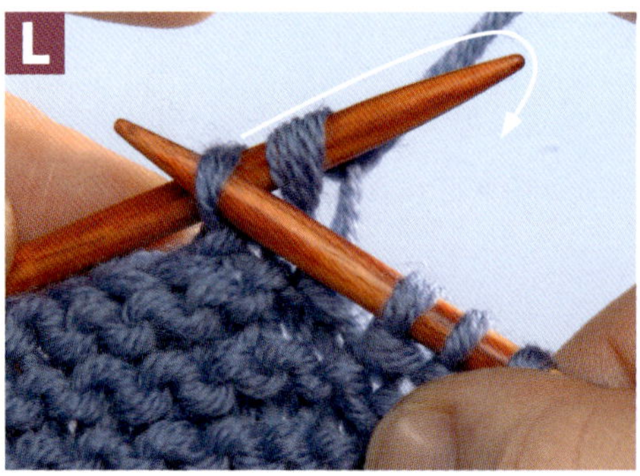

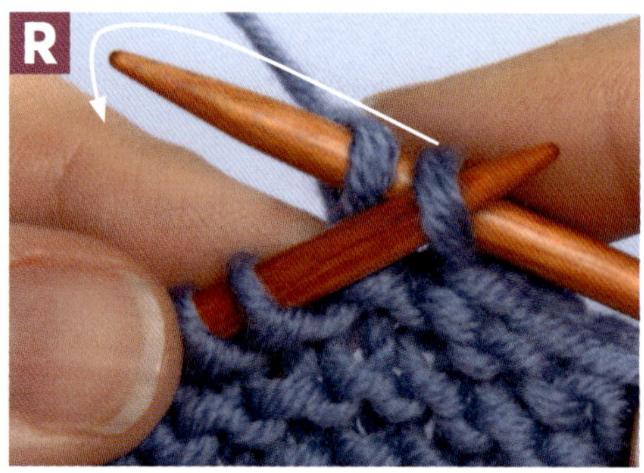

Mit der linken [rechten] Nadelspitze in die rechte [linke] der beiden Maschen einstechen. Die rechte [linke] Masche in Pfeilrichtung über die linke [rechte] Masche hinüber über die Spitze der rechten [linke] Nadel ziehen.

STRICKTRICK

Auch ein „Abketten" einzelner Maschen innerhalb einer Reihe ist möglich. Sie raffen den Strickstoff ein wenig zusammen, ohne an den Seitenrändern Treppchen zu bilden. Im Allgemeinen spricht man dann jedoch von einer überzogenen Abnahme.

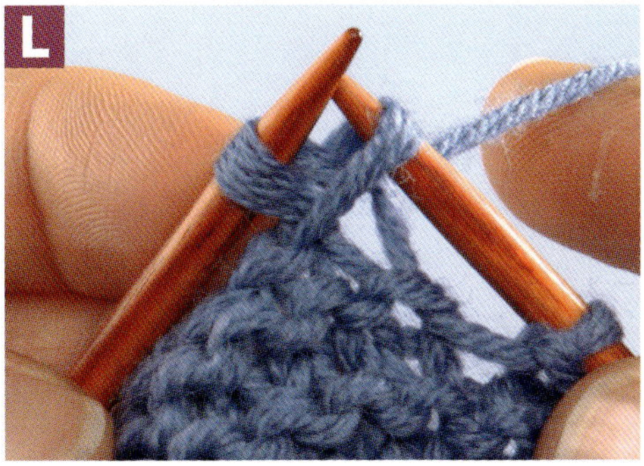

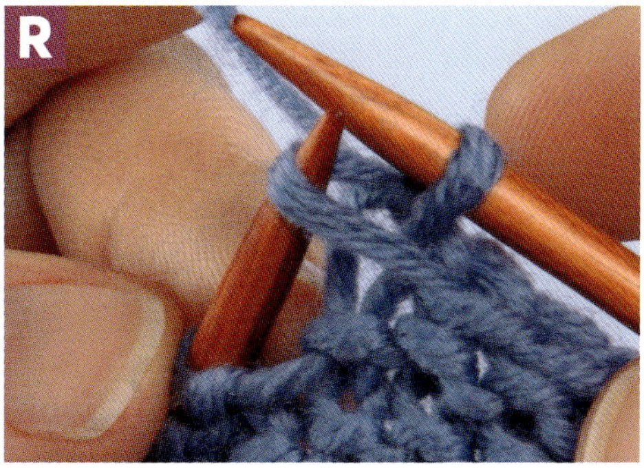

Die Maschennadel aus der übergezogenen Masche herausziehen und eine weitere Masche rechts stricken.

STRICKTRICK
Wenn der Abkettrand anfangs noch recht fest und unelastisch wird, hilft es oft, dazu eine dickere Nadel zu verwenden!

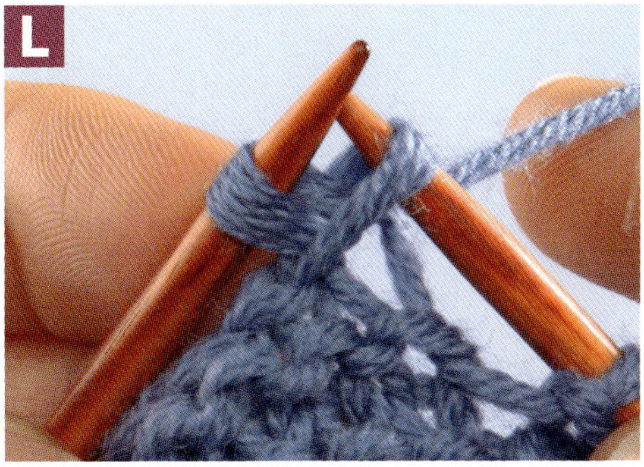

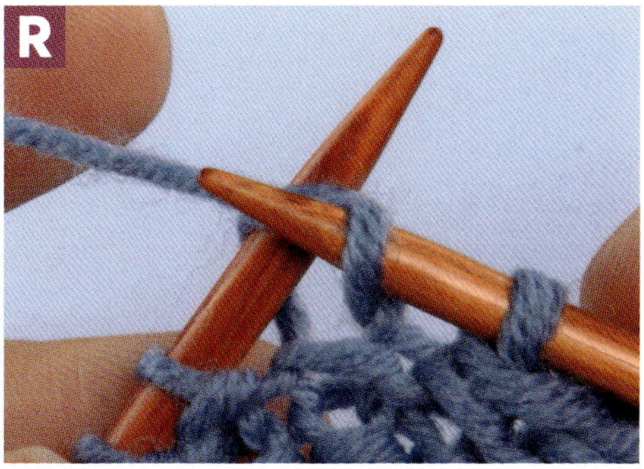

Eine weitere Masche rechts stricken und wieder die rechte [linke] der beiden Maschen über die linke [rechte] Masche hinweg über die Spitze der Arbeitsnadel ziehen. Auf diese Weise kann die gewünschte Anzahl an Maschen abgekettet werden.

STRICKTRICK
Endfäden beim Abschneiden immer mindestens 20 cm lang lassen, um sie noch gut vernähen zu können! Wenn Endfäden noch zum Zusammennähen einer Naht dienlich sein können, dürfen sie auch ruhig 40–60 cm lang bleiben.

Werden alle Maschen einer Reihe abgekettet, entsteht eine gerade Abkettkante. Um eine Schräge oder eine Rundung zu erhalten, wird das Abketten über mehrere Reihen verteilt. Anleitungen enthalten genaue Angaben, in welcher Reihe wie viele Maschen abgekettet werden müssen.

Für die Schrägung wurde zehnmal in jeder Hinreihe jeweils am Reihenanfang eine Masche abgekettet, oft beschrieben als in jeder 2. Reihe 10x je 1 Masche abketten. Für die Rundung wurden am Reihenanfang jeder Hinreihe zunächst einmal 4 Maschen abgekettet, in den darauf folgenden Hinreihen noch zweimal je 2 Maschen und dann dreimal jeweils eine Masche. Dieses würde in Anleitungen notiert als: In jeder 2. Reihe 1x 4 Maschen, 2x 2 Maschen und 3x 1 Masche abketten, dann weiter gerade hocharbeiten.

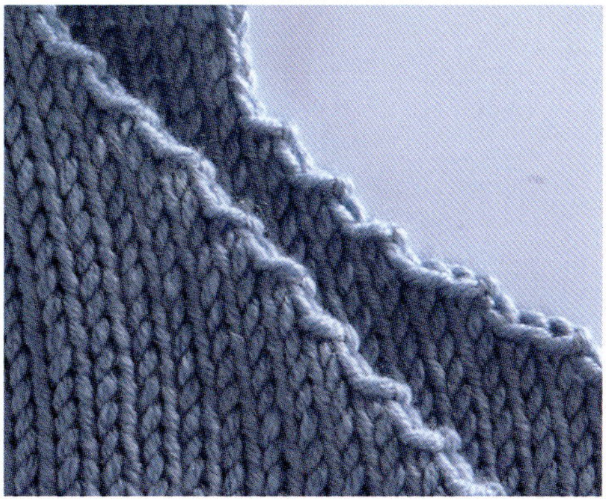

STRICKTRICK
Um ein Treppchen bei Schrägen und Rundungen zu vermeiden, die erste Masche der Abkettreihe ungestrickt abheben, eine Masche stricken und die Abkettkante mit diesen beiden Maschen beginnen.

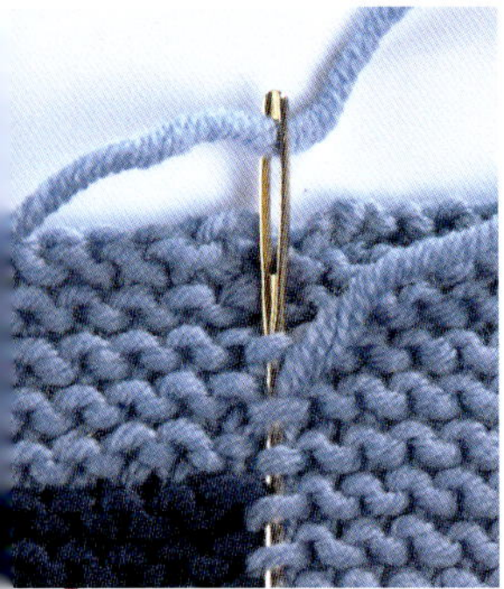

Video: Nähte schliessen

KRAUSE NÄHTE SCHLIESSEN UND FADENENDEN VERNÄHEN

Alle Fadenenden eines Strickstücks werden am Ende der Arbeit vernäht und dabei in den Maschen so verankert, dass sie sich nicht mehr lösen und den Strickstoff aufziehen können.

NÄHTE SCHLIESSEN

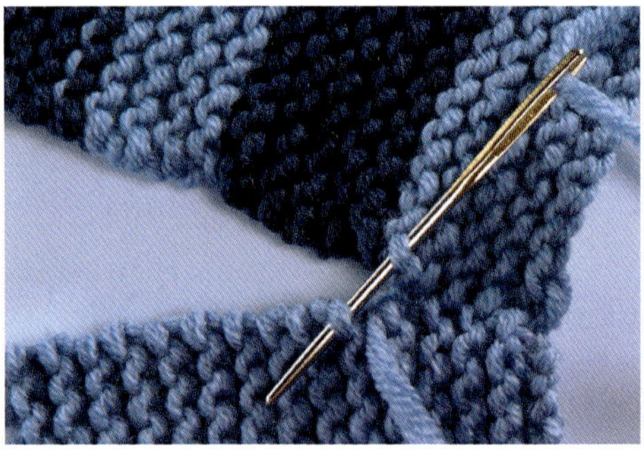

Den Wollfaden auf eine dicke Stopfnadel ziehen und die Ränder der beiden Teile zusammennähen. Dazu abwechselnd in die seitlichen Knötchen der Ränder einstechen.

FADENENDEN VERNÄHEN

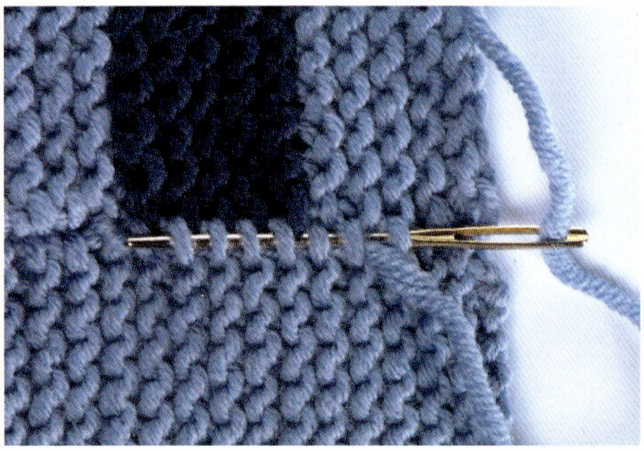

Am einfachsten ist es, Fadenenden in einer Naht von zwei aneinandergenähten Teilen zu befestigen, indem sie auf der Innenseite zwei- oder dreimal durch die innen liegenden Randmaschen gezogen und schließlich abgeschnitten werden.

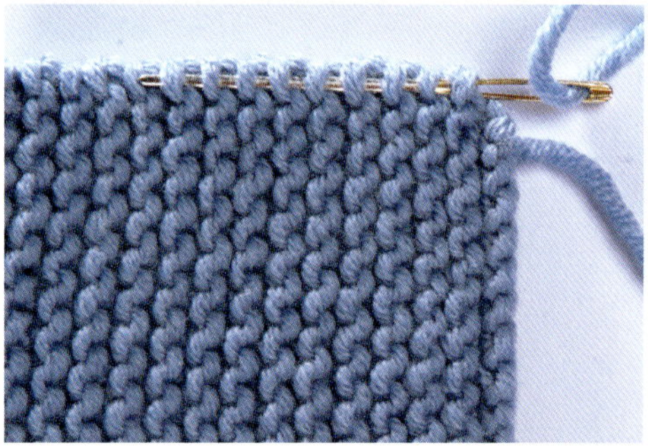

An einem nahtlosen Stück, etwa einem Schal, sollten Endfäden durch das Ansetzen neuer Fäden am Reihenanfang lediglich an den Rändern auftreten. Hier können sie mit einer Sticknadel zwei- oder dreimal durch die Randmaschen auf- und abgezogen und so befestigt werden.

DIE STRICKANLEITUNG

Unabhängig von Stil und Gestaltungselementen enthalten alle Strickanleitungen die gleichen wichtigen Informationen.

Die **Größe** gibt eine Orientierung, ob ein nach dieser Anleitung gestricktes Teil die richtige Passform haben wird. In der Regel werden Konfektionsgrößen angegeben. Enthält die Anleitung Angaben für mehrere Größen, werden diese aufsteigend, mit der kleinsten Größe beginnend beschrieben. Die unterschiedlichen Größen werden durch Striche oder Klammern getrennt, wenn sie voneinander abweichen. Gilt eine Angabe für alle Größen, wird sie nur einmal notiert.
Beispiel: 70 (78/90) Maschen anschlagen, ... 2/3/4 cm gerade hochstricken, ... in jeder 2. Reihe 1x 5 Maschen, 1/2/3x 3 Maschen und 1x 4 Maschen abnehmen.

Genaue Angaben zu Einzelmaßen gibt die maßstabsgerechte **Schnittskizze**. Die Einzelteile des Strickstücks sind mit Maßangaben versehen, sodass man schon beim Stricken immer wieder mal nachmessen und vergleichen kann.

Für eine gute **Passform** am besten an einem ähnlichen, gut passenden Kleidungsstück maßnehmen und mit den Angaben in der Schnittskizze vergleichen.

Das in der Anleitung verwendete **Strickmuster** wird entweder in einer Strickschrift dargestellt (S. 45) oder reihenweise beschrieben, meist mit vielen Abkürzungen (S. 135).

Das verwendete **Material** wird in der Reihenfolge Garn, Nadeln, Hilfsmittel und Zubehör notiert. Angaben zum Garn sollten neben Hersteller, Garnnamen und Menge, auch Material und Lauflänge enthalten. Damit lassen sich leichter Garnalternativen finden. Nadelstärkenangaben sind nur Empfehlungen. Die passende Nadelstärke unbedingt durch eine Maschenprobe austesten. (S. 43)

HINWEIS

Unbedingt die gesamte Garnmenge auf einmal kaufen, am besten noch ein Knäuel zusätzlich, denn im Fachhandel können unbenutzte Knäuel oft innerhalb eines bestimmten Zeitraums zurückgegeben werden. Außerdem gut darauf achten, dass alle Knäuel aus demselben Farbbad (auch Farbpartie genannt) stammen. Die Angaben können der Banderole entnommen werden. Selbst bei Tageslicht können nebeneinander gelegte Knäuel mit gleicher Farb-, aber unterschiedlicher Partienummer kaum unterschieden werden. Wird ein Knäuel einer abweichenden Partie an ein Strickstück angesetzt, bleibt ein ärgerlicher Farbblock mit anderer Farbnuance sichtbar.

Ganz wichtig ist die mit dem genannten Garn im vorgestellten Muster gestrickte **Maschenprobe**, einem Probestück von mindestens 12 cm x 12 cm Größe. Sie verknüpft alle bisherigen Angaben miteinander. Nur wenn Ihre eigene Maschenprobe dieses Strickmusters genau mit der hier angegebenen übereinstimmt, wird das Strickstück nach dieser Anleitung die in der Schnittskizze angegebene Passform haben.

Nun folgt die eigentliche **Strickanleitung**. Sie gliedert sich in die Einzelteile des Strickstücks, also für einen Pulli in Rückenteil, Vorderteil, Ärmel, und in die Ausarbeitung, die neben der Reihenfolge des Zusammennähens auch beschreibt, wie das Strickstück den letzten Schliff bekommt.

HINWEIS

Die Anleitung vor dem Stricken immer erst einmal ganz durchlesen! Damit verschafft man sich schnell einen Überblick über das gesamte Projekt und kann später die Einzelschritte besser nachvollziehen.

HINWEIS

Einen Spickzettel für häufig verwendete Ausdrücke in Strickanleitungen finden Sie auf S. 146.

STRICKTRICK

Wer sich die Anleitung kopiert, kann die Angaben zur entsprechenden Größe mit einem Textmarker kennzeichnen und behält so leichter den Überblick.

KRAUSE MÜTZEN

DAS ERSTE MODELL – GANZ EINFACH

GRÖSSE
Kopfumfang
Damen: 54-58 cm
Kinder: 46-53 cm

MATERIAL
Rundstricknadel
7,0-8,0 mm

Häkelnadel 6,0 mm

farblich passender
Webpelzbommel,
ø 12-15 cm

Holzknopf, ø ca. 3 cm

Damenmütze
Lana Grossa Mille II
(LL 55 m/50 g) in
Bernstein (Fb 94), 150 g

Kindermütze
Lana Grossa Mille II
(LL 55 m/50 g) in
Rauchblau (Fb 123)
und Taupe (Fb 52),
je 100 g

MASCHENPROBE
Kraus rechts
mit Nd 7,0-8,0 mm
12 M und 15 R
= 10 cm x 10 cm

Kraus rechts

Alle M in Hin- und Rückr stets rechts str.

ANLEITUNG

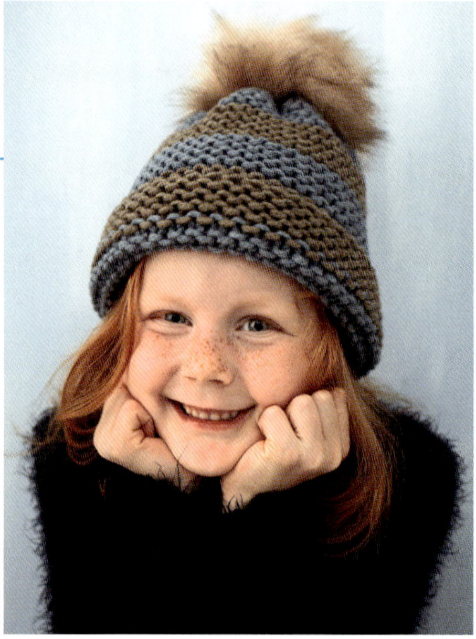

Kindermütze

50 M in Taupe anschl und wie folgt kraus rechts str:
7 R in Taupe, dabei mit einer Rückr beginnen und enden. Dann 8 R kraus rechts in Rauchblau, 8 R in Taupe, 8 R in Rauchblau, 8 R in Taupe, 8 R in Rauchblau und noch 4 R in Taupe str (= 51 R, 4 Streifen in Taupe, 3 Streifen in Rauchblau). Die M nicht abk.

Damenmütze

56 M in Bernstein anschl und 55 R kraus rechts str. Die M nicht abk.

Fertigstellen (beide Mützen)

Den Faden ca. 40 cm lang abschneiden, mit einer Wollnd durch alle noch offenen M fädeln und fest anziehen. Dann die hintere Naht der Mütze entlang der beiden seitlichen Strickränder als krause Naht schließen.
Einen weiteren Faden mit ca. 40 cm Länge in Taupe bzw. Bernstein abschneiden. Mit der Wollnd einmal durch die Stelle des Webpelzbommels ziehen, die an die Mütze angenäht werden soll. Den Faden bis zur Mitte durchziehen, sodass beide Fadenenden gleich lang sind. Das 1. Fadenende mit der Wollnd von außen nach innen durch den Strickstoff an der zusammengezogenen oberen Mitte der Mütze und auf der Innenseite durch ein Knopfloch ziehen. Das 2. Fadenende ebenso von außen nach innen durch die Mütze und auf der Innenseite durch das Knopfloch ziehen. Beide Fadenenden fest anziehen und doppelt verknoten. Die Garnenden nacheinander durch je 1 Knopfloch ziehen, aber die Mütze nicht durchstechen, sondern direkt unter dem Knopf seitlich wieder ausstechen. Beide Fadenenden einige Male fest um den Holzknopf wickeln, verknoten und abschneiden.
Die Damenmütze mit 1 Rd feste M umhäkeln (S. 135). Alle Fadenenden auf der Innenseite der Mütze vernähen.

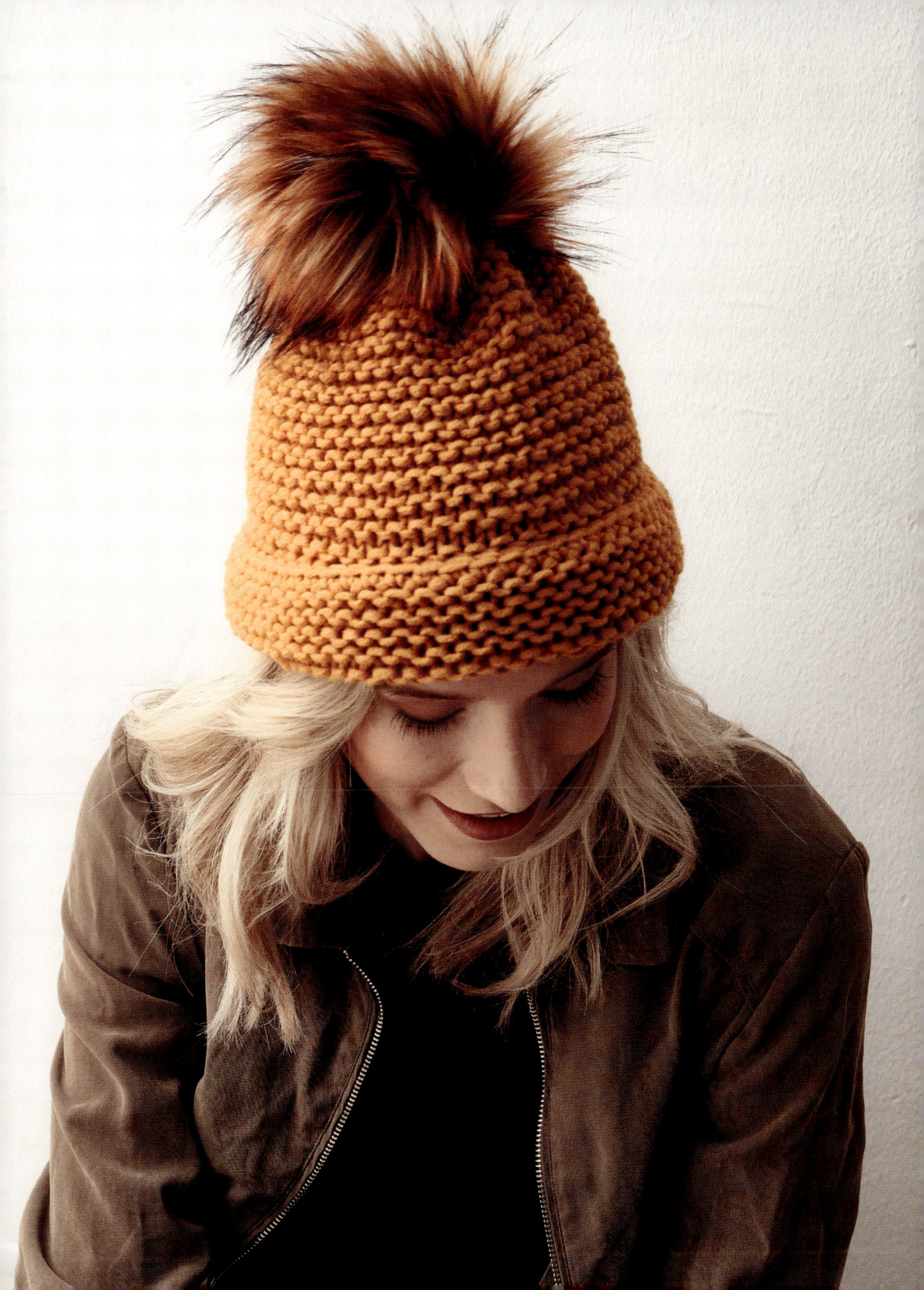

PATENTSCHAL
BESONDERS WARM UND WEICH

GRÖSSE
25 cm x 180 cm

MATERIAL
Lana Grossa Alta Moda Cashmere 16 (LL 110 m/50 g) in Aubergine (Fb 43), 300 g

Rundstricknadel 7,0-8,0 mm

MASCHENPROBE
Im Vollpatentmuster mit Nd 7,0-8,0 mm 11 M und 30 R = 10 cm x 10 cm

1 Masche abheben
In Hin- und Rückr gleich: Den Faden vor dem Abheben zwischen den Nd nach vorne holen, die M abheben und den Faden dabei vor der abgehobenen M entlangführen, den Faden zwischen den Nd wieder nach hinten legen.

1 Masche mit Umschlag abheben
In Hin- und Rückr gleich: Den Faden vor dem Abheben zwischen den Nd nach vorne holen, die M abheben und den Faden von vorne nach hinten über die Arbeitsnadel und die abgehobene M legen.

Vollpatentmuster mit Randmaschen
1. R (Hinr): 1 M rechts, 1 M abheben, 1 M rechts (= 3 M Patentrand), * 1 M mit U abheben, 1 M mit dem U rechts zusammenstr; ab * stets wiederholen, enden mit 1 M mit U abheben, 1 M rechts, 1 M abheben, 1 M rechts (= 3 M Patentrand).
2. R (Rückr): 1 M abheben, 1 M rechts, 1 M abheben (= 3 M Patentrand), * 1 M mit dem U rechts zusammenstr, 1 M mit U abheben; ab * stets wiederholen, enden mit 1 M mit dem U rechts zusammenstr, 1 M abheben, 1 M rechts, 1 M abheben (= 3 M Patentrand).
Die 1.-2. R stets wiederholen.

ANLEITUNG
29 M anschl und wie folgt eine vorbereitende Rückr str:
1 M abheben, 1 M rechts, 1 M abheben (= 3 M Patentrand), * 1 M rechts, 1 M mit U abheben; ab * stets wiederholen, enden mit 1 M rechts (= Vollpatentmuster), 1 M abheben, 1 M rechts, 1 M abheben (= 3 M Patentrand).
Ab der nächsten Hinr im Vollpatent-Muster str, dabei die ersten 3 und die letzten 3 M der R als Patentrandrand arb wie oben beschrieben. Ist der Schal 1,80 m lang, alle M locker abk.

Fertigstellen
Für die Fransen 84 Garnstücke mit einer Länge von je 60 cm zuschneiden. Jeweils 3 Fäden zur Hälfte legen und mit Hilfe einer dicken Häkelnadel in jede rechte M von Anschlag- und Abkettkante einknüpfen.
Am linken Rand beginnend jeweils 3 Fäden (= die Hälfte der Fäden) einer linken Franse einmal mit 3 Fäden der nächsten Franse umwickeln, dann die ursprünglichen 6 Fäden der linken Franse miteinander verknoten. Auf diese Weise den Fransenrand von links nach rechts arb. Anschließend alle Fransenenden auf gleiche Länge schneiden und alle Fadenenden vernähen.

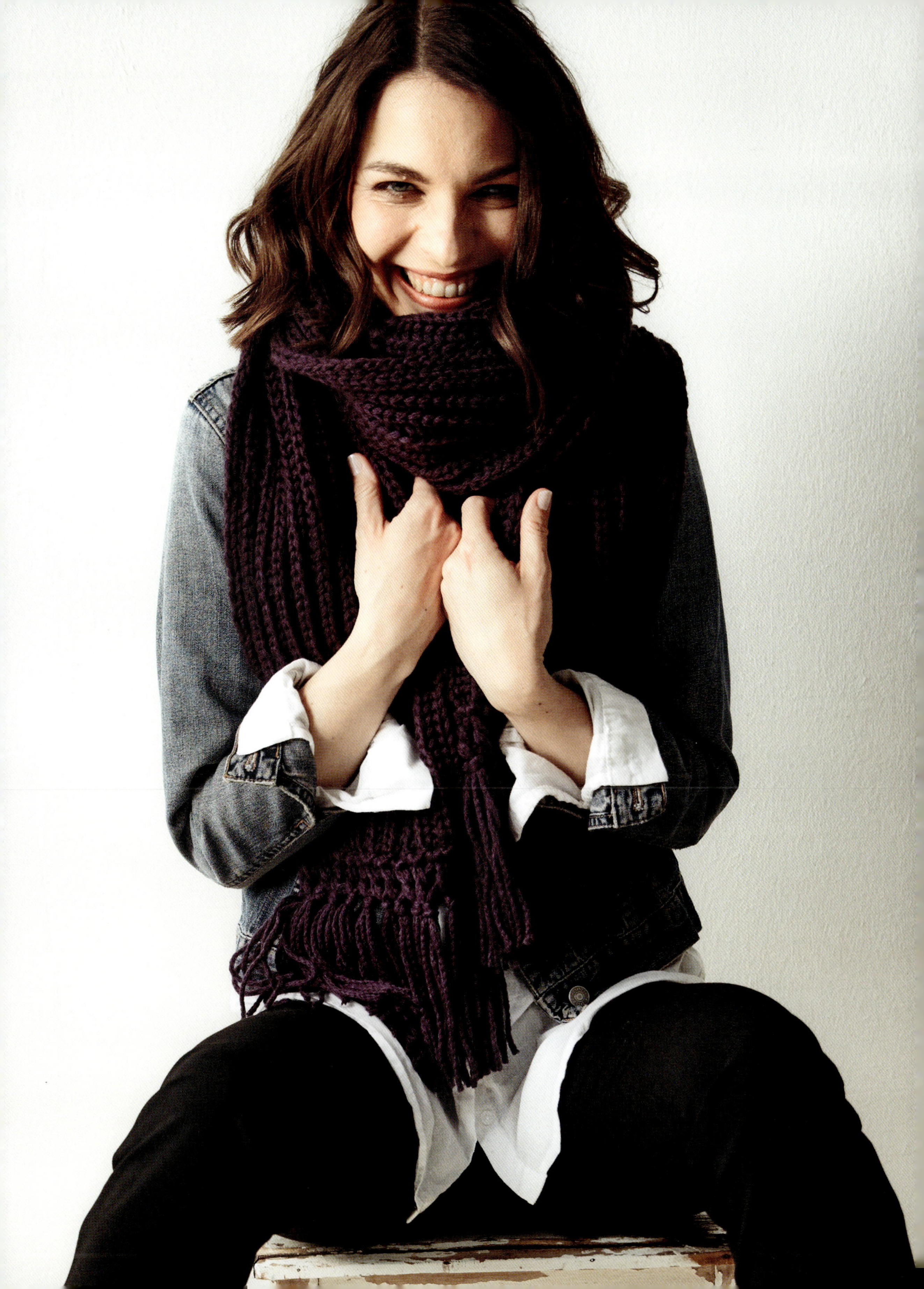

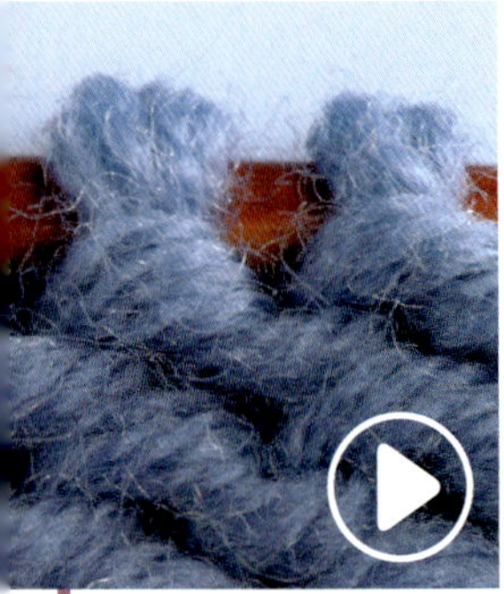

Video: Linke Maschen

LINKE MASCHEN

Das Stricken einer linken Masche ist die zweite Grundstrickart. Der Faden liegt vor Maschen und Nadeln. Mit der Arbeitsnadel wird nacheinander aus jeder Masche eine Fadenschlinge herausgeschoben, um dann die alte Masche von der Nadel gleiten zu lassen.
Auf der Rückseite einer linken Masche erscheint eine rechte Masche, auf der Rückseite einer rechten Masche eine linken Masche. Durch Kombination von rechten und linken Maschen nebeneinander und übereinander lässt sich eine Vielzahl von plastischen Mustern zaubern.

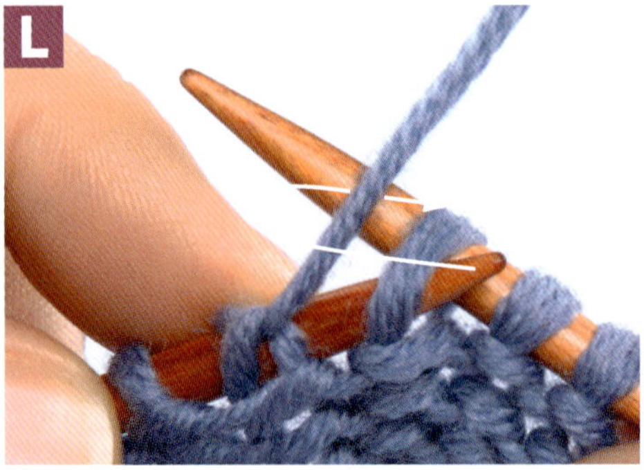

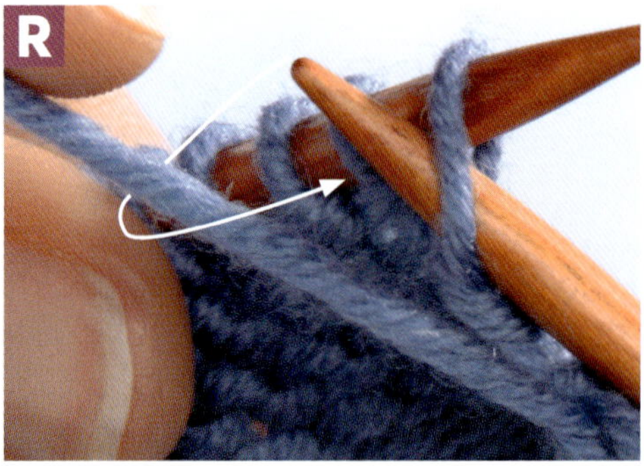

Den Arbeitsfaden zwischen den beiden Nadeln nach vorne holen. Von rechts nach links [von links nach rechts] mit der Spitze der Arbeitsnadel in die Masche einstechen. Die Arbeitsnadel liegt dabei vor der Maschennadel.

HINWEIS

Beim Stricken einer rechten Masche wird der Maschenkopf nach hinten umgeschlagen. Die beiden Maschenschenkel der abgestrickten Masche treten nach vorne und bilden das charakteristische Maschen-V. Beim Stricken einer linken Maschen kippt dagegen der Maschenkopf nach vorne und bildet den charakteristischen Rollkragen.

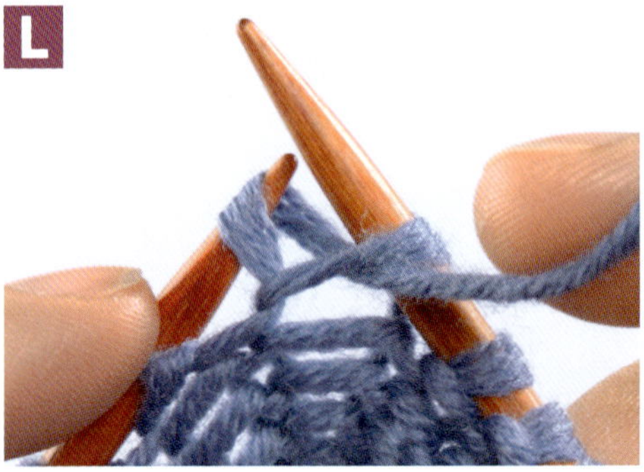

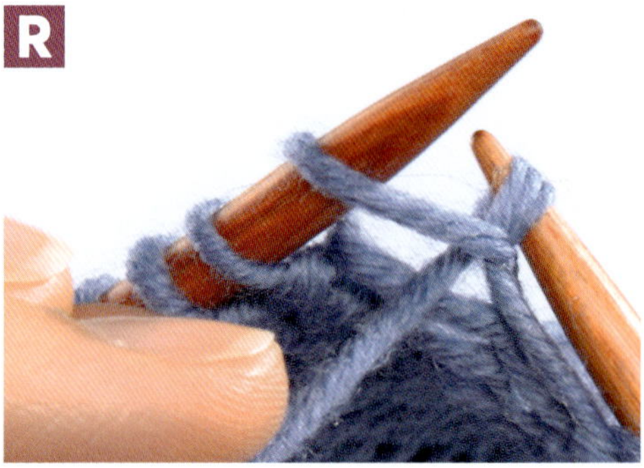

Den Arbeitsfaden mit der Nadelspitze der Arbeitsnadel in Pfeilrichtung erfassen, den Faden zwischen Arbeits- und Maschennadel von oben nach unten führen und die Fadenschlinge mit der Arbeitsnadel durch die Masche hindurch nach hinten schieben. Damit befindet sich eine neue Masche auf der Arbeitsnadel.

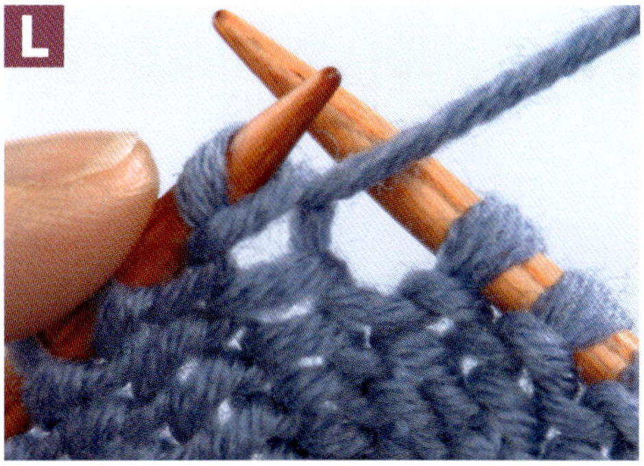

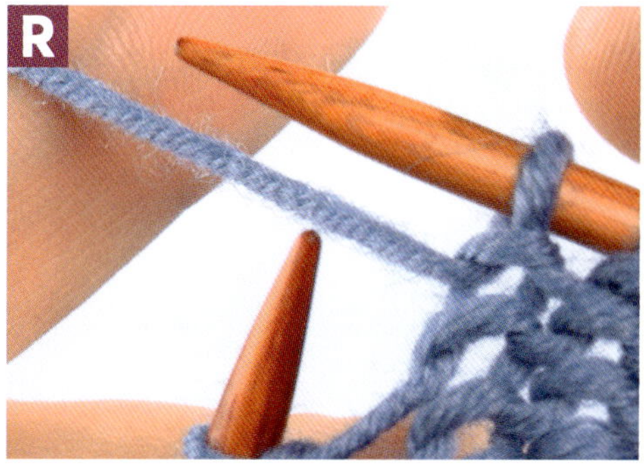

Die Masche der Vorreihe von der Maschennadel gleiten lassen. Aus dieser Position heraus können durch Wiederholen der Arbeitsschritte 1–3 leicht weitere linke Maschen gestrickt werden.

KRAUS LINKS

Werden viele Reihen linker Maschen übereinander gearbeitet, wird kraus links gestrickt. Es entsteht das gleiche Querrippen-Strickbild wie beim kraus rechts Gestrickten. Da aber viele rechte Maschen leichter von der Hand gehen als linke Maschen, ist kraus links zwar möglich, aber eher unüblich.

! RECHTE UND LINKE MASCHEN IN EINER REIHE

Nachdem eine Masche vollständig abgestrickt ist, ist der Faden zwischen den beiden Nadeln frei beweglich und kann so in die richtige Position für die folgende Masche gebracht werden. Das ermöglicht es, rechte und linke Maschen in einer Reihe abzuwechseln.

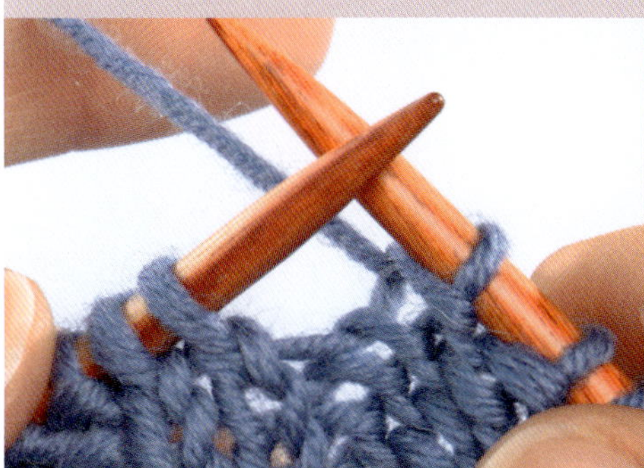

Soll die folgende Masche als eine rechte Masche gestrickt werden, liegt der Arbeitsfaden hinter Maschen und Nadeln.

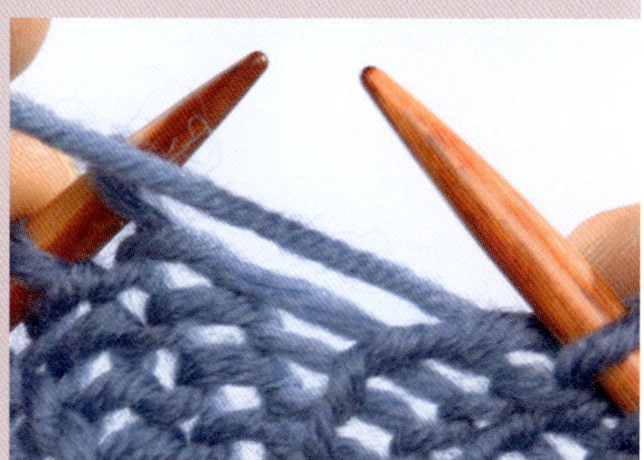

Um die nächste Masche links zu stricken, den Arbeitsfaden vor Maschen und Nadeln holen.

STRICKTRICK

Bei manchen Strickmustern passt sich der Abkettrand schöner ins Muster ein, wenn die Maschen zum Abketten nicht als rechte, sondern als linke Maschen gestrickt werden. Das Überziehen der Maschen geschieht genauso wie beim rechten Abketten.

STRICKTRICK

Auch beim Abketten können die beiden Maschen zunächst noch im jeweiligen Muster abgestrickt werden, bevor die erste Masche übergezogen wird. Beim Patentmuster die Patentmasche am besten einfach links abstricken.

RECHTE UND LINKE MASCHEN MIXEN

Jetzt wird es vorne und hinten interessant! Während kraus Gestricktes auf beiden Seiten gleich aussieht, ist das bei den meisten anderen Strickmustern nicht der Fall. Es wird also nötig, die beiden Seiten eines Strickstücks zu unterscheiden.

Auf der Vorderseite des Strickstücks erscheint das Muster. Sie wird nach außen sichtbar getragen. Die Reihen, die gestrickt werden, während man die Vorderseite vor Augen hat, werden **Hinreihen** genannt. Die Rückseite eines Strickstücks wird zum Körper hin getragen. Reihen, die gestrickt werden, während man die Rückseite betrachtet, heißen **Rückreihen**. Glatt rechts und glatt links, die beiden wohl wichtigsten Grundmuster, entstehen, wenn abwechselnd eine Reihe rechte Maschen und eine Reihe linke Maschen gestrickt werden.

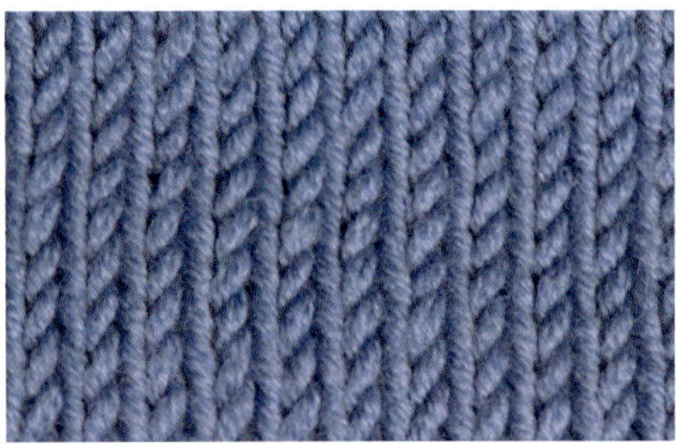

Glatt rechts: In allen Hinreihen, also auf der Vorderseite des Gestrickten, rechte Maschen stricken, in allen Rückreihen linke Maschen stricken.

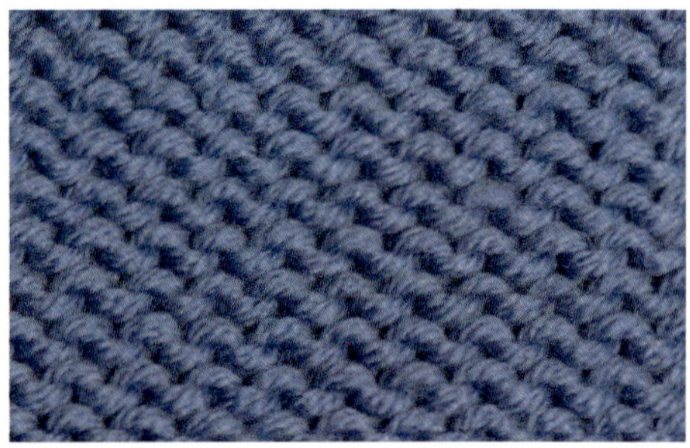

Glatt links: In allen Hinreihen linke Maschen stricken, in allen Rückreihen rechte Maschen stricken. Ein besonders elastischer Strickstoff, der sich prima als Bündchenmuster eignet, entsteht, wenn sich jeweils 2 Maschen glatt rechts und 2 Maschen glatt links abwechseln.

Ein besonders elastischer Strickstoff, der sich prima als **Bündchenmuster** eignet, entsteht, wenn sich jeweils 2 Maschen glatt rechts und 2 Maschen glatt links abwechseln.

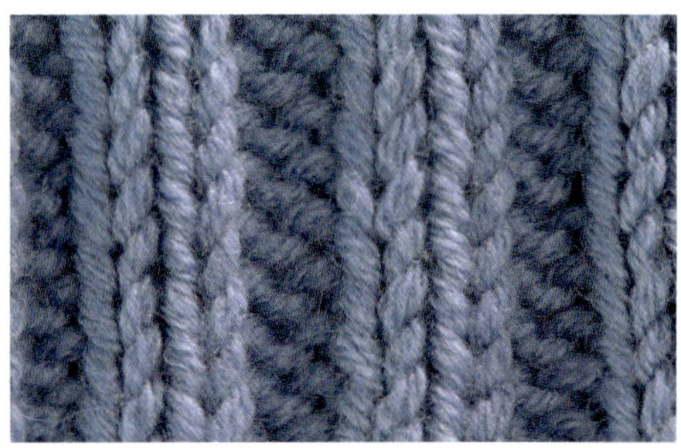

Bei glatt rechts und glatt links Gestricktem erscheinen die ersten und besonders die letzten Maschen einer Reihe oft ungleichmäßig, in einer Reihe sehr klein, in der darüberliegenden Reihe sehr groß. Der Faden der unteren Reihe wird nämlich jedes Mal ein kleines Stückchen weiter transportiert, wenn die Maschen beim Stricken gedehnt und in die Höhe gezogen werden. Werden aber die ersten 4–6 Maschen jeder Reihe sehr fest und die letzten 4–6 Maschen eher locker gestrickt, bekommt man das Problem schnell in den Griff!

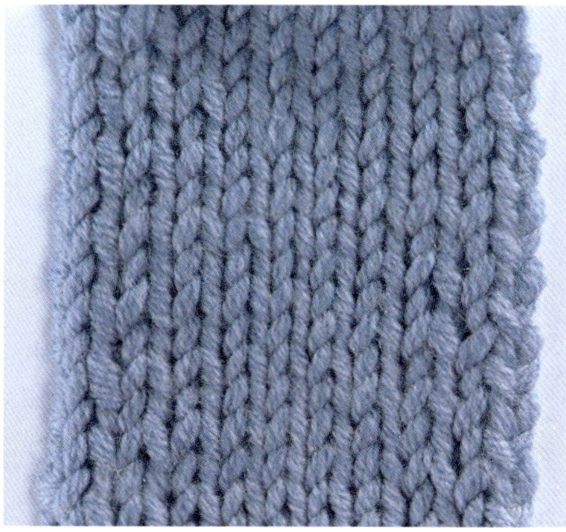

HINWEIS

Manchmal erscheinen Reihen aus links gestrickten Maschen größer als Reihen aus rechts gestrickten Maschen.

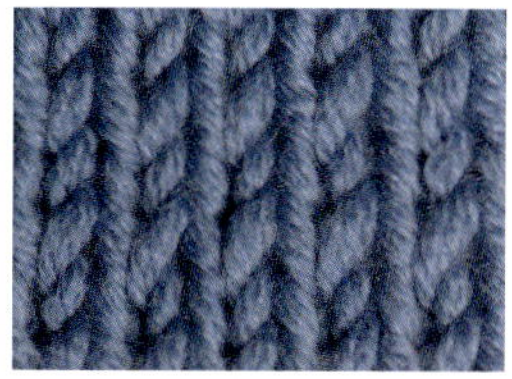

Wenn das trotz einigem Üben noch anhält, hilft es häufig, zum Stricken der linken Maschen eine etwas dünnere Nadel zu nehmen. Oft kommt die Hand mit dem Fadenlauf noch nicht gut zurecht, oder das Anziehen des Fadens fällt beim Rechtsstricken leichter als beim Linksstricken. Nach kurzer Zeit werden die Maschen der links gestrickten Reihen kleiner werden. Dann ist es Zeit, wieder auf die gleiche Nadelstärke für beide Richtungen zu wechseln.

FARBWECHSEL MIT RECHTEN UND LINKEN MASCHEN

Ein Farbwechsel in glatt rechts Gestricktem ist scharf, ein Farbwechsel in glatt links Gestricktem dagegen ineinandergreifend.

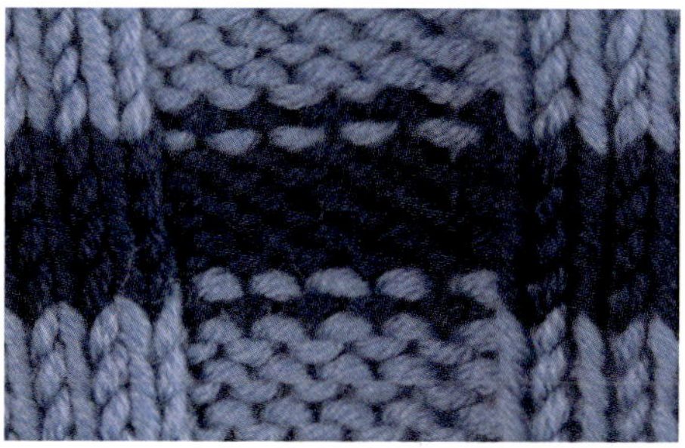

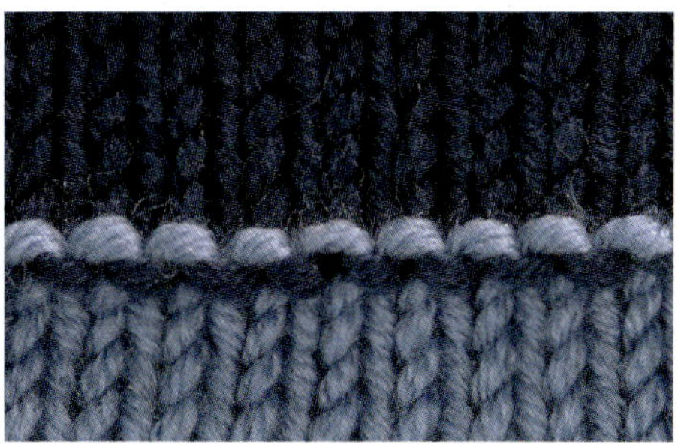

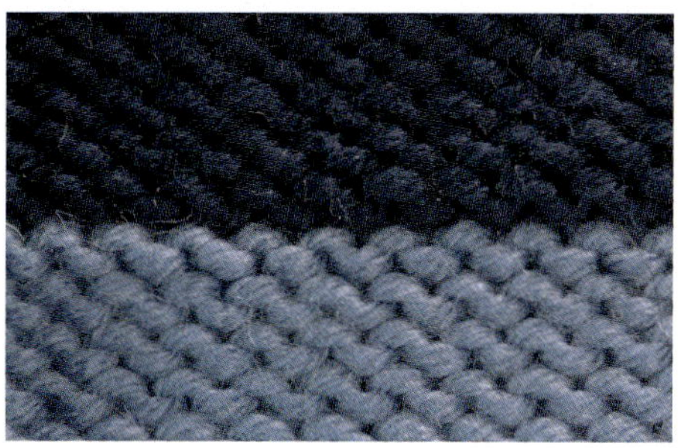

Für einen scharfen Farbübergang in glatt links Gestricktem einfach eine rechts gestrickte Reihe in der neuen Farbe hineinmogeln, über die dann weiter glatt links gestrickt wird. Die rechts gestrickte Reihe tritt ein wenig hinter die Reihen aus linken Maschen zurück und bleibt in der links gestrickten Struktur nahezu unsichtbar, schafft aber einen scharfen Farbübergang.

SPÜLLAPPEN-TRIO

EIN ERSTES ZERO WASTE-STRICKPROJEKT

GRÖSSE

20 cm x 20 cm

MATERIAL

Schachenmayr Catania Grande (LL 63 m/50 g) in Schlamm (Fb 3406), Reseda (Fb 3209) und Leinen (Fb 3248), je 50 g

Stricknadeln 4,0-5,0 mm

MASCHENPROBE

Kraus rechts mit Nd 4,0-5,0 mm 18 M und 28 R = 10 cm x 10 cm

Schachbrettmuster

M-Zahl teilbar durch 10+5+12 Rdm.
1. R (Hinr): Alle M rechts str.
2. R (Rückr): 6 M rechts, * 5 M links, 5 M rechts; ab * noch einmal wiederholen, 5 M links, 6 M rechts.
3.-8. R: Die 1.-2. R noch 3x wiederholen.
9. R (Hinr): Alle M rechts str.
10. R (Rückr): 6 M rechts, * 5 M rechts, 5 M links; ab * noch einmal wiederholen, 5 M rechts, 6 M rechts.
11.-16. R: Die 9.-10. R noch 3x wiederholen.
Die 1.-16. R stets wiederholen.

Großes Perlmuster

M-Zahl teilbar durch 2+3+12 Rdm.
1. R (Hinr): 7 M rechts, * 1 M links, 1 M rechts; ab * stets wiederholen, 1 M links, 7 M rechts.
2. R (Rückr): 6 M rechts, 1 M links, * 1 M rechts, 1 M links; ab * stets wiederholen, 1 M rechts, 1 M links, 6 M rechts.
3. R (Hinr): 7 M rechts, * 1 M rechts, 1 M links; ab * stets wiederholen, 1 M rechts, 7 M rechts.
4. R (Rückr): 6 M rechts, 1 M links, * 1 M links, 1 M rechts; ab * stets wiederholen, 2 M links, 6 M rechts.
Die 1.-4. R stets wiederholen.

Rippenmuster

M-Zahl teilbar durch 6+3+12 Rdm.
1. R (Hinr): 6 M rechts, 1 M links * 3 M rechts, 1 M links, 1 M rechts, 1 M links; ab * stets wiederholen, 3 M rechts, 1 M links, 6 M rechts.
2. R (Rückr): 7 M rechts, * 3 M links, 3 M rechts; ab * stets wiederholen, 3 M links, 7 M rechts.
Die 1.-2. R stets wiederholen.

ANLEITUNG

In Schlamm 27 M anschl und 10 R kraus rechts str.
Dann 40 R (= 2x die 1.-16. R und noch einmal die 1.-8. R) im Schachbrettmuster str.
Anschließend 11 R kraus rechts str und in der nächsten Rückr alle M locker rechts abk.
In Reseda 27 M anschl und 10 R kraus rechts str.
Dann 40 R (= 10x die 1.-4. R) im großen Perlmuster str.
Anschließend 11 R kraus rechts str und in der nächsten Rückr alle M locker rechts abk.
In Leinen 29 M anschl und 10 R kraus rechts str.
Dann 40 R (= 20x die 1.-2. R) im Rippenmuster str.
Anschließend 11 R kraus rechts str und der nächsten Rückr alle M locker rechts abk.

Fertigstellen

Alle Fäden vernähen.

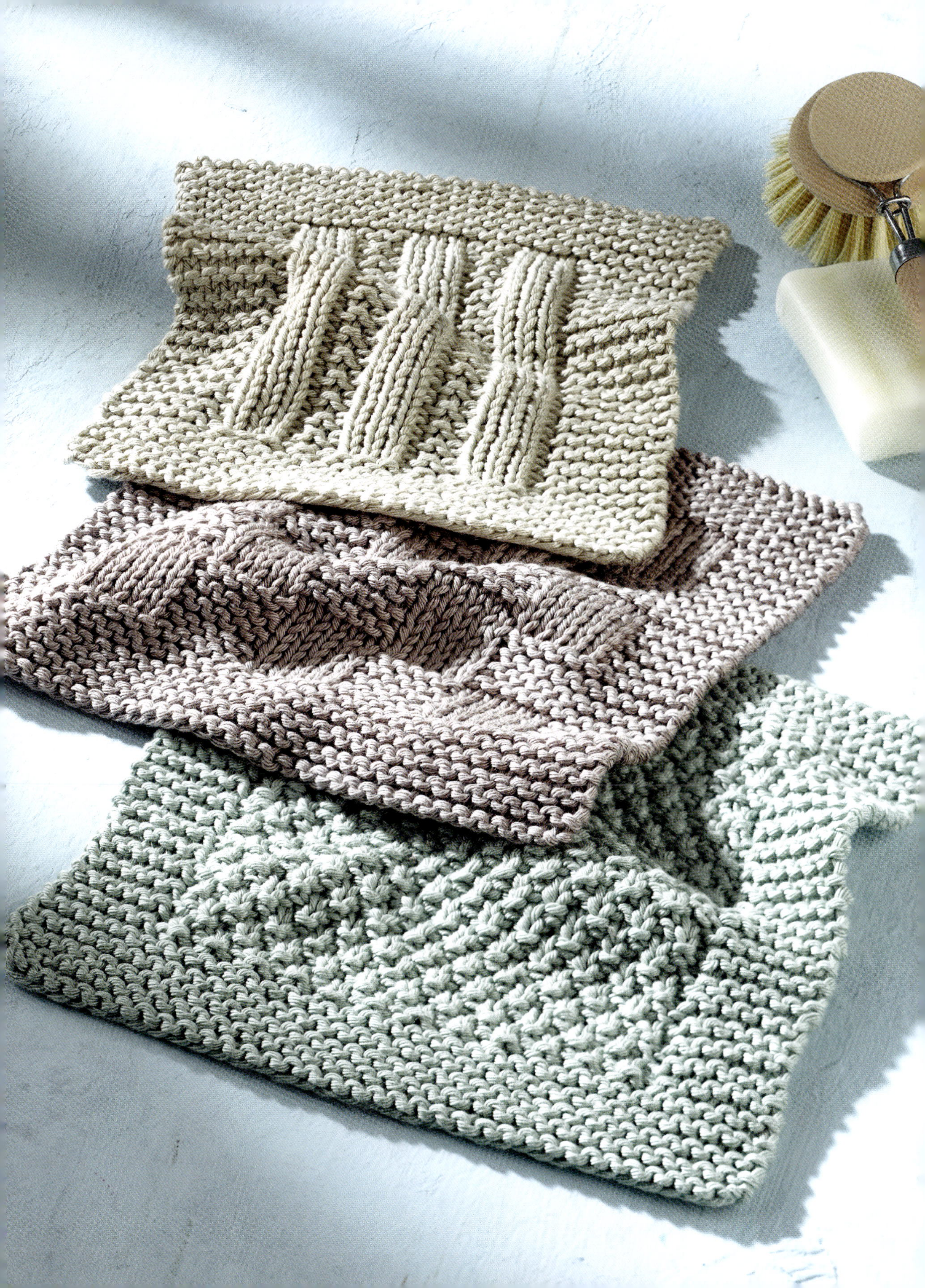

RANDMASCHEN

Als Randmaschen werden die erste und die letzte Masche jeder Reihe bezeichnet. Sie sollten besonders sorgfältig gearbeitet werden. Bei offenen Strickseiten, wie etwa bei Schals, fallen sie als seitlicher Abschluss besonders ins Auge und bei vernähten Strickteilen gelingen saubere Nähte nur mit regelmäßigen Randmaschen.

HINWEIS

Randmaschen werden bei Strickstücken mit Naht immer zusätzlich zur errechneten Maschenzahl angeschlagen, da sie nach dem Zusammennähen nichts zur Weite beitragen!

NAHTRAND

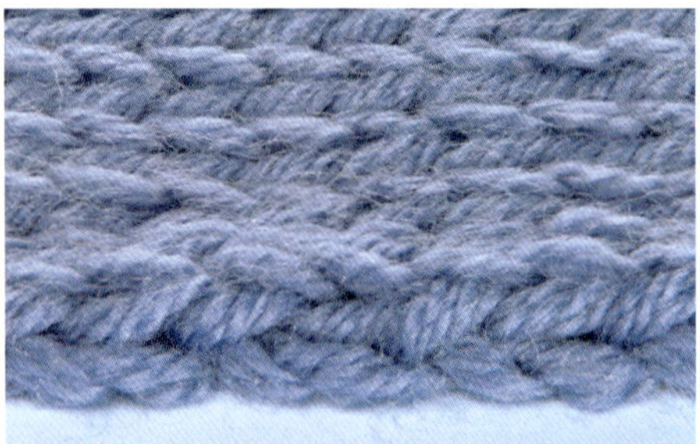

Der Nahtrand ist ein sehr flacher Rand. Er eignet sich besonders gut für Strickstücke, die später zusammengenäht werden sollen. Außerdem ermöglicht es nur der Nahtrand, Strickstücke aus sehr dickem Garn mit jeweils halber Randmasche zu vernähen. Beide Randmaschen werden glatt rechts, also auf der Vorderseite eines Strickstücks rechts und auf der Rückseite links gestrickt. Auf jede Reihe kommt 1 Randmasche.

KETTRAND

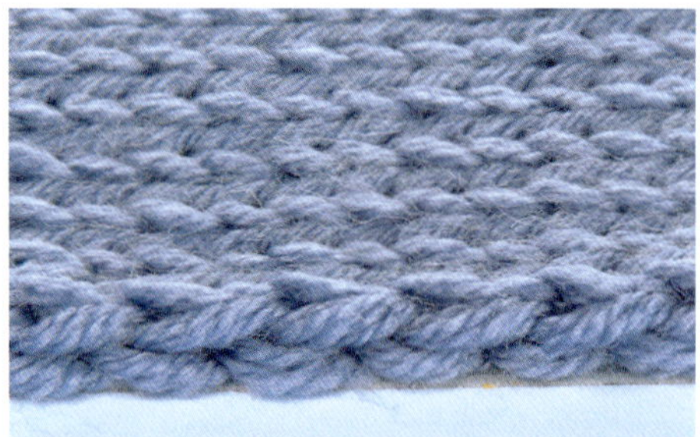

Der Kettrand ist weit verbreitet. Es kommt immer nur 1 Randmasche auf 2 Reihen. Dazu mit der Arbeitsnadel wie zum Linksstricken in die Randmasche am Reihenanfang einstechen und ungestrickt von der Maschennadel heben. Die Randmasche am Reihenende rechts stricken.
Dieser Rand ist recht wulstig. Außerdem zeigen sich an den Rändern im Strickbild Einkerbungen, die auch nach dem Zusammennähen noch sichtbar bleiben.

HINWEIS

Der doppelte Perlrand eignet sich gut, um seitlich neue Maschen aufzufassen, etwa beim Sockenstricken.

DOPPELTER PERLRAND

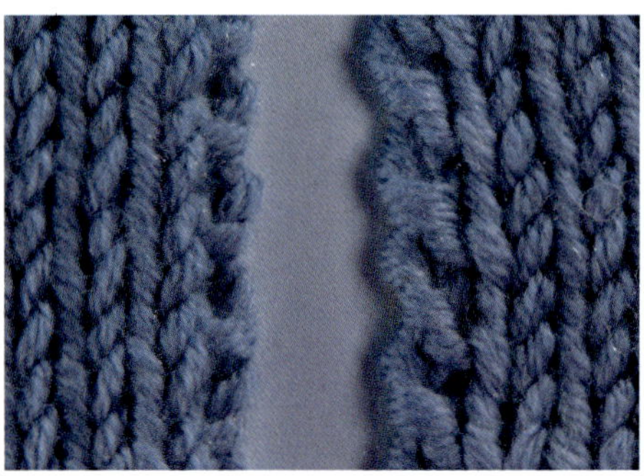

Für den doppelten Perlrand beide Randmaschen kraus rechts, also in jeder Reihe rechts stricken. Es bilden sich kleine Perlen an den Rändern.
Eine Variante des doppelten Perlrandes ist der **Schweizer Rand**, bei dem die beiden Randmaschen kraus links, also in jeder Reihe links gestrickt werden. Diese Variante gelingt oft sauberer und auch die ersten Maschen seitlich der Randmaschen erscheinen gleichmäßiger.

PATENTRAND

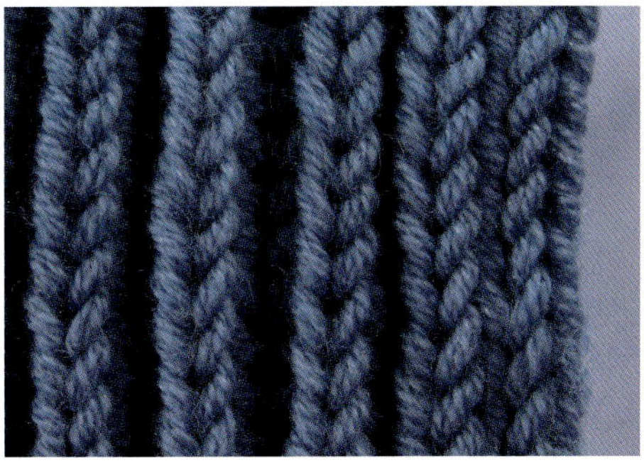

Patentgestricktes braucht an beiden Seiten einen Rand, der das Strickstück etwas mehr in Form hält. Dazu die ersten 3 und die letzten 3 Maschen jeder Reihe als Patentrand arbeiten. Das Prinzip ist ähnlich dem Patentmuster selber, mit dem Unterschied, dass der Spannfaden beim Abheben der Patentmasche nicht über die Nadel gelegt wird, sondern in Hin- und Rückreihen jeweils vor der Masche verläuft.

STRICKTRICK

Damit der Patentrand an beiden Seiten gleich aussieht, am besten mit einer ungeraden Maschenzahl arbeiten.

MATRATZENSTICH

Mit dem Matratzenstich lassen sich Nähte fast unsichtbar und flach schließen und auch zum Einnähen von Ärmeln ist dieser Nahtstich bestens geeignet. Sehr gleichmäßige Nähte und eine flache Innennaht erhält man, wenn die Strickränder als Nahtrand gearbeitet wurden. Auch Strickteile mit dem doppelten Perlrand und dem Schweizer Rand lassen sich mit kaum sichtbarer Naht schließen, die Innennaht ist aber schon etwas dicker.

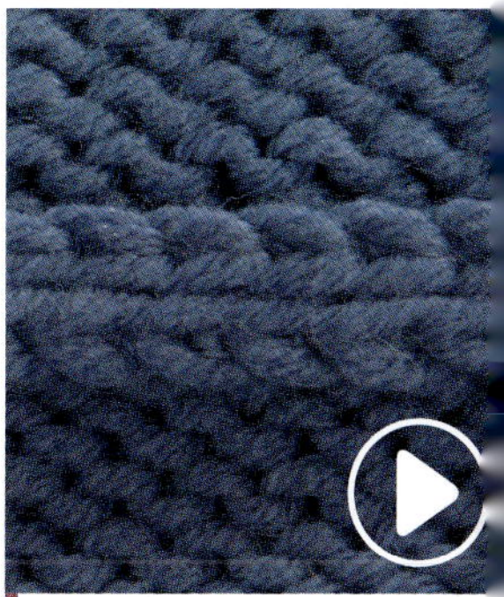

Video:
Matratzenstich

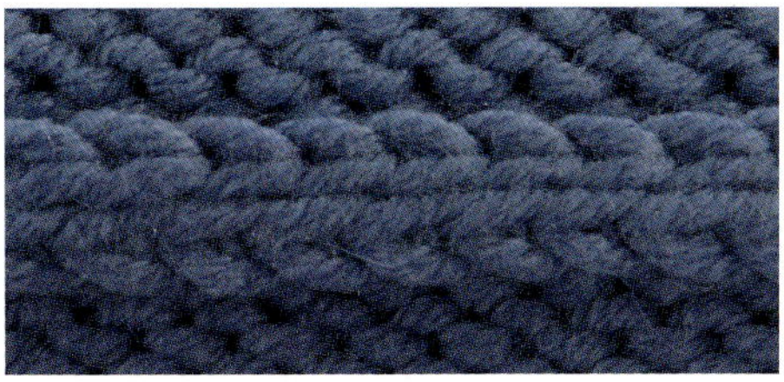

Eine im Matratzenstich geschlossene Naht wird besonders flach und trägt nicht auf, da beide inneren Kanten auseinandergelegt werden können.

STRICKTRICK

Bei sehr dicker Garnstärke kann der Matratzenstich auch nur eine halbe Masche vom Rand entfernt, also jeweils in einer halben Randmasche gearbeitet werden, wenn beide Ränder als Nahtrand gearbeitet wurden. Damit trägt die Naht nicht zu sehr auf.

Die beiden zu verbindenden Strickteile mit der Vorderseite nach oben so nebeneinanderlegen, dass die beiden Nahtkanten aneinanderstoßen.

Zunächst die Randmaschen der Anschlagkanten beider Strickstücke miteinander verbinden. Dazu jeweils von unten zwischen Randmasche und 1. Masche einstechen.
Dann den Querfaden zwischen Randmasche und 1. Masche des ersten Strickteils von oben erfassen. In allen weiteren Schritten abwechselnd bei beiden Strickteilen jeweils 2 Querfäden zwischen Randmasche und 1. Masche erfassen und den Faden so weit anziehen, dass die Maschen beider Teile jeweils wie im Maschenbild nebeneinanderliegen. Den Faden nicht so stark anziehen, dass sich die Naht kräuselt!
Dadurch, dass die Reihen gleich zu Beginn um 1 Querfaden versetzt aneinandergenäht werden, treffen auch auf gleicher Höhe eingestrickte Streifen genau aufeinander.

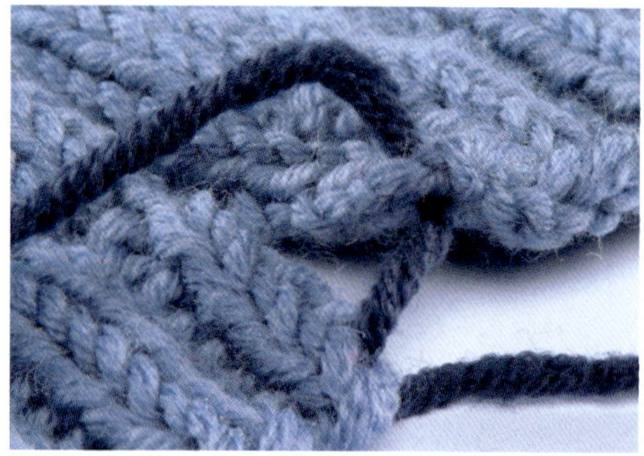

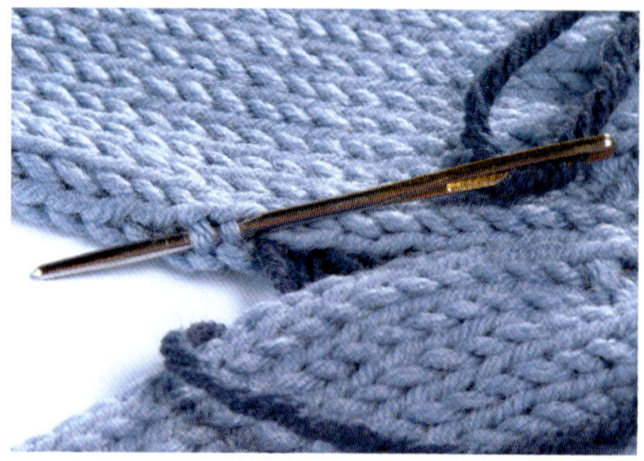

STRICKTRICK
Bei glatt links oder patent Gestricktem jeweils nur 1 Querfaden erfassen, so wird die Naht noch gleichmäßiger.

HINWEIS

Da eine mit Nähgarn geschlossene Naht unelastischer wäre als das Strickstück selber, nach Möglichkeit einen Faden des Strickgarns zum Zusammennähen verwenden. Dabei hilft eine Wollnadel ohne Spitze. Beim Nähen darauf achten, nur zwischen die Maschen und nicht ins Garn einzustechen!

MASCHENSTICH

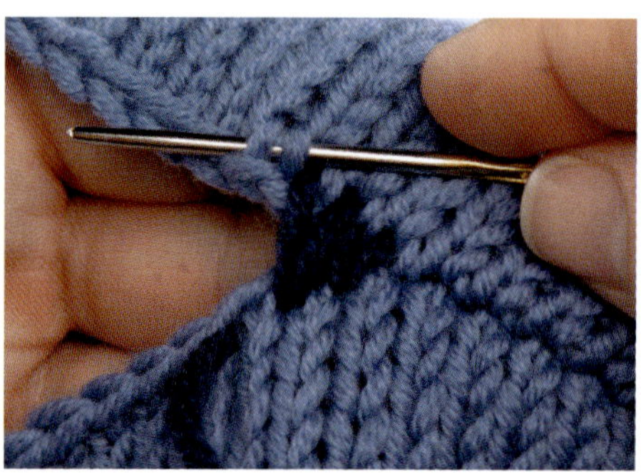

Auch horizontale Nähte können auf diese Weise geschlossen werden. Dazu abwechselnd je 2 Maschenglieder von beiden Strickteilen unter der Abkettkante erfassen. Diese Nahtvariante wird auch Maschenstich genannt. Er wird z.B. zum Schließen von Schulternähten verwendet.

MASCHENPROBE

Die Maschenprobe ist wohl das unbeliebteste Strickstück der Welt. Wer möchte nicht gleich mit dem neuen, verlockenden Garn loslegen! Um sich aber große Enttäuschungen über ein missratenes Gestrick zu ersparen, ist es sehr wichtig, vorher die beste Nadelstärke auszuwählen, damit das Strickstück die richtige Passform erhält. Dabei hilft die Maschenprobe.

DIE PASSENDE NADELSTÄRKE

Auf der Banderole eines Garns gibt der Hersteller die Maschengröße in einem glatt rechts gestrickten Maschenbild für die ideale Elastizität und Weichheit des Strickstoffes an. Wird das Garn zu fest verstrickt, fühlt sich das Gestrickte hart an, die Beweglichkeit der Maschen im Stoff geht verloren. Mit einem zu locker gestrickten Garn fallen die Maschen dagegen auseinander, dem Strickstoff fehlt Elastizität, das Strickstück gerät außer Form. Der Hersteller macht auch Vorschläge zur passenden Nadelstärke. Da die aber stark vom eigenen Strickstil abhängt, darf die richtige Stärke auch außerhalb der Empfehlung auf der Banderole liegen.

Als **Maschenprobe** wird ein gestricktes Rechteck von mindestens 12 cm x 12 cm Größe bezeichnet. Sie gibt Auskunft darüber, wie fest gestrickt wird. Um die passende Nadelstärke zu ermitteln, wird die Maschenprobe glatt rechts gestrickt. Dazu die auf der Banderole angegebene Maschenzahl für 10 cm mit 1,2 multiplizieren, auf eine ganze Zahl aufrunden und diese Maschenzahl anschlagen. Glatt rechts bis zu einer Höhe von 12 cm gerade hochstricken, locker abketten, anfeuchten und trocknen lassen.

Dampfbügeleisen bieten die Möglichkeit, das Strickstück leicht von links zu dämpfen, ohne das Eisen auf die Maschen aufzusetzen. Das geht ruck, zuck und die Maschenprobe ist fertig, ohne stundenlang trocknen zu müssen. Ungedämpft ziehen sich Maschen etwas mehr zusammen und man greift unnötigerweise zu dickeren Nadeln. Das fertige Strickstück droht dann zu locker und formlos zu werden.

STRICKTRICK

Zur groben Orientierung ist es hilfreich zu wissen, dass Strickanfänger häufig dazu neigen, sehr fest zu stricken. Tendenziell also eher zu den dickeren der empfohlenen Nadeln greifen!

Das gedämpfte Probestück auf eine feste Unterlage legen. Mit Hilfe des Maßbandes von S. 159 mittig jeweils Anfang und Ende eines 10 cm langen Stücks in der Länge und in der Breite abmessen und mit Stecknadeln markieren. Die Anzahl an Maschen und an Reihen innerhalb der Markierungen abzählen, zusammen mit der Nadelstärke notieren und mit den Angaben auf der Banderole vergleichen. Randmaschen, Anschlag- und Abkettkante dabei nicht mitzählen.

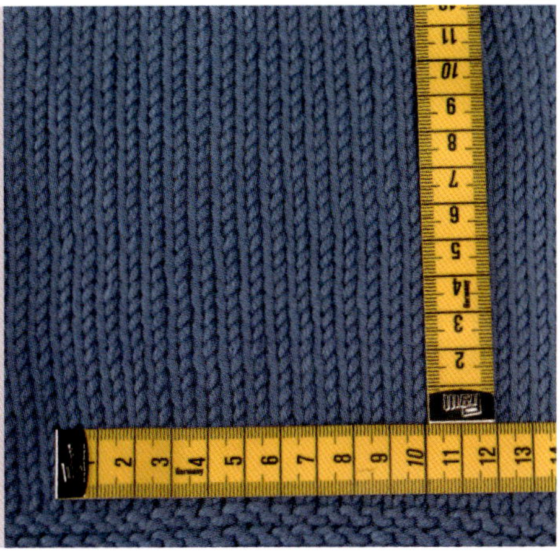

Werden **mehr Maschen gezählt**, als auf der Banderole angegeben, wurde zu fest, also mit zu dünnen Nadeln gestrickt. Dickere Nadeln wählen und noch eine Maschenprobe arbeiten.
Werden dagegen **weniger Maschen gezählt**, als vom Hersteller angegeben, wurde zu locker, also mit zu dicken Nadeln gestrickt und es sollten dünnere Nadeln verwendet werden.
Bei einem Garn aus einem anderen Material kann es vorkommen, dass zwar die Maschenzahl, nicht aber die Reihenzahl mit den Angaben übereinstimmt. Dann behält man am besten die Nadelstärke bei und passt die Reihenzahl der Anleitung rechnerisch an, was in der Höhe leichter möglich ist als in der Breite eines Strickstücks.

DIE PASSFORM NACH ANLEITUNG

Nicht nur Nadelstärke und Stricktechnik, auch Strickmuster haben Einfluss auf die Maschenprobe. Zopfmuster ziehen das Gestrickte zusammen, sodass mehr Maschen benötigt werden. Lochmuster kommen oft mit weniger Maschen aus. Kraus Gestricktes benötigt deutlich mehr Reihen. In Modellanleitungen wird daher immer eine Maschenprobe im verwendeten Strickmuster angegeben, die Grundlage für alle Maschen- und Reihenangaben der Anleitung ist. Dabei geht es um die Passform des Strickstücks. Nur wenn die gemessene Maschenprobe des Strickmusters mit der in der Anleitung übereinstimmt, erhält man ein Strickstück mit den Maßen, die in der Schnittskizze eingezeichnet sind.
Bei geringen Abweichungen der Maschenprobe kann man durchaus versuchen, ein wenig mit der Nadelstärke zu variieren. Bei größeren Abweichungen, etwa wenn ein ganz anderes Garn verwendet werden soll, ist es notwendig, eine eigene Maschenprobe zu erstellen und die neuen Maschen- und Reihenzahlen nach dem Dreisatzprinzip zu errechnen. Achtung: Randmaschen immer extra hinzurechnen, da sie nach dem Zusammennähen nichts mehr zur Breite beitragen!
Für Schrägen und Rundungen wird die zu verändernde Maschenzahl auf die Reihenzahl der Schräge verteilt, gleichmäßig für Schrägen, mit zunehmender oder abnehmender Maschenzahl für Rundungen.

STRICKTRICK

Abnahmen für Schrägen oder Rundungen werden häufig zu Beginn einer Hinreihe gearbeitet und dabei die Abnahmen, die für Hin- und Rückreihe anfallen, zusammengefasst.

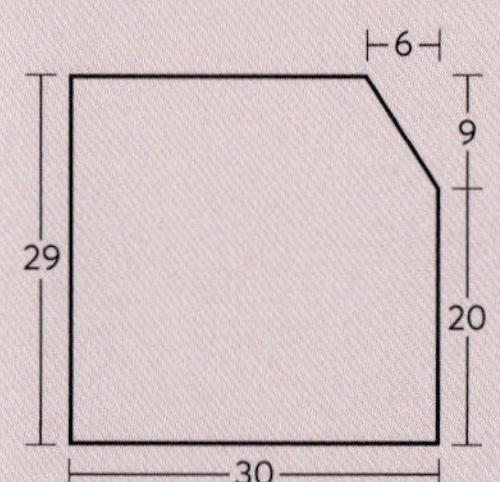

Beispiel: Mit einer Maschenprobe von 15 Maschen x 20 Reihen auf 10 cm x 10 cm für nebenstehendes Strickstück 47 Maschen (30 cm x 15 Maschen: 10 cm + 2 extra Randmaschen) anschlagen und insgesamt 58 Reihen (29 cm x 20 Reihen: 10 cm – 2 Reihen durch den Kreuzanschlag) stricken. Zunächst in Hin- und Rückreihen gerade hochstricken. In einer Höhe von 20 cm müssen für die Schräge am rechten Strickrand in den restlichen 18 Reihen (9 cm x 20 Reihen : 10 cm) gleichmäßig verteilt 9 Maschen (6 cm x 15 Maschen : 10 cm) abgenommen werden, um die Breite bis zum oberen Abkettrand um 6 cm zu reduzieren. 9 Maschenabnahmen gleichmäßig auf 18 Reihen verteilt bedeutet 0,5 Maschen pro Reihe oder 1 Maschenabnahme in jeder 2. Reihe. Die Anleitung würde also lauten: In einer Höhe von 20 cm am rechten Rand in jeder 2. Reihe 9x 1 Masche abketten.

STRICKSCHRIFT

Eine Strickschrift ist ein Raster, in dem jedes Kästchen einer Masche entspricht.

In die Kästchen eingetragen sind kleine Symbole, die anzeigen, wie die jeweilige Masche gestrickt wird, z.B. als rechte Masche ■, linke Masche − oder Hebemasche ɑl. Leere Kästchen sind Platzhalter für Maschen, die vielleicht erst durch Zunahmen in den höheren Reihen entstehen. Sie dienen der besseren Übersicht eines Strickmusters und können beim Stricken einfach übersprungen werden. Strickschriften visualisieren ein Strickmuster sehr gut. Häufig verhilft die Strickschrift schon zu einem ersten Eindruck von einem Muster, ohne es gestrickt vor sich zu sehen. Da Strickschriften nicht allgemein einheitlich sind, kann es manchmal zu Abweichungen in der Verwendung der Stricksymbole kommen. In der Regel wird eine entsprechende Legende aber entweder direkt beim Strickmuster oder zentral in einer Übersichtstabelle angegeben.

●	−	−	−	−	−	−	●	
●	■	−	■	■	−	■	●	3
●	■	−	■	■	−	■	●	
●	■	−	■	■	−	■	●	1

● = 1 Randmasche als Nahtrand (in Hinreihen rechts, in Rückreihen links)
■ = 1 Masche rechts
− = 1 Masche links

Die kleinen Ziffern an den Seiten geben die Reihenzahl an. Die Ziffern der Hinreihen stehen in aller Regel rechts vor einer Hinreihe, die Ziffern der Rückreihen links vor einer Rückreihe.

Rechtshänder lesen Strickschriften in Strickrichtung, also von unten nach oben und in den Hinreihen von rechts nach links. Sind auch die Rückreihen notiert, werden diese von links nach rechts gelesen, da das Strickstück durch das Wenden ja in entgegengesetzter Richtung weitergearbeitet wird.

Linkshänder lesen Strickschriften in ihrer Strickrichtung. Sie beginnen Hin- und Rückreihen jeweils am nicht bezifferten Ende.

In vielen Mustern enthalten die Rückreihen keine Musterungselemente, sodass die in Strickschriften weggelassen werden und nur die Hinreihen notiert sind. Das ist auch daran zu erkennen, dass die Reihenzahlen nur am rechten Rand notiert sind und immer in 2er-Schritten aufsteigen. Wenn nichts anderes angegeben ist, werden die Maschen der Rückreihen dann gestrickt, „wie sie erscheinen" – erscheint eine Masche auf der Rückseite als rechte Masche (rechte Maschen tragen V-Ausschnitt), wird sie wieder rechts gestrickt, eine linke Masche (linke Maschen tragen Rollkragen) wird links abgestrickt. Eine Abweichung davon wird gesondert angegeben.

Ein besonders gekennzeichneter Ausschnitt der Strickschrift stellt die Wiederholungseinheit des Strickmusters dar, die **Rapport** genannt wird. Die Maschen des Rapportes können beliebig oft aneinandergereiht werden. Seitlich finden sich häufig weitere Maschen, die ein Strickmuster zum Rand hin schön und symmetrisch abschließen. Um eine Reihe nach Strickschrift zu stricken, wird zunächst eine Randmasche gearbeitet, dann die seitlichen Maschen vor den Rapportmaschen, der Rapport wird in benötigter Anzahl wiederholt, die seitlichen Maschen nach den Rapportmaschen schließen sich an und die letzte Masche der Reihe ist wiederum eine Randmasche. Die Höhe der Strickschrift entspricht einem Höhen- oder Reihenrapport. Die abgebildeten Reihen werden fortlaufend wiederholt.

Mehrfarbig gestrickte Muster werden in **Zählmustern** notiert. Auch sie bestehen aus Rastern, in denen jedes Kästchen einer Masche entspricht. Wie bei Stickmustern kann nun Masche für Masche die zu verwendende Farbe herausgelesen werden.

HINWEIS

Eine Liste aller in diesem Buch verwendeten Symbole ist auf S. 146 abgedruckt, die verwendeten Symbole werden aber in jeder Anleitung auch direkt angegeben.

STRICKTRICK

Durch den Kreuzanschlag wurden die Maschen der ersten Hinreihe bereits mit aufgeschlagen, die erste zu strickende Reihe ist also eine Rückreihe. Oft wird diese nicht in der Strickschrift notierte Reihe einfach links gestrickt. Sie fügt sich aber noch besser ins Muster ein, wenn man sich an der letzten Reihe der Strickschrift orientiert und sich überlegt, wie die letzte Rückreihe vor der ersten notierten Hinreihe gestrickt wird.

HINWEIS

Die Strickschrift bildet die Vorderseite des Strickstücks ab. Sind auch Rückreihen dargestellt, kehren sich die Symbole um: ■ wird in einer Rückreihe als linke Masche gearbeitet, − als rechte Masche.

KISSENHÜLLEN
KUSCHELIGE SOFABEGLEITER

GRÖSSE
40 cm x 40 cm

MATERIAL
Lana Grossa Linea Pura Fourseason (LL 105 m/50 g) in Hellpetrol (Fb 6) und Graubeige (Fb 10), je 200 g

Rundstricknadel 4,0-5,0 m

je 1 Kisseninlett, 40 cm x 40 cm

MASCHENPROBE
Im Kästchen- oder Flechtmuster mit Nd 4,0-5,0 mm 20 M und 26 R = 10 cm x 10 cm

Kästchenmuster

1. R (Hinr): Rdm, * 9 M rechts, 9 M links; ab * noch 3x wiederholen, 9 M rechts, Rdm.
2. R und alle weiteren Rückr: Rdm, die M str, wie sie erscheinen, Rdm.
3. R: Wie die 1. R arb.
5. R: Rdm, * 3 M rechts, 3 M links; ab * stets wiederholen, Rdm.
7. R: Wie die 5. R arb.
9.-12. R: Die 1.-4. R noch 1x wiederholen.
13. R: Rdm, * 9 M links, 9 M rechts; ab * noch 3x wiederholen, 9 M links, Rdm.
15. R: Wie die 13. R arb.
17. R: Rdm, * 3 M links, 3 M rechts; ab * stets wiederholen, Rdm.
19. R: Wie die 17. R arb.
21.-24. R: Die 13.-16. R noch 1x wiederholen.
Die 1.-24. R stets wiederholen.

Flechtmuster

1. R (Hinr): Rdm, * 1 M links, 2 M rechts; ab * noch 26x wiederholen, 1 M links, Rdm.
2. R und alle weiteren Rückr: Rdm, alle M links str, Rdm.
3. R: Rdm, * 4 M links, 2 M rechts; ab * noch 12x wiederholen, 4 M links, Rdm.
5. R: Wie die 1. R arb.
7. R: Rdm, 1 M links, * 2 M rechts, 4 M links; ab * noch 12x wiederholen, 2 M rechts, 1 M links, Rdm.
Die 1.-8. R stets wiederholen.

ANLEITUNG

In Hellpetrol 83 M anschl und im Kästchenmuster str.
Nach insgesamt 216 R (= 9x die 1.-24. R) alle M locker abk. Das Fadenende ca. 80 cm lang abschneiden.
In Graubeige 84 M anschl und im Flechtmuster str.
Nach insgesamt 216 R (= 27x die 1.-8. R) alle M locker abk. Das Fadenende ca. 80 cm lang abschneiden.

Fertigstellen

Mit dem Abkettfaden die Kissenhüllen ringsum im Matratzenstich schließen, dabei vor dem Schluss der letzten Seite das Kissen einlegen. Alternativ kann auch ein Reißverschluss eingenäht werden.

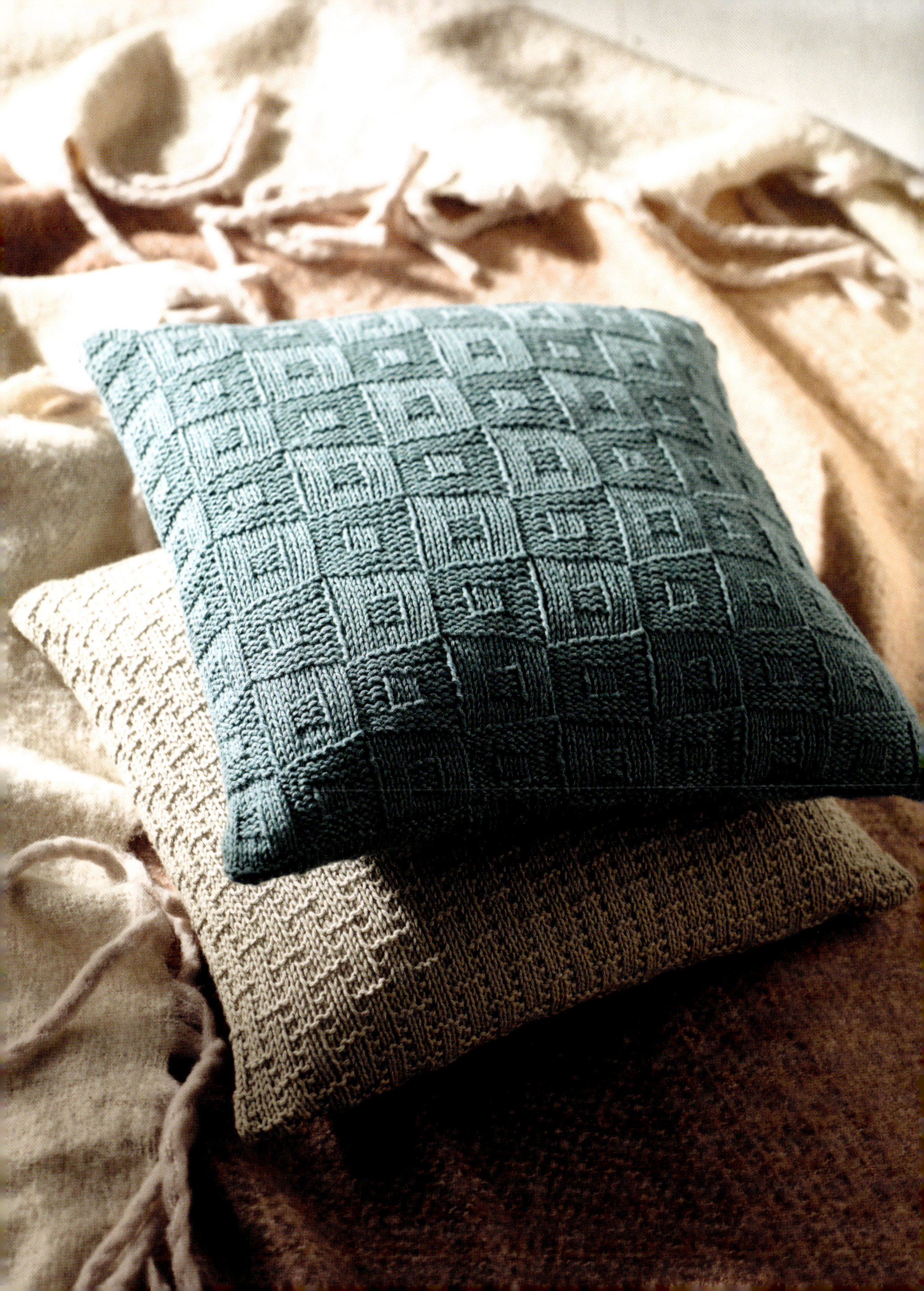

PLASTISCHE MUSTER
MIT RECHTEN UND LINKEN MASCHEN

- ■ = 1 Masche rechts
- – = 1 Masche links
- ● = 1 Randmasche
- ID = 1 Masche abheben, den Faden vor der Arbeit laufen lassen

DIAMANTENMUSTER

In den Rückreihen alle Maschen stricken wie sie erscheinen.

●	■	■	■	■	■	■	–	■	■	■	■	■	■	●	23
●	■	■	■	■	■	–	■	–	■	■	■	■	■	●	21
●	■	■	■	■	–	■	–	■	–	■	■	■	■	●	19
●	■	■	■	–	■	–	■	–	■	–	■	■	■	●	17
●	■	■	–	■	–	■	–	■	–	■	–	■	■	●	15
●	■	–	■	–	■	–	■	–	■	–	■	–	■	●	13
●	–	■	■	■	■	■	■	■	■	■	■	■	–	●	11
●	■	–	■	■	■	■	■	■	■	■	■	–	■	●	9
●	–	■	–	■	■	■	■	■	■	■	–	■	–	●	7
●	■	–	■	–	■	■	■	■	■	–	■	–	■	●	5
●	–	■	–	■	–	■	■	■	–	■	–	■	–	●	3
●	■	–	■	–	■	–	■	–	■	–	■	–	■	●	1

Rapport = 12 Maschen

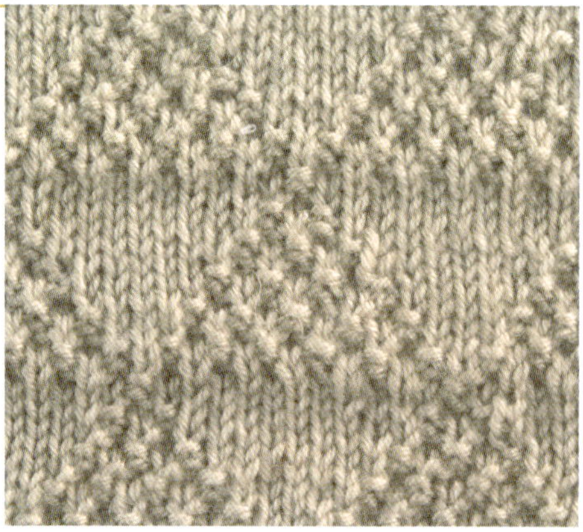

WESTENMUSTER

Hinreihen und Rückreihen mustern.

●	–	–	–	–	–	–	●	
●	■	–	■	■	–	■	●	3
●	■	–	■	■	–	■	●	
●	■	–	■	■	–	■	●	1

Rapport = 3 Maschen

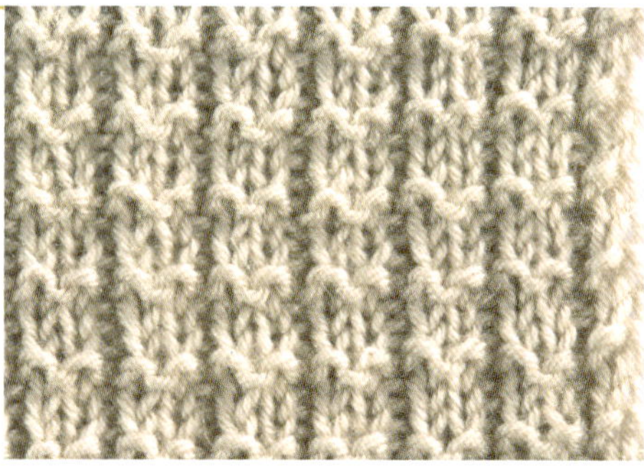

BÖGEN

In den Rückreihen alle Maschen links stricken.

●	–	–	ID	ID	ID	–	–	●	5
●	–	–	ID	ID	ID	–	–	●	3
●	■	■	■	■	■	■	■	●	1

Rapport = 5 Maschen

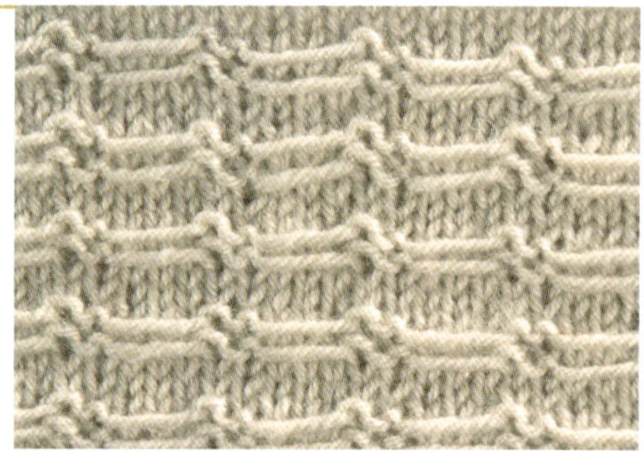

KORBMUSTER

Hinreihen und Rückreihen mustern.

●	■	■	–	–	–	–	–	–	■	■	–	–	■	■	–	–	■	■	●	
●	■	■	■	■	■	■	■	■	■	■	–	–	■	■	–	–	■	■	●	15
●	■	■	–	–	–	–	–	–	■	■	–	–	■	■	–	–	■	■	●	
●	■	■	■	■	■	■	■	■	■	■	–	–	■	■	–	–	■	■	●	13
●	■	■	–	–	–	–	–	–	■	■	–	–	■	■	–	–	■	■	●	
●	■	■	■	■	■	■	■	■	■	■	–	–	■	■	–	–	■	■	●	11
●	■	■	–	–	–	–	–	–	■	■	–	–	■	■	–	–	■	■	●	
●	■	■	■	■	■	■	■	■	■	■	–	–	■	■	–	–	■	■	●	9
●	■	■	–	–	■	■	–	–	■	■	–	–	–	–	–	–	■	■	●	
●	■	■	–	–	■	■	–	–	■	■	■	■	■	■	■	■	■	■	●	7
●	■	■	–	–	■	■	–	–	■	■	–	–	–	–	–	–	■	■	●	
●	■	■	–	–	■	■	–	–	■	■	■	■	■	■	■	■	■	■	●	5
●	■	■	–	–	■	■	–	–	■	■	–	–	–	–	–	–	■	■	●	
●	■	■	–	–	■	■	–	–	■	■	■	■	■	■	■	■	■	■	●	3
●	■	■	–	–	■	■	–	–	■	■	–	–	–	–	–	–	■	■	●	
●	■	■	–	–	■	■	–	–	■	■	■	■	■	■	■	■	■	■	●	1

Rapport = 16 Maschen

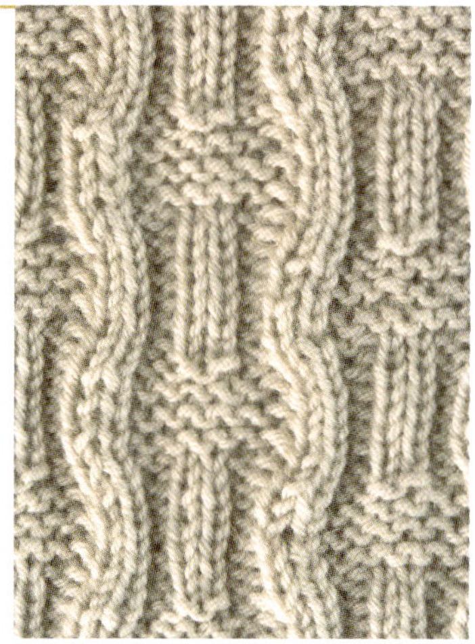

FÄHNCHEN

Hinreihen und Rückreihen mustern.

●	■	■	■	–	■	–	–	–	●	
●	■	■	–	–	■	■	–	–	●	7
●	■	–	–	–	■	■	■	–	●	
●	–	–	–	–	■	■	■	■	●	5
●	■	–	–	–	■	■	■	–	●	
●	■	■	–	–	■	■	–	–	●	3
●	■	■	■	–	■	–	–	–	●	
●	–	–	–	–	■	■	■	■	●	1

Rapport = 8 Maschen

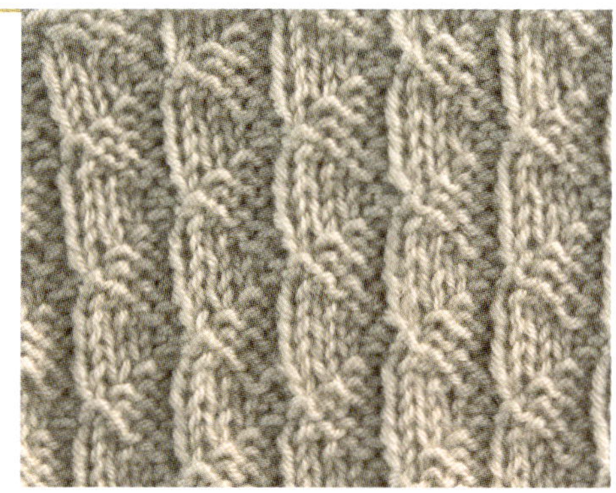

SPITZES ZICK-ZACK MUSTER

In den Rückreihen alle Maschen links stricken.

●	■	■	–	–	■	■	–	–	■	■	■	–	–	■	■	–	–	■	■	●	15
●	■	■	–	–	■	■	–	–	■	■	■	–	–	■	■	–	–	■	■	●	13
●	■	–	–	■	■	–	–	■	■	–	■	■	–	–	■	■	–	–	■	●	11
●	■	–	–	■	■	–	–	■	■	–	■	■	–	–	■	■	–	–	■	●	9
●	–	–	■	■	–	–	■	■	–	–	–	■	■	–	–	■	■	–	–	●	7
●	–	–	■	■	–	–	■	■	–	–	–	■	■	–	–	■	■	–	–	●	5
●	–	■	■	–	–	■	■	–	–	■	–	–	■	■	–	–	■	■	–	●	3
●	–	■	■	–	–	■	■	–	–	■	–	–	■	■	–	–	■	■	–	●	1

Rapport = 18 Maschen

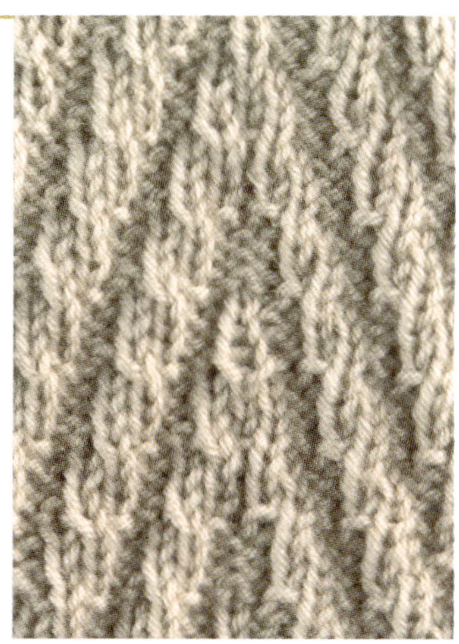

■ = 1 Masche rechts
– = 1 Masche links
● = 1 Randmasche

KLEINES PERLMUSTER

Hinreihen und Rückreihen mustern.

●	–	■	–	●	
●	■	–	■	●	1

Rapport
= 2 Maschen

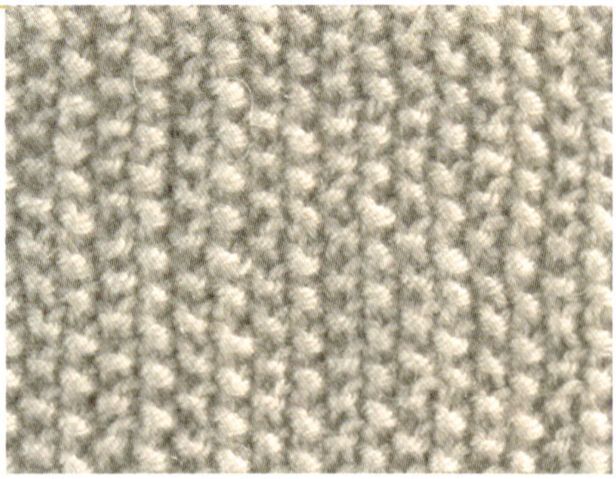

GROSSES PERLMUSTER

In den Rückreihen alle Maschen stricken wie sie erscheinen.

●	■	–	■	●	3
●	–	■	–	●	1

Rapport
= 2 Maschen

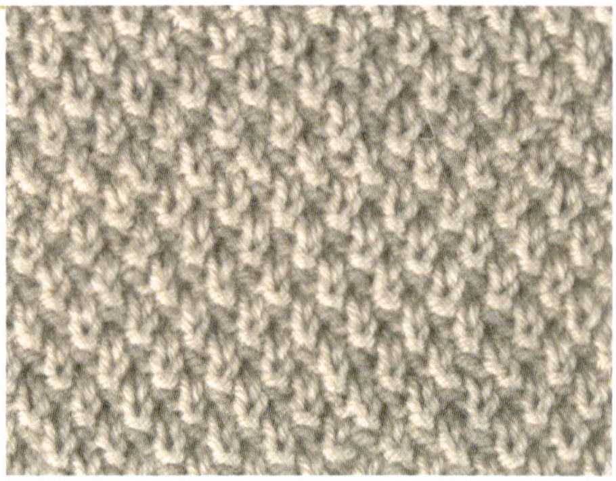

ESCHERWÜRFEL

●	■	–	■	–	■	–	■	–	■	–	●	
●	■	■	–	■	–	■	–	■	–	–	●	19
●	■	■	■	–	■	–	■	–	–	–	●	
●	■	■	■	■	–	■	–	–	–	–	●	17
●	■	■	■	■	■	–	–	–	–	–	●	
●	■	■	■	■	■	–	–	–	–	–	●	15
●	–	■	■	■	■	–	–	–	–	■	●	
●	■	–	■	■	■	–	–	–	■	–	●	13
●	–	■	–	■	■	–	–	■	–	■	●	
●	■	–	■	–	■	–	■	–	■	–	●	11
●	–	■	–	■	–	■	–	■	–	■	●	
●	■	–	■	–	–	■	■	–	■	–	●	9
●	–	■	–	–	–	■	■	■	–	■	●	
●	■	–	–	–	–	■	■	■	■	–	●	7
●	–	–	–	–	–	■	■	■	■	■	●	
●	–	–	–	–	–	■	■	■	■	■	●	5
●	–	–	–	–	■	–	■	■	■	■	●	
●	–	–	–	■	–	■	–	■	■	■	●	3
●	–	–	■	–	■	–	■	–	■	■	●	
●	–	■	–	■	–	■	–	■	–	■	●	1

Rapport = 10 Maschen

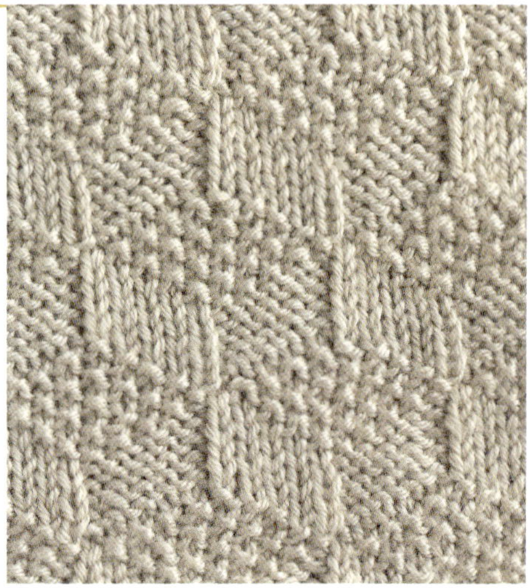

ZICKZACK-RIFFEL

Hinreihen und Rückreihen mustern.

●	–	–	■	■	■	–	■	■	■	–	–	●	
●	–	■	■	■	–	–	–	■	■	■	–	●	3
●	–	■	■	–	■	–	■	–	■	■	–	●	
●	–	■	–	■	■	–	■	■	–	■	–	●	1

Rapport = 10 Maschen

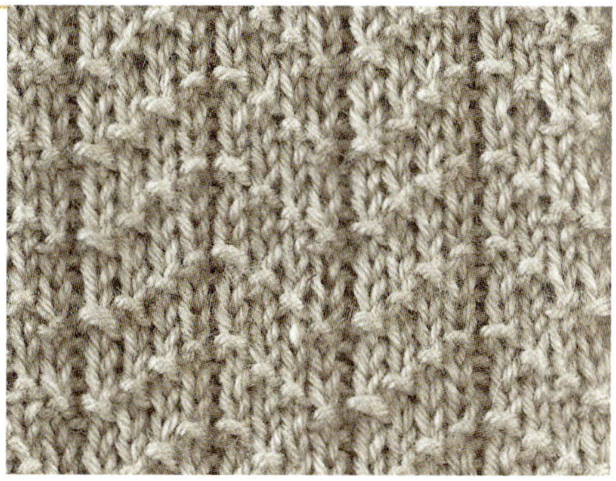

BROKATMUSTER

Hinreihen und Rückreihen mustern.

●	■	■	■	■	■	■	■	–	■	–	■	■	■	■	■	■	■	●	
●	■	■	–	■	■	■	–	■	■	■	–	■	■	■	–	■	■	●	7
●	■	–	■	–	■	–	■	■	■	■	■	–	■	–	■	–	■	●	
●	–	■	■	■	–	■	■	■	■	■	■	■	–	■	■	■	–	●	5
●	■	–	■	–	■	–	■	■	■	■	■	–	■	–	■	–	■	●	
●	■	■	–	■	■	■	–	■	■	■	–	■	■	■	–	■	■	●	3
●	■	■	■	■	■	■	■	–	■	–	■	■	■	■	■	■	■	●	
●	■	■	■	■	■	■	■	■	–	■	■	■	■	■	■	■	■	●	1

Rapport = 12 Maschen

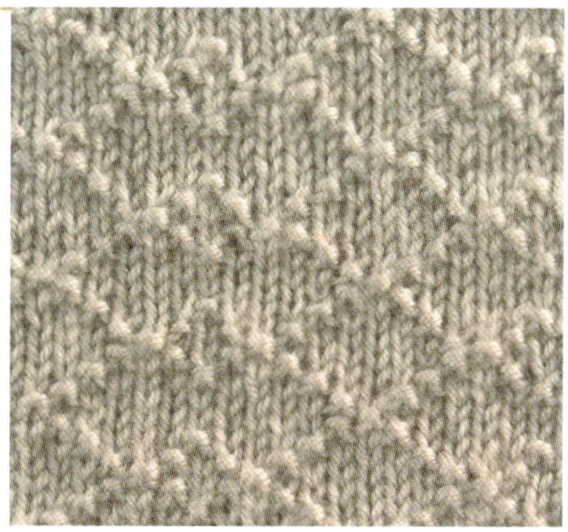

HERZCHEN

Hinreihen und Rückreihen mustern.

–	–	–	–	–	–	–	–	–	–	–	–	–	–	–	–	–	
–	–	–	–	■	■	■	–	–	–	■	■	■	–	–	–	–	13
–	–	–	■	■	■	■	■	–	■	■	■	■	■	–	–	–	
–	–	■	■	■	■	■	■	–	■	■	■	■	■	■	–	–	11
–	–	■	■	■	■	■	■	■	■	■	■	■	■	■	–	–	
–	–	■	■	■	■	■	■	■	■	■	■	■	■	■	–	–	9
–	–	■	■	■	■	■	■	■	■	■	■	■	■	■	–	–	
–	–	■	■	■	■	■	■	■	■	■	■	■	■	■	–	–	7
–	–	–	■	■	■	■	■	■	■	■	■	■	■	–	–	–	
–	–	–	–	■	■	■	■	■	■	■	■	■	–	–	–	–	5
–	–	–	–	–	■	■	■	■	■	■	■	–	–	–	–	–	
–	–	–	–	–	–	■	■	■	■	■	–	–	–	–	–	–	3
–	–	–	–	–	–	–	■	■	■	–	–	–	–	–	–	–	
–	–	–	–	–	–	–	–	■	–	–	–	–	–	–	–	–	1

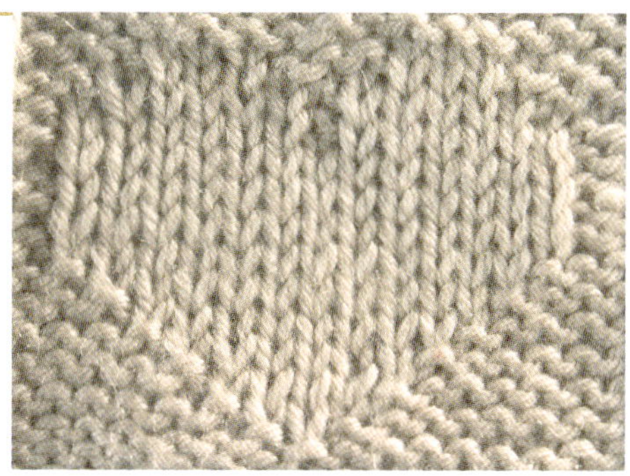

PATENTMUSTER

● = Randmasche

■ = 1 Masche rechts

⊖ = 1 Masche mit 1 Umschlag wie zum Linksstricken abheben

⋒ = 1 Masche mit dem folgenden Umschlag rechts zusammenstricken

ɑl = 1 Masche wie zum Linksstricken abheben mit dem Faden hinter der Masche

⋂ = 1 Masche mit dem folgenden Umschlag zusammenstricken

∼ = Die Masche ohne Umschlag rechts stricken, dann den Umschlag mit dem Faden hinten abheben.

☐ = keine Masche, dient der besseren Übersicht

VOLLPATENT

Reihen 2-3 fortlaufend wiederholen.

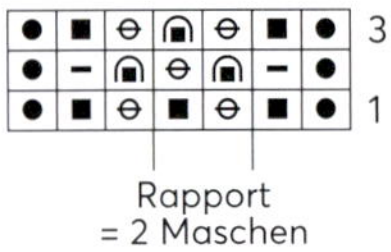

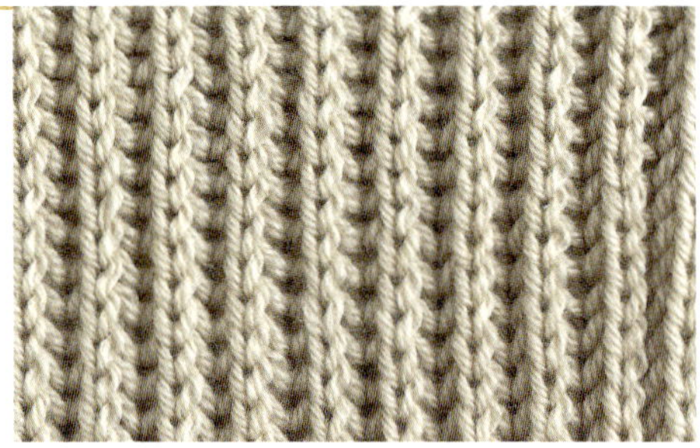

HALBPATENT

Reihen 2-3 fortlaufend wiederholen.

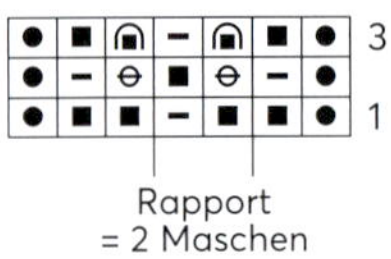

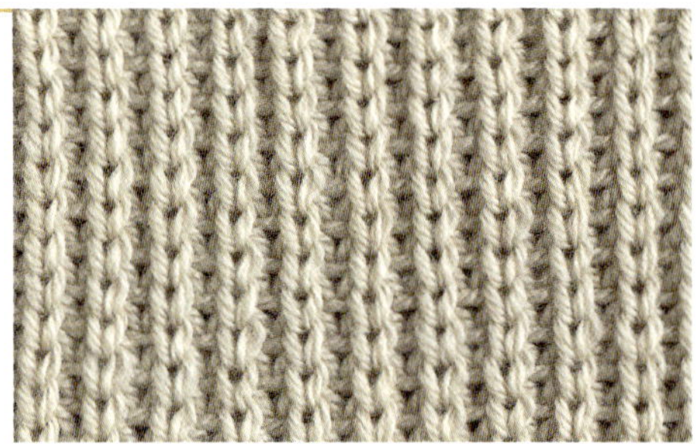

NETZPATENT

Reihen 3-6 fortlaufend wiederholen.

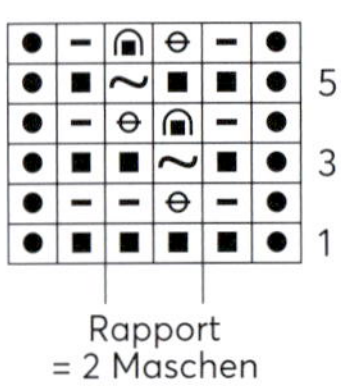

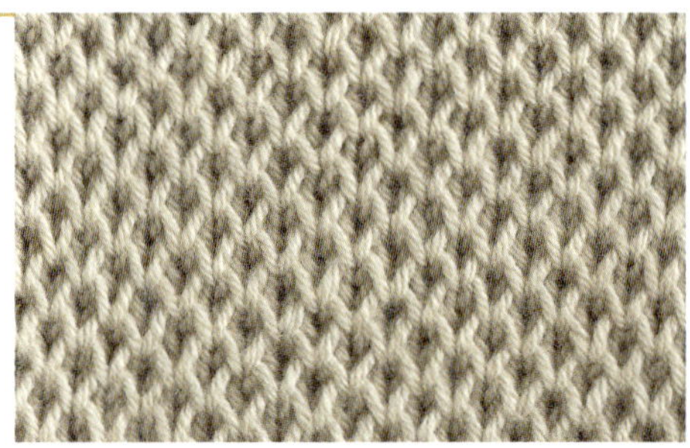

EINZELNE PATENTMASCHE

Reihen 2–3 fortlaufend wiederholen

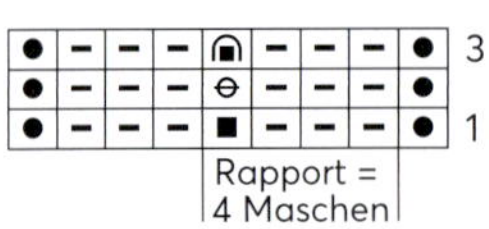

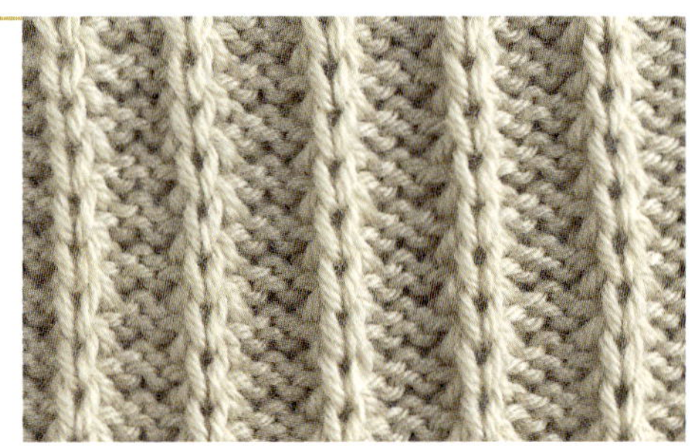

FALSCHES PATENT

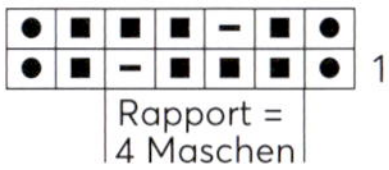

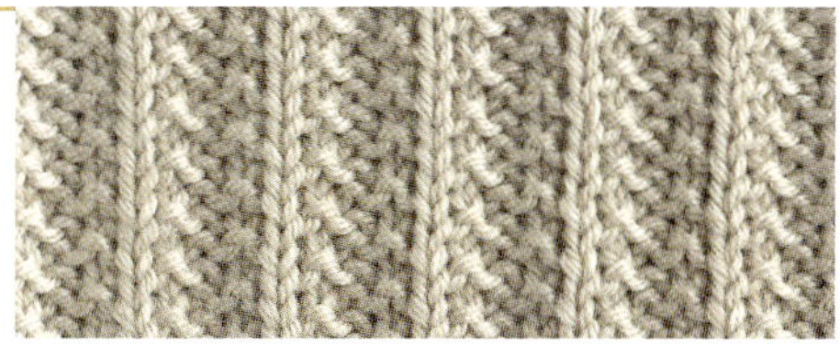

VERSETZTES PATENT

Reihen 2–17 fortlaufend wiederholen.

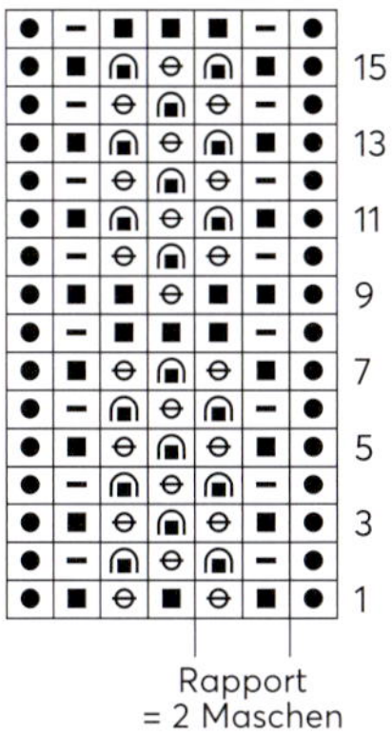

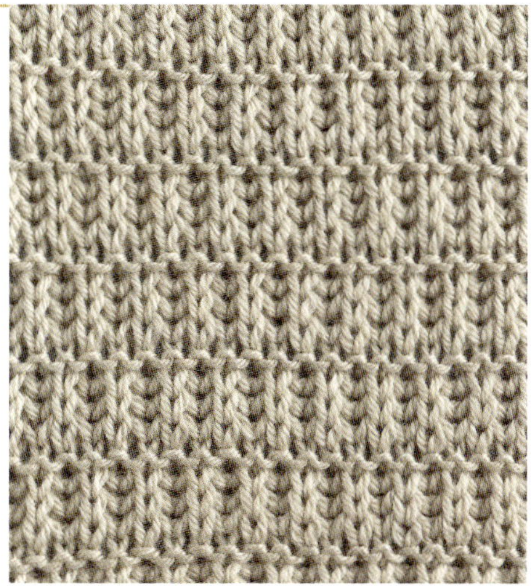

PATENTVARIANTE

Reihen 3–6 fortlaufend wiederholen.

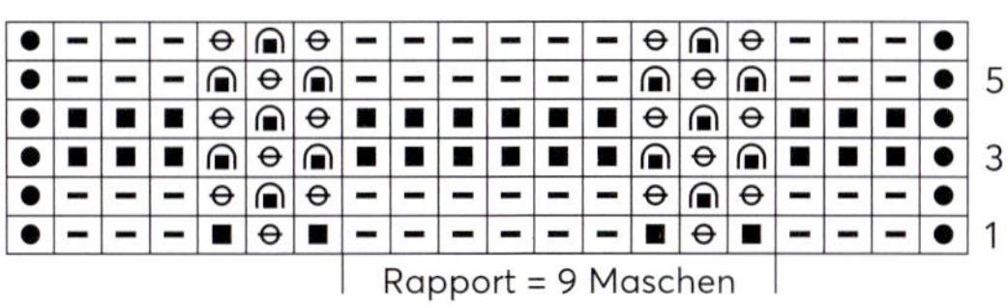

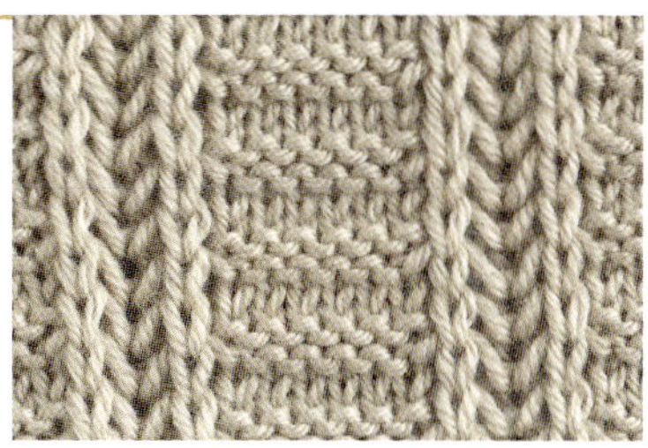

HINWEIS

Weitere Muster finden Sie auch in der TOPP Digitalen Bibliothek www.topp-kreativ.de/digibib.
Der Freischaltcode dazu steht im Impressum auf Seite 156.

TEDDYBÄR
VERSCHMUSTER ZEITGENOSSE

GRÖSSE
32 cm

MATERIAL
Schachenmayr Baby Smiles Lenja Soft (LL 85 m/25 g) in Kamel (Fb 1010), 100 g

Schachenmayr Regia 6-fädig (LL 375 m/150 g) in Natur (Fb 1992) und Schwarz (Fb 2066), Reste

Rundstricknadel 3,0-3,5 mm,

1 Spielnadel

Wollnadel

Puppennadel mit Spitze

4 Maschenmarkierer

2 Glasaugen, ø 5 mm

Füllwatte

MASCHENPROBE
Glatt rechts mit Nd 3,0-3,5 mm und doppeltem Faden Schachenmayr Baby Smiles Lenja Soft 20 M und 26 R = 10 cm x 10 cm

Glatt rechts
In Hinr rechte M, in Rückr linke M str.

Eine Masche verdoppeln
Die M rechts str, aber auf der M-Nd liegen lassen. Dann den Faden zwischen den beiden Nd nach vorne führen, dieselbe M noch einmal als linke M str und erst dann von der M-Nd heben.

ANLEITUNG

Der Bär wird in Einzelteilen gestrickt, anschließend zusammengenäht und mit Füllwatte ausgestopft.

Beine
6 M mit doppeltem Faden in Natur anschl und glatt rechts str. In den beiden nächsten Hinr jede M verdoppeln und mit einer Rückr enden (= 24 M).
Mit doppeltem Faden in Kamel bis zu einer Länge von 10 cm weiter glatt rechts str. Mit einer Rückr enden, den doppelten Arbeitsfaden abschneiden und die M auf einer Spielnadel stilllegen. Das 2. Bein ebenso str, den Arbeitsfaden jedoch nicht abschneiden, sondern gleich den Körper anstr.

Körper
Die M des 2. Beins in einer Hinr rechts str, dabei die 1. und die letzte Bein-M verdoppeln (= 26 M), 3 M neu aufschlingen und die M des 1. Beines rechts str, dabei ebenfalls die 1. und die letzte Bein-M verdoppeln (= 55 M).
Über diese 55 M glatt rechts str. Bei einer Körperhöhe von 12 cm jede 2. M abk (= 28 M), noch 1 R str, dann die restlichen 28 M abk.

Arme
6 M mit doppeltem Faden in Natur anschl und glatt rechts str. In der nächsten Hinr jede M verdoppeln (= 12 M), in der folgenden Hinr jede 2. M verdoppeln (= 18 M). Mit einer Rückr enden.
Weiter mit doppeltem Faden in Kamel glatt rechts str. In einer Höhe von 8 cm alle M abk und den 2. Arm ebenso str.

Kopf
7 M mit doppeltem Faden in Kamel anschl und glatt rechts str. In den beiden nächsten Hinr jede M verdoppeln (= 28 M). Noch 3 R glatt rechts str, die letzte R ist eine Rückr.
Für die Ausformung des Gesichts in der folgenden Hinr die 1. M verdoppeln, 10 M rechts str, 1 M verdoppeln, 1 M-Markierer einhängen, 3 M rechts str, 1 M-Markierer einhängen, 1 M verdoppeln, 11 M rechts str, 1 M verdoppeln (= 32 M).
Weiter glatt rechts str, dabei in den 2 folgenden Hinr noch jeweils die 1. M, die letzte M und die M vor dem 1. M-Markierer und nach dem 2. M-Markierer verdoppeln (= 40 M).
Weiter glatt rechts str, dabei alle M-Markierer entfernen und jeweils am Ende der nächsten Hin- und Rückr 5 neue M aufschlingen (= 50 M). Über diese 50 M 6 cm glatt rechts str und mit einer Rückr enden.
Für die Ausformung des Hinterkopfes 13 M rechts str, 1 M abk, 1 M-Markierer einhängen, 5 M rechts str, 1 M abk, 1 M-Markierer einhängen, 6 M rechts str, 1 M-Markierer einhängen, 1 M abk, 5 M rechts str, 1 M-Markierer einhängen, 1 M abk, 13 M rechts str (= 46 M).
Weiter glatt rechts str, dabei noch 5x in jeder nächsten Hinr jeweils 1 M vor den beiden ersten M-Markierern und die beiden

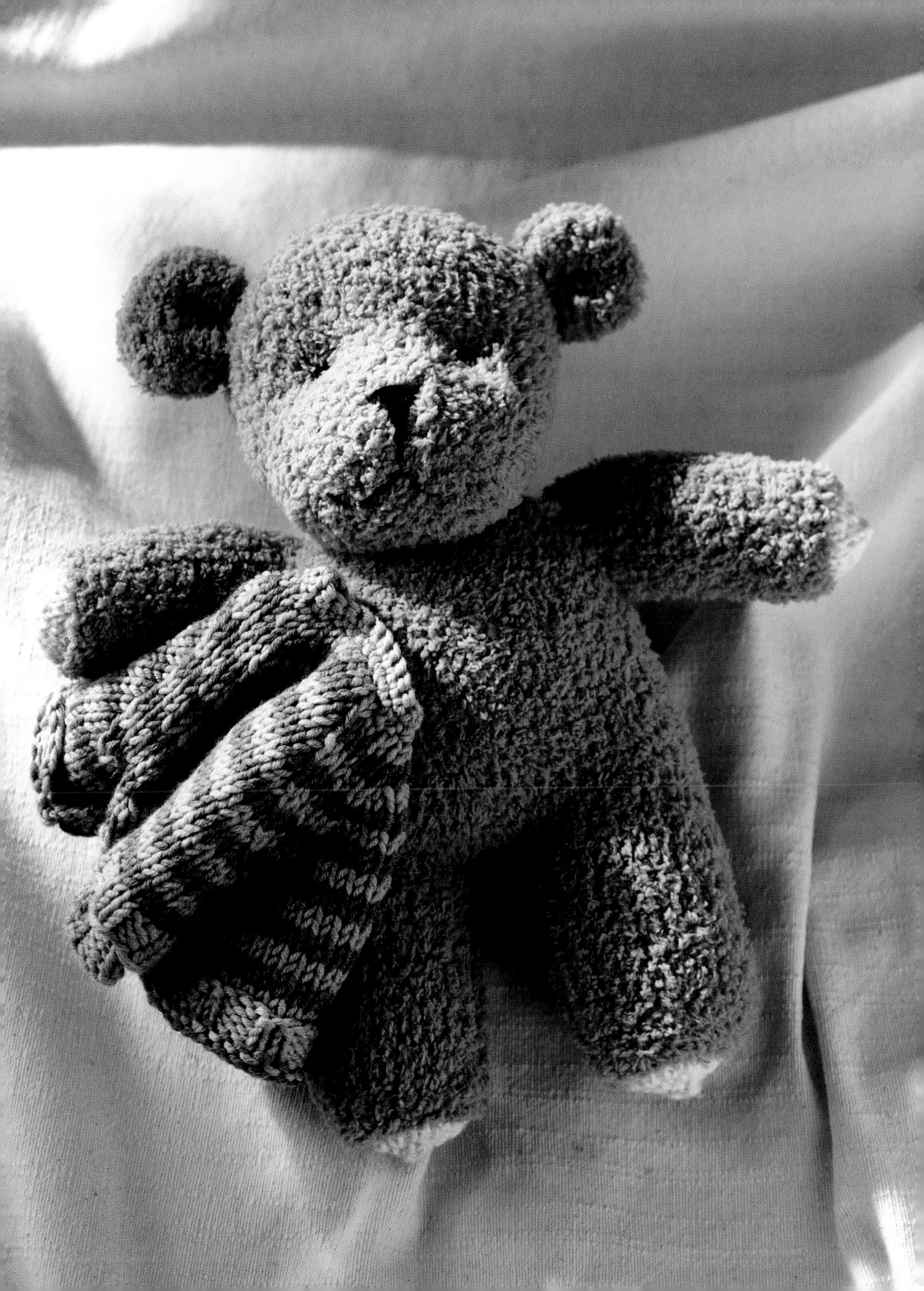

M nach den beiden hinteren M-Markierern abk (= 26 M). Noch 1 Rückr glatt rechts str, dann die restlichen 26 M abk.

Ohren

13 M in Kamel mit doppeltem Faden anschl und glatt rechts str. In einer Höhe von 9 cm alle M locker abk. Das 2. Ohr ebenso arb.

Fertigstellen

Nähte von Armen, Beinen, Körper und Kopf im Matratzenstich schließen. Die Arme mit Füllwatte stopfen, die obere Arm-Naht jeweils flach aufeinanderlegen und

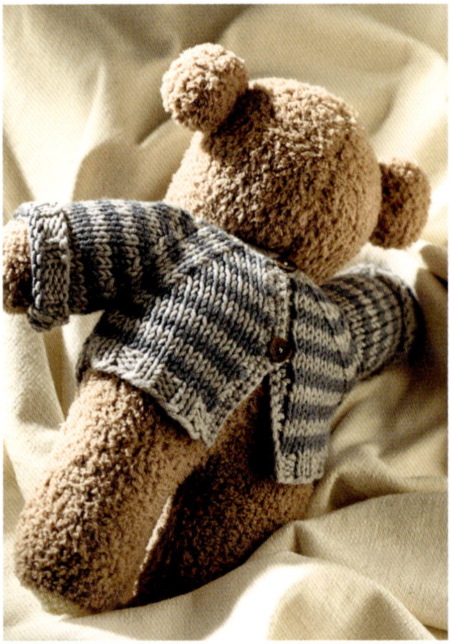

schließen. Erst die beiden Beine, dann den Körper mit Füllwatte ausstopfen. Mit doppeltem Faden in Kamel die Beine dicht unter dem Körper im Stielstich abnähen. Den Kopf vollständig mit Füllwatte stopfen und mit Matratzenstichen auf den Körper nähen. Ebenso die Arme an den beiden Seiten etwa 1–2 cm unter der Halsnaht annähen. Einen doppelten Faden in Kamel mit Hilfe einer Stopfnadel durch die Halsnaht ziehen und so fest anziehen, bis der Hals den zu den übrigen Proportionen richtigen Umfang hat. Dann den Faden vernähen.
Jedes Ohrenteil so zur Hälfte falten, dass die Anschlag- und die Abkettkante aufeinanderliegen. Mit einer Wollnd die Ohren so absteppen, dass die oberen Ecken etwas abgerundet werden, und beide Ohren von innen nach außen wenden. Dann jedes Ohr mit den beiden unteren Ecken zusammenfalten und mit ein paar Stichen fixieren. Beide Ohren am Kopf annähen.
Die richtige Position der Augen suchen, einen doppelten Faden in Kamel mit einer Puppennadel hinter einem Ohr vernähen, bis zur Position des 1. Auges durchstechen, das 1. Glasauge auffädeln, mit der Nd an derselben Stelle wieder einstechen, an der Position des 2. Auges ausstechen, das 2. Glasauge auffädeln, wieder an der Austrittstelle einstechen und die Nd hinter dem zweiten Ohr wieder ausstechen. Durch Anziehen des Fadens kann nun das Gesicht noch leicht modelliert werden. Den Faden hinter dem Ohr gut vernähen.
Mit doppeltem Faden in Schwarz eine Bärennase in Dreieckform und einen Schmunzelmund aufsticken.

EINFACHE ABNAHMEN

Abnahmen verringern die Maschenzahl einer Reihe. An den Rändern geben sie dem Strickteil Form, z.B. für Arm- oder Halsausschnitte, in der Reihenmitte raffen sie den Strickstoff zusammen. In Lochmustern schaffen Abnahmen Platz für eine neue Masche durch einen Umschlag, sodass die Maschenzahl insgesamt erhalten bleibt. Einfache Abnahmen verringern die Maschenzahl um eine Masche. Die Masche, die aus einer Abnahme entsteht, erscheint je nach Arbeitsweise nach rechts oder nach links geneigt. Werden mehrere Abnahmen in Reihen übereinander gearbeitet, ergibt sich ein Linienverlauf im Strickstück. Mit diesen Linien spielen alle Lochmuster. Sie werden aber auch gearbeitet, um Abnahmen an einem Strickstück zu betonen.

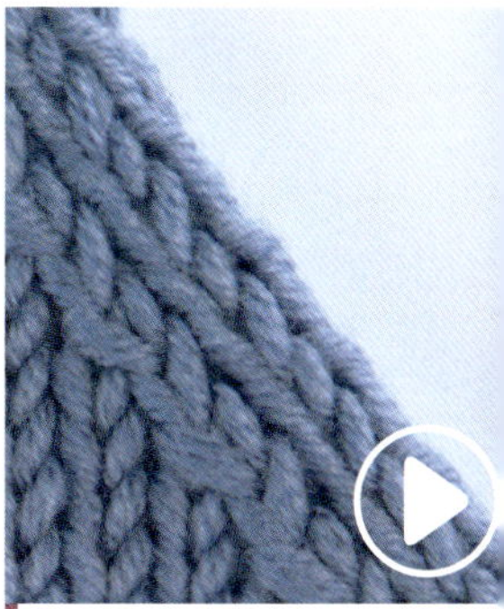

Video: Einfache Abnahmen

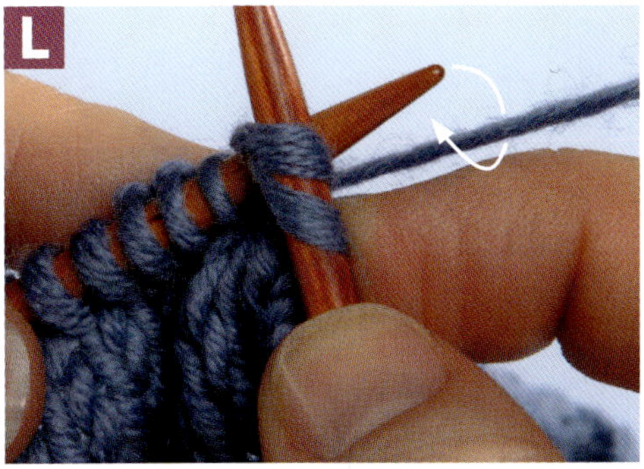

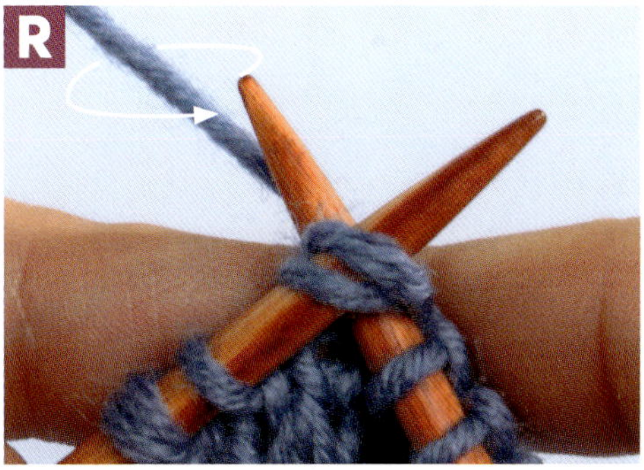

Für eine **einfache Abnahme mit Rechtsneigung** [Linksneigung] gleichzeitig in 2 Maschen einstechen und beide Maschen entweder rechts zusammenstricken …

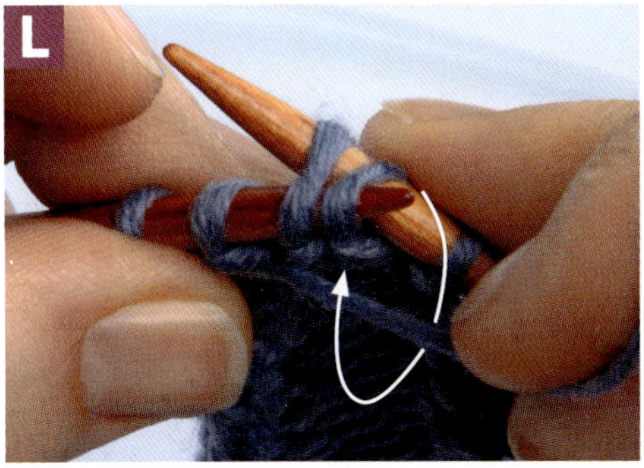

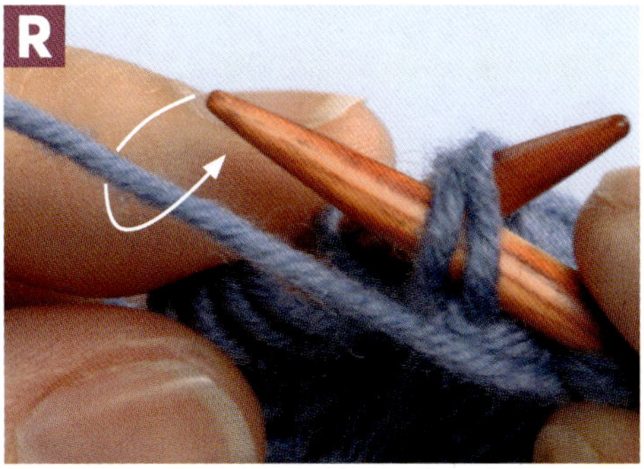

... oder links zusammenstricken.

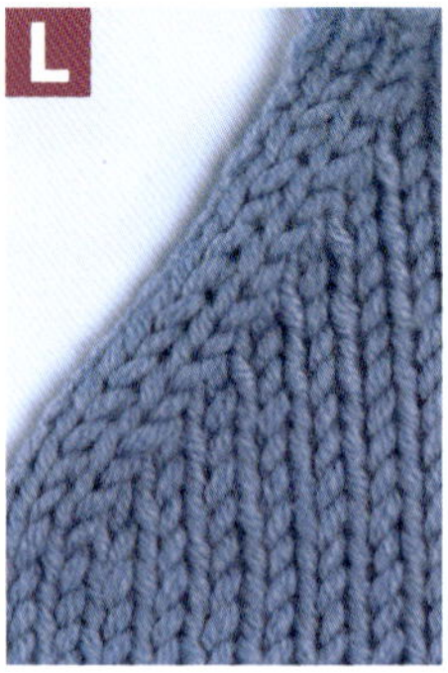

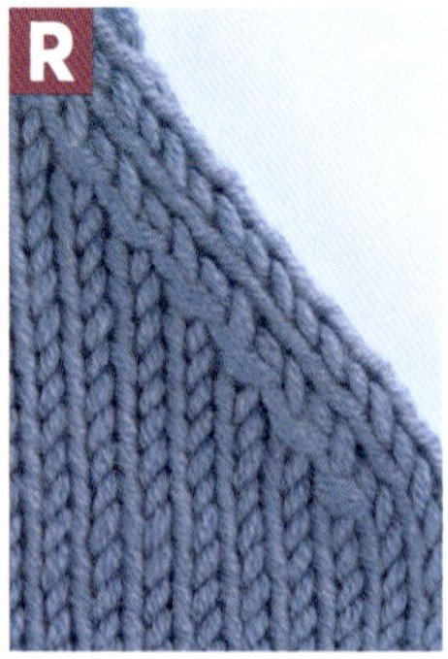

Durch das Zusammenstricken zweier Maschen erreicht man eine Neigung der Abnahmemasche entgegen der Strickrichtung. Rechtshänder erhalten eine rechtsgeneigte, Linkshänder eine linksgeneigte Abnahme.

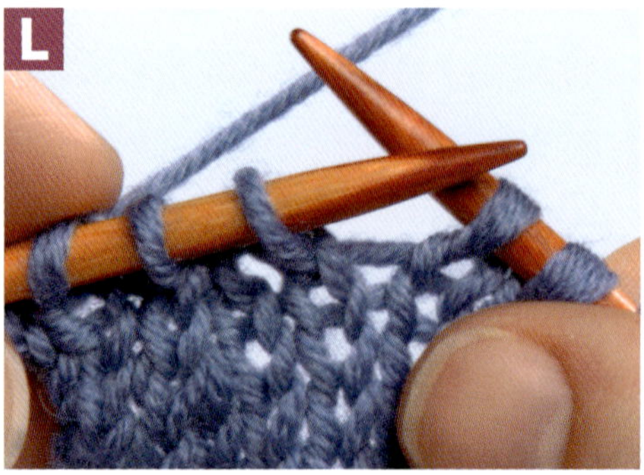

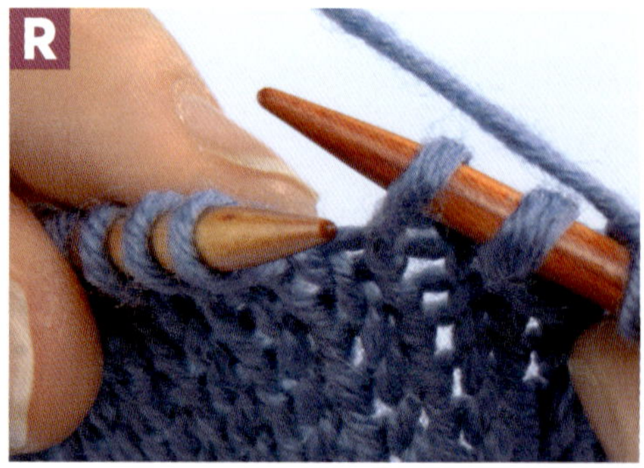

Für eine **einfache rechtsgestrickte Abnahme** mit Linksneigung [Rechtsneigung] 2 Maschen nacheinander wie zum Rechtsstricken abheben, sodass beide Maschen nun mit dem rechten [linken] Maschenschenkel vor der Nadel liegen.

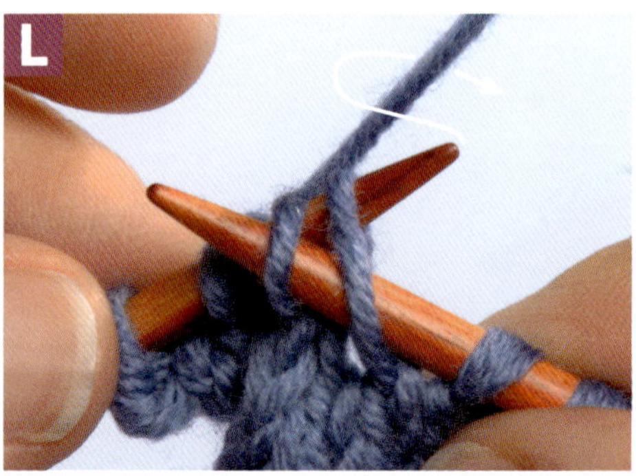

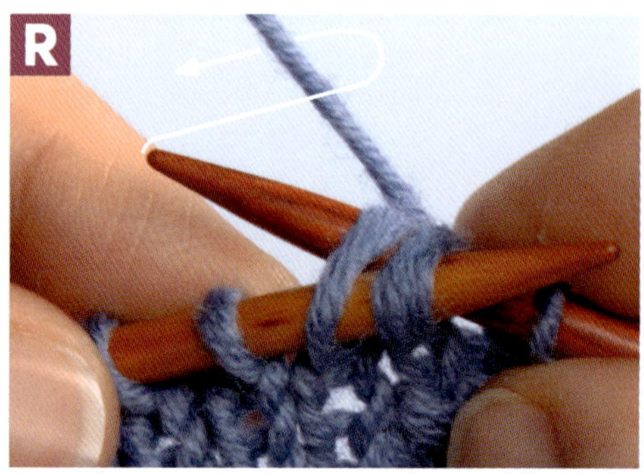

Mit der Maschennadel so in die beiden Maschen einstechen, dass die Maschennadel vor der Arbeitsnadel liegt, und den Faden mit der Arbeitsnadel in Pfeilrichtung durchziehen.

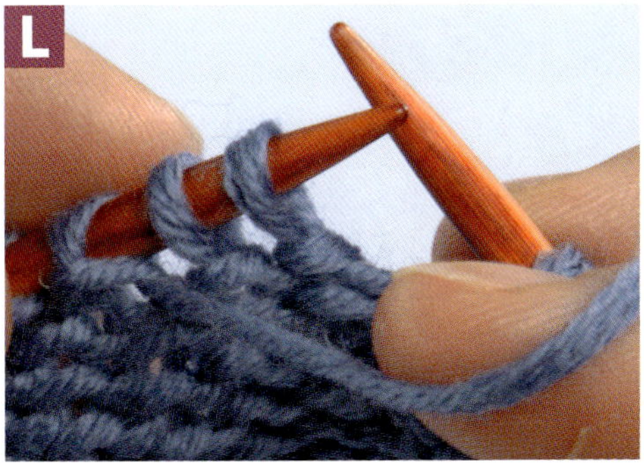

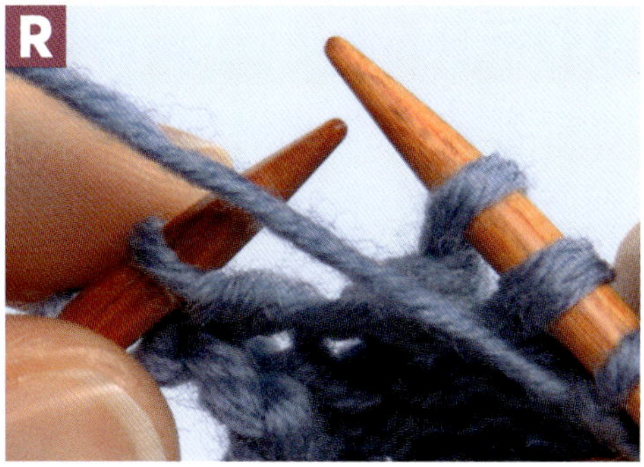

Für eine **einfache linksgestrickte Abnahme** mit Linksneigung [Rechtsneigung] 2 Maschen nacheinander wie zum Rechtsstricken abheben und so gedreht wieder auf die Maschennadel zurückheben.

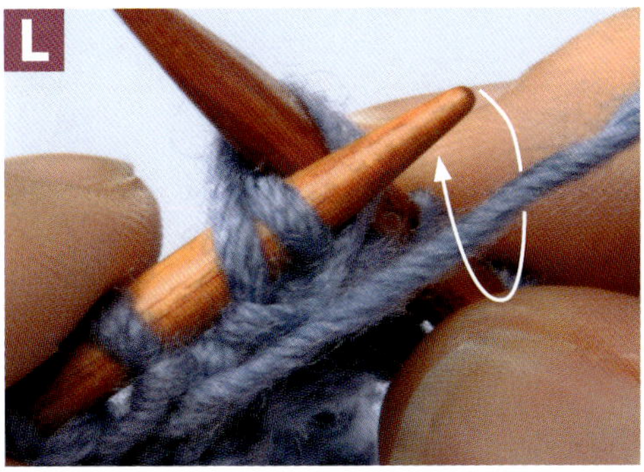

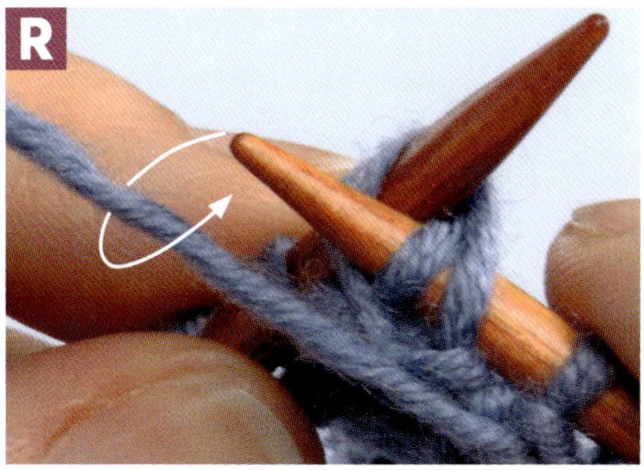

Den Arbeitsfaden vor die Nadeln nehmen, mit der Arbeitsnadel von links nach rechts [von rechts nach links] gleichzeitig in die hinteren Schlingen beider Maschen einstechen, den Faden mit der Arbeitsnadel in Pfeilrichtung erfassen, von oben zwischen den Nadeln nach unten führen und durch die Masche ziehen.

HINWEIS

Auch das Abketten ist eine Form der Abnahme. Pro abgeketteter Masche spricht man von einer überzogenen Abnahme. Sie bildet innerhalb einer Reihe gearbeitet eine gegen die Strickrichtung geneigte Masche, mehrere überzogene Abnahmen in Reihen übereinander weisen einen Verlauf in Treppchenform auf.

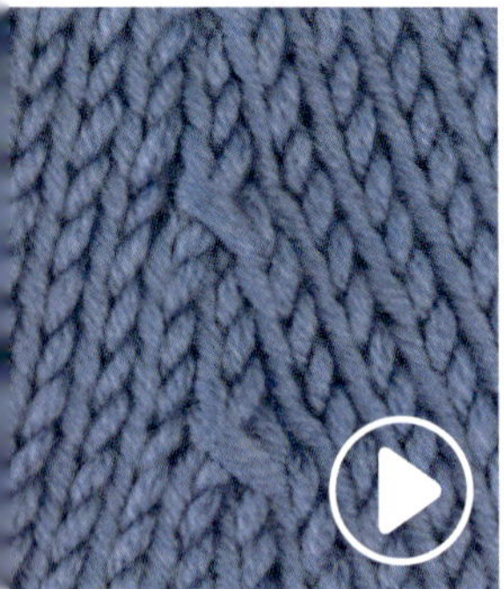

Video: Doppelte Abnahmen

DOPPELTE ABNAHMEN

Doppelte Abnahmen vermindern die Maschenzahl um 2 Maschen. Sie werden oft nur in Hinreihen rechts über 3 Maschen gestrickt.

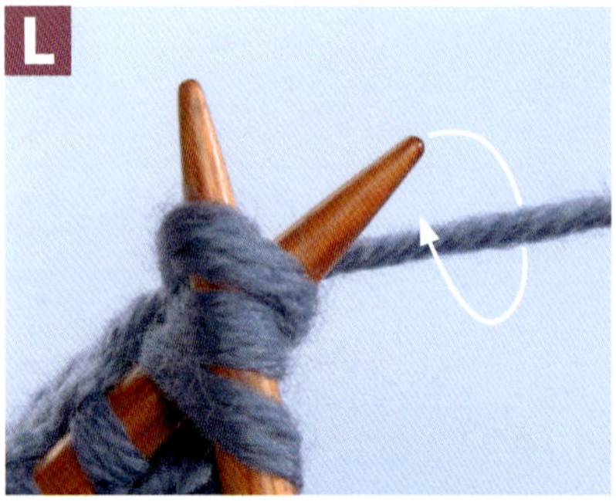

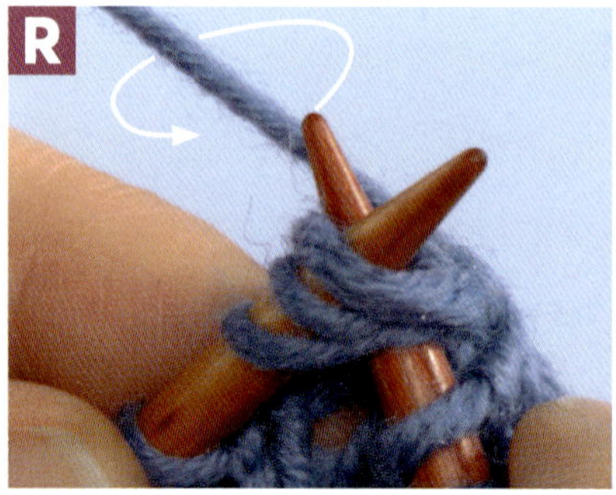

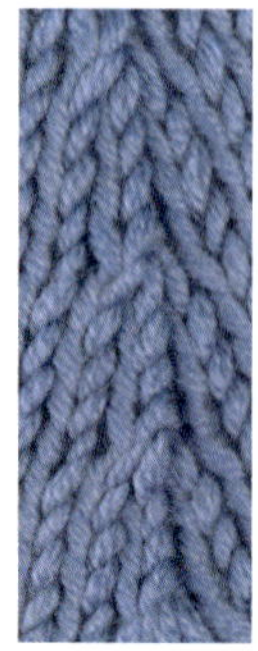

Für eine **doppelte Abnahme mit Rechtsneigung** [Linksneigung] gleichzeitig in 3 Maschen einstechen und rechts zusammenstricken. Dazu den Faden mit der Arbeitsnadel in Pfeilrichtung erfassen und von unten nach oben zwischen den Nadeln entlangführen.

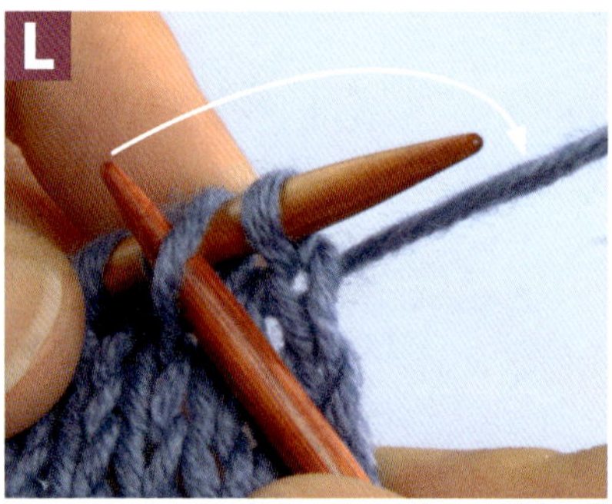

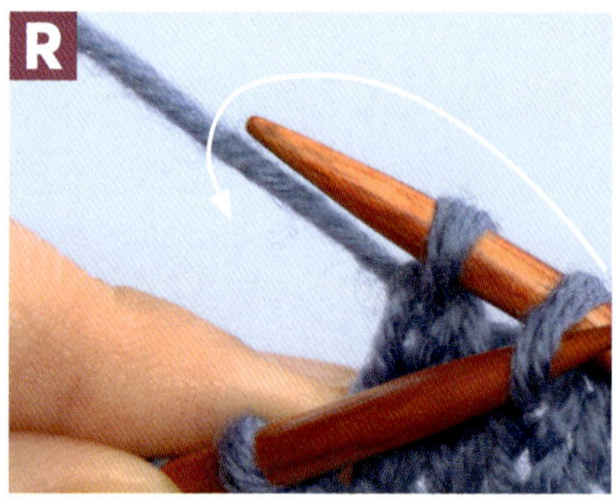

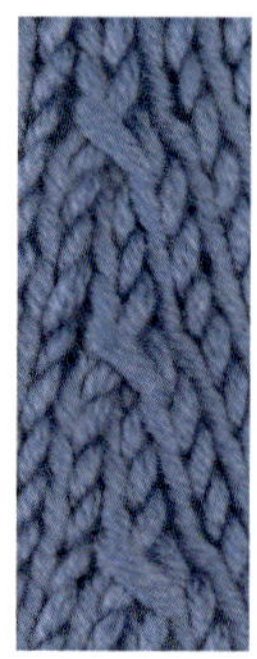

Für eine **doppelte Abnahme mit Linksneigung** [Rechtsneigung] die 1. Masche wie zum Rechtsstricken abheben, 2 Maschen rechts zusammenstricken und die 1. Masche wie beim Abketten über Masche und Nadel heben.

HINWEIS

Beim Arbeiten der doppelten Abnahmen hängen die Arbeitsschritte für Rechts- und Linkshänder von der Strickrichtung ab.

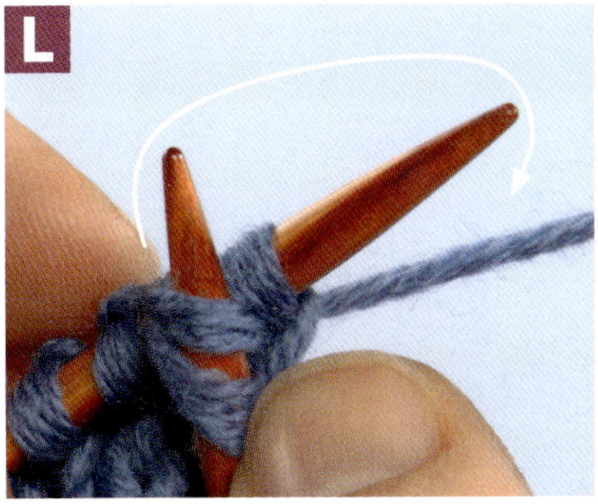

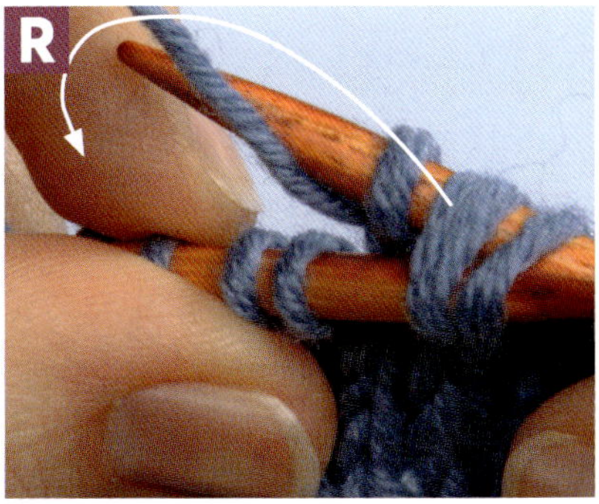

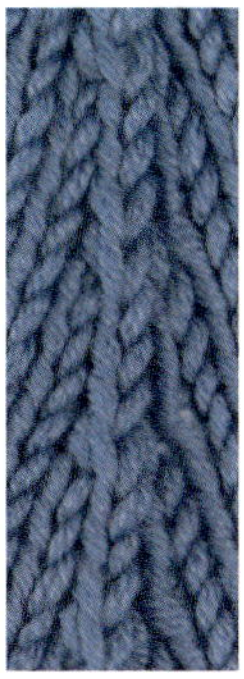

Für eine **doppelte Abnahme mit aufliegender Mittelmasche** 2 Maschen gleichzeitig wie zum Rechtsstricken abheben. Dadurch liegen sie nicht nur mit dem anderen Maschenschenkel vorne, sondern haben auch noch ihre Plätze getauscht. 1 Masche rechts stricken und die beiden abgehobenen Maschen wie beim Abketten über Masche und Nadel heben.

Abnahmen für Hals- oder Ärmelausschnitte können, wie bereits gesehen, durch Abketten am Reihenanfang gearbeitet werden. Werden an diesen Abnahmekanten später Ärmel oder Halsblenden angesetzt, verschwinden die Abnahmen in der Naht.
Betonte Abnahmen heben Ausschnitte z.B. für Raglanärmel oder für einen V-Ausschnitt besonders hervor. Dazu werden rechts- und linksgeneigte Abnahmen um 1–3 Maschen von der Randmasche entfernt gearbeitet. Nach Ansetzen von Ärmeln oder Blenden betonen schmale Maschenstreifen den Verlauf der Abnahmen und die Form der Strickstücks.

GLEICHMÄSSIG VERTEILTE ZU- UND ABNAHMEN

Wechselt man innerhalb eines Strickstücks von einem Muster auf ein anderes, dessen Maschenprobe aber abweicht (etwa an Übergängen von Bündchen zu Strickmuster), werden gleichmäßig verteilte Zu- oder Abnahmen nötig. Nur selten wird auch angegeben, nach welchem Schema nun zu arbeiten ist. Am besten überlegt man sich dazu, in wie viele gleich große Maschenstreifen die Gesamtmaschenzahl durch die Zu- oder Abnahmen aufgeteilt würde. Geht die Maschenzahl nicht glatt auf, den Maschenstreifen der beiden Ränder Reste zuteilen oder Maschen abziehen.

Beispiel: Bei einer Maschenzahl von 24 Maschen sollen gleichmäßig verteilt 5 Maschen zu- oder abgenommen werden. Diese 5 Abnahmen unterteilen die Gesamtmaschenzahl in 6 gleichgroße Maschenstreifen von je 24: (5+1) = 4 Maschen.

Für die Abnahmen heißt das: fünfmal soll nun jede 4. Masche abgenommen werden, um diese Reihe auf 19 Maschen zu reduzieren. Also fünfmal nacheinander jede 3. mit der 4. Maschen zusammenstricken.
Für Zunahmen heißt das: Nach jeder 4. Masche eine Zunahme arbeiten, wie auf den Seiten 74-75 beschrieben.

HINWEIS

Umschläge werden in der Regel in Hinreihen gearbeitet und in Rückreihen links abgestrickt. Abweichungen davon werden in Anleitungen gesondert erklärt.

HINWEIS

In Lochmustern werden die Umschläge in der Regel direkt neben der Abnahme platziert. Werden die Umschläge dagegen um einige Maschen versetzt gearbeitet, entstehen wellen- oder zackenförmige Muster.

UMSCHLAG FÜR LOCHMUSTER

Durchblicke in Lochmustern – Ajourmuster genannt – entstehen durch Umschläge. Durch einen Umschlag erhöht sich die Maschenzahl um eine neue, zusätzliche Masche, die in den folgenden Reihen wie alle anderen Maschen gestrickt wird.

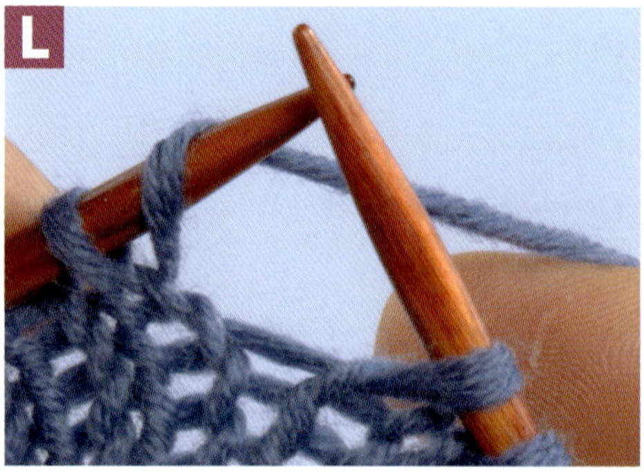

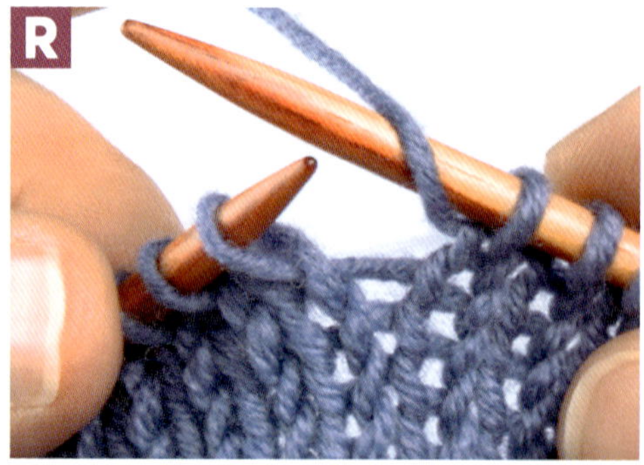

Für einen Umschlag den Faden zunächst zwischen den Nadeln nach vorne nehmen, dann von vorne nach hinten über die Nadel legen. Um eine rechte Masche anzuschließen, den Faden weiterhin hinter der Arbeit halten, um mit einer linken Masche weiterzuarbeiten, den Faden unter den Nadeln wieder nach vorne führen.

MODELLE

AJOURMUSTERSCHAL

RAFFINIERTER LOOK, EINFACH GESTRICKT

Ajourmuster

Nach Strickschrift arb. Es sind nur die Hinr notiert. In den Hinr mit der Rdm beginnen, den Rapport von 10 M stets wiederholen und mit den 9 M nach dem Rapport und der Rdm enden.
In den Rückr alle M und U links str.

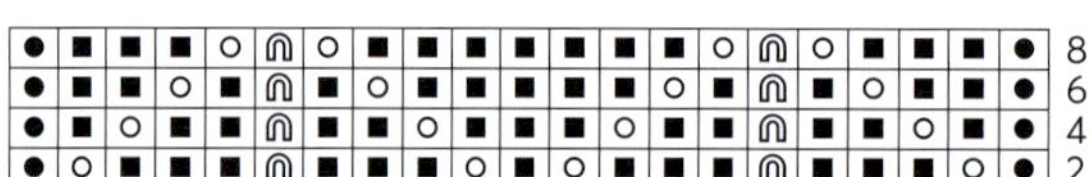

Rapport = 10 Maschen

● = 1 Randmasche als Nahtrand (in Hinreihen rechts, in Rückreihen links stricken)

■ = 1 Masche rechts

⋒ = 3 Maschen nacheinander wie zum Rechtsstricken abheben, wieder zurück auf die linke Nadel nehmen und die 3 Maschen rechts verschränkt zusammenstricken (Linksneigung)

○ = 1 Umschlag

ANLEITUNG

41 M anschl und 180 cm im Ajourmuster str. Dann alle M locker abk.

Fertigstellen

Den Schal mit einem Wollwaschmittel waschen, das letzte Spülwasser sanft ausdrücken und den Schal mit Stecknadeln auf einer weichen Unterlage auf die gewünschte Größe aufspannen. So aufgespannt 2 Tage trocknen lassen.

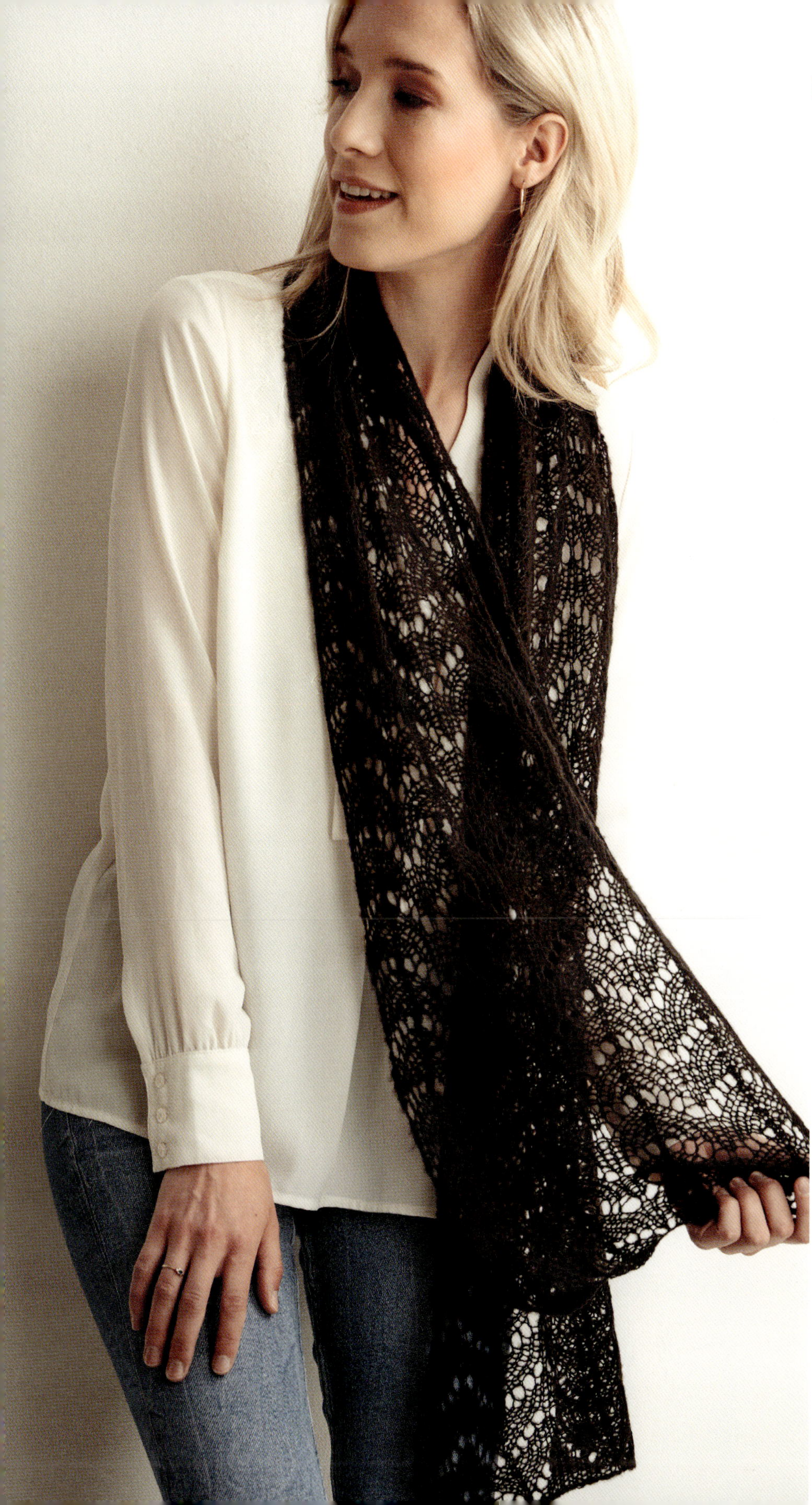

GRÖSSE
30 cm x 180 cm

MATERIAL
Lana Grossa
Cashmere Garzato
(LL 170 m/25 g) in
Anthrazit (Fb 9), 50 g

Rundstricknadel
4,5-5,0 mm

MASCHENPROBE
Im Ajourmuster
mit Nd 4,5-5,0 mm
16 M und 23 R
= 10 cm x 10 cm

RAGLANPULLI
FÜR DEN TEDDYBÄREN

GRÖSSE
Für den Teddybären
von Seite 54
mit 32 cm Höhe

MATERIAL
Lana Grossa Bingo Melange GOTS (LL 80 m/50 g) in Hellgrau meliert (Fb 322) und Graublau meliert (Fb 310), je 50 g

Rundstricknadel 4,5-5,5 mm

3 Spielnadeln

Häkelnadel 3,5 mm

2 Knöpfe, ø 10 mm

MASCHENPROBE
Glatt rechts
mit Nd 4,5-5,5 mm
16 M und 23 R
= 10 cm x 10 cm

Bündchenmuster
Rdm, * 2 M rechts, 2 M links; ab * stets wiederholen, 2 M rechts, Rdm.

Streifenfolge
* 2 R in Graublau meliert, 2 R in Hellgrau meliert; ab * stets wiederholen.

ANLEITUNG

Vorderteil
32 M in Hellgrau meliert anschl und 3 R im Bündchenmuster str. Dann 4 R glatt rechts in der Streifenfolge str, mit Hellgrau meliert enden.
Weiter glatt rechts in der Streifenfolge arb, dabei 10x in jeder Hinr wie folgt abnehmen: 1 Rdm, 1 M rechts, 1 linksgeneigte Abnahme, bis zu den letzten 4 M rechts str, 1 rechtsgeneigte Abnahme, 1 M rechts, 1 Rdm. In den Rückr alle M links str (= 12 M). In Hellgrau meliert alle M abk.

Rechtes und linkes Rückenteil
16 M in Hellgrau meliert anschl und 3 R im Bündchenmuster str. Dann 4 R glatt rechts in der Streifenfolge str, mit Hellgrau meliert enden. Weiter glatt rechts in der Streifenfolge arb, dabei 10x in jeder Hinr wie folgt abnehmen:
Für das rechte Rückenteil: 1 Rdm, 1 M rechts, 1 linksgeneigte Abnahme, bis zur letzten M rechts str, 1 Rdm (= 6 M).
Für das linke Rückenteil: 1 Rdm, bis zu den letzten 4 M rechts str, 1 rechtsgeneigte Abnahme, 1 M rechts, 1 Rdm (= 6 M).
In den Rückr alle M links str. In Hellgrau meliert alle M abk.

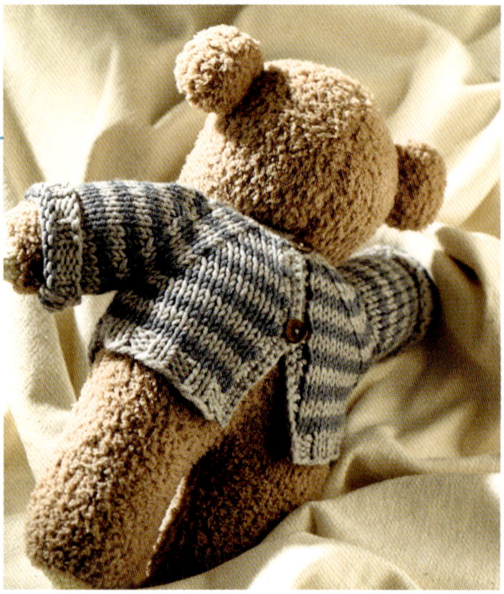

Ärmel
28 M in Hellgrau meliert anschl und 3 R im Bündchenmuster str. Dann 12 R glatt rechts in der Streifenfolge str, mit einem Streifen in Hellgrau meliert enden. Weiter glatt rechts in der Streifenfolge arb, dabei 10x in jeder Hinr wie folgt abnehmen: 1 Rdm, 1 M rechts, 1 linksgeneigte Abnahme, bis zu den letzten 4 M rechts str; 1 rechtsgeneigte Abnahme, 1 M rechts, 1 Rdm. In den Rückr alle M links str (= 8 M). Den 2. Ärmel genauso arb.

Fertigstellen
Die Seiten- und Ärmelnähte im Matratzenstich schließen und die Ärmel einnähen. Seitenränder und Halsausschnitt mit 2 R festen M in Hellgrau meliert umhäkeln. 2 Knopfschlaufen entsprechend der Knopfgröße anbringen und die beiden Knöpfe auf entsprechender Höhe annähen.

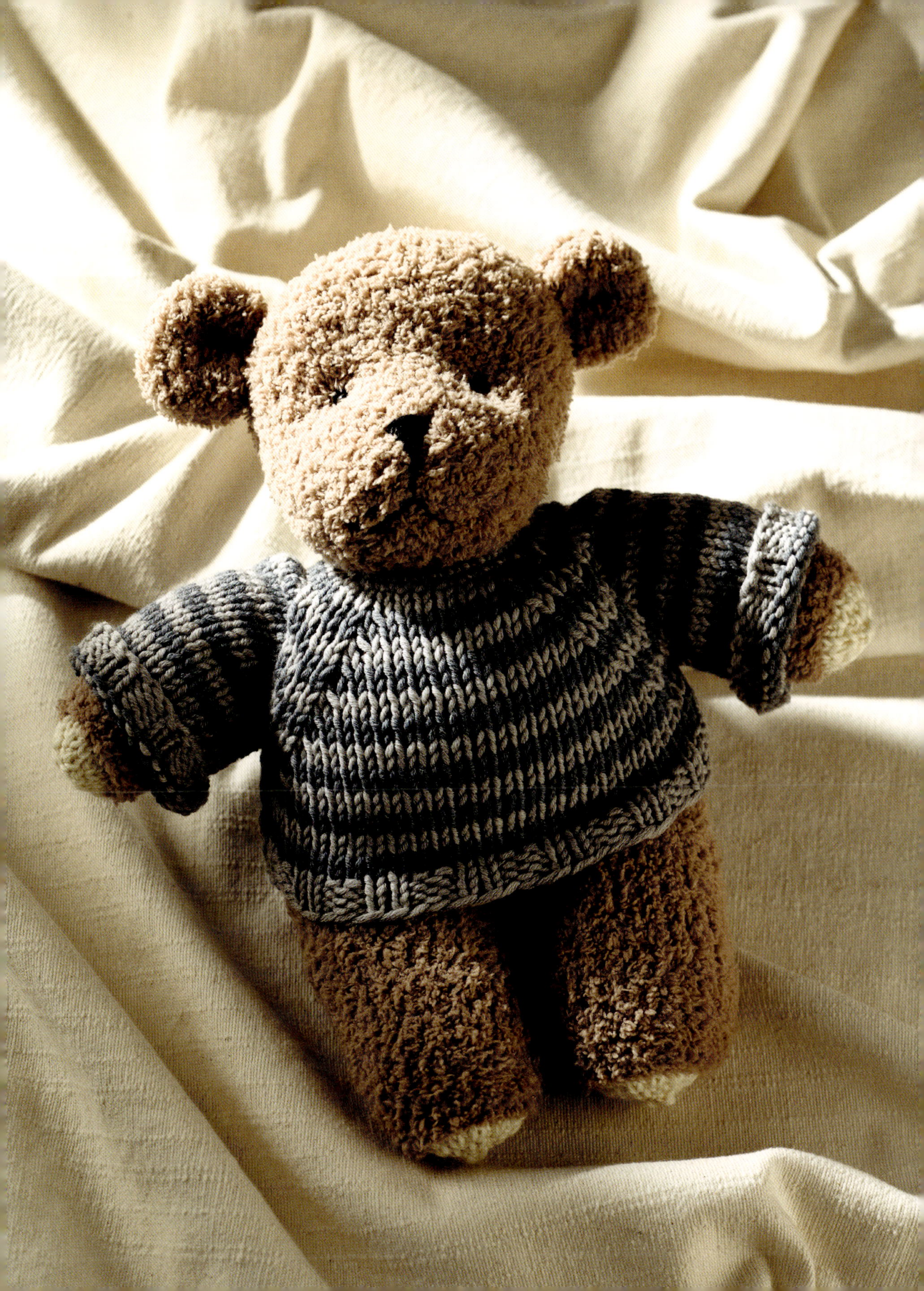

ABNAHMEN UND AJOURMUSTER

- ● = 1 Randmasche
- ■ = 1 Masche rechts
- − = 1 Masche links
- ○ = 1 Umschlag
- ◢ = 2 Maschen rechts zusammenstricken
- ◣ = 1 Masche wie zum Rechtsstricken abheben, nächste Masche rechts stricken, abgehobene Masche überziehen
- △ = 3 Maschen rechts überzogen zusammenstricken: 1 Masche wie zum Rechtsstricken abheben, 2 Maschen rechts zusammenstricken und die abgehobene Masche überziehen

SPITZBOGEN

In den Rückreihen alle Maschen und Umschläge links stricken.

●	■	■	■	■	○	△	○	■	■	■	■	●	15
●	■	■	■	○	◢	−	◣	○	■	■	■	●	13
●	■	■	○	◢	−	−	−	◣	○	■	■	●	11
●	■	○	◢	−	−	−	−	−	◣	○	■	●	9
●	■	○	◢	◣	○	■	○	◢	◣	○	■	●	7
●	■	○	◢	◣	○	■	○	◢	◣	○	■	●	5
●	■	○	◢	◣	○	■	○	◢	◣	○	■	●	3
●	■	○	◢	◣	○	■	○	◢	◣	○	■	●	1

Rapport = 10 Maschen

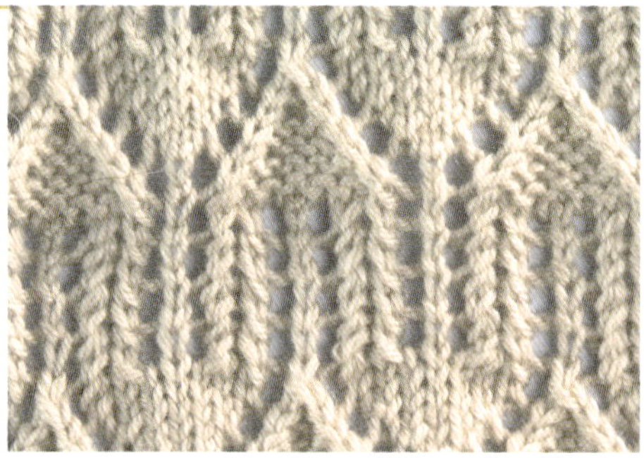

ROSENKNOSPEN

Hinreihen und Rückreihen mustern.

●	■	○	■	◢	■	◣	■	◣	○	■	■	■	■	■	○	■	●	10
●	−	−	−	−	■	−	−	−	■	−	−	−	−	−	−	−	●	
●	■	○	■	◢	−	◣	■	○	−	△	○	■	■	■	○	■	●	8
●	−	−	−	−	−	−	−	−	■	−	■	−	−	−	−	−	●	
●	■	○	■	■	■	■	■	○	◢	◢	■	◣	○	■	○	■	●	6
●	−	−	−	−	−	−	−	−	■	−	−	■	−	−	−	−	●	
●	■	○	○	■	■	■	○	△	−	■	◢	−	◣	■	○	■	●	4
●	−	−	−	−	−	■	−	■	−	−	−	■	−	−	−	−	●	
●	■	○	■	○	◢	−	◣	−	○	■	◢	−	◣	■	○	■	●	2
●	−	−	−	−	■	−	−	■	−	−	−	−	−	−	−	−	●	

Rapport = 15 Maschen

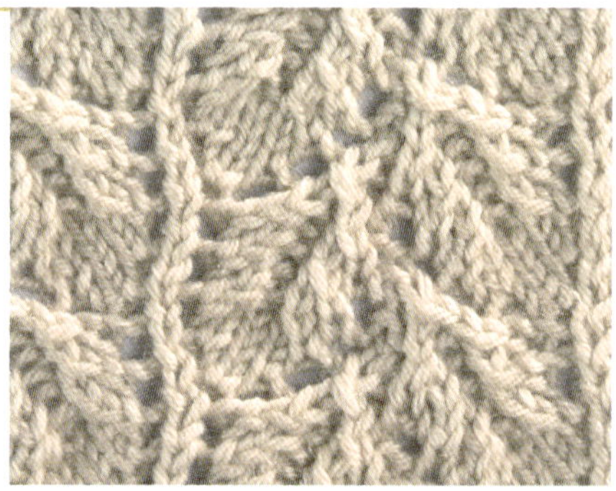

HINWEIS

Leere Kästchen können beim Stricken übersprungen werden.

SCHLANGENBAND

In den Rückreihen alle Maschen und Umschläge links stricken.

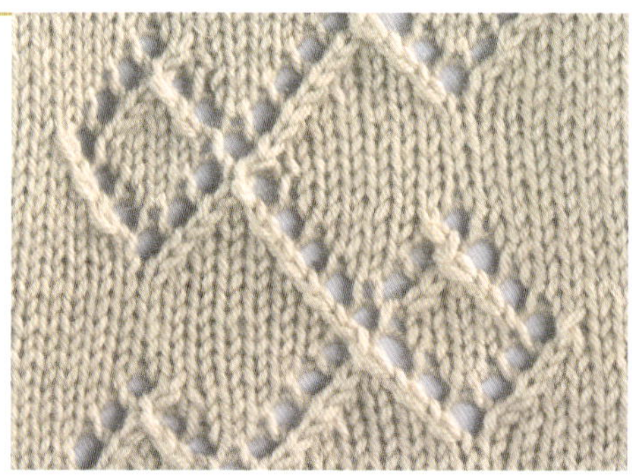

●	■	■	■	■	■	■	■	■	■	■	■	■	■	■	■	◣	○	■	■	■	■	■	○	◢	■	■	■	■	●	19
●	■	■	■	■	■	■	■	■	■	■	■	■	■	■	■	○	△	○	■	■	■	○	◢	■	■	■	■	■	●	17
●	■	■	■	■	■	■	■	■	○	◢	■	■	■	■	○	◢	○	◣	○	■	○	◢	■	■	■	■	■	■	●	15
●	■	■	■	■	■	■	■	○	△	○	■	■	■	○	◢	■	■	■	◣	○	■	■	■	■	■	■	■	■	●	13
●	■	■	■	■	■	■	○	◢	■	◣	○	■	○	◢	■	■	■	■	■	■	■	■	■	■	■	■	■	■	●	11
●	■	■	■	■	◣	○	■	■	■	■	■	○	◢	■	■	■	■	■	■	■	■	■	■	■	■	■	■	■	●	9
●	■	■	■	■	■	◣	○	■	■	■	○	△	○	■	■	■	■	■	■	■	■	■	■	■	■	■	■	■	●	7
●	■	■	■	■	■	■	◣	○	■	○	◢	■	◣	○	■	■	■	■	◣	○	■	■	■	■	■	■	■	■	●	5
●	■	■	■	■	■	■	■	■	○	◢	■	■	■	◣	○	■	■	■	○	△	○	■	■	■	■	■	■	■	●	3
●	■	■	■	■	■	■	■	■	■	■	■	■	■	■	◣	○	■	○	◢	■	◣	○	■	■	■	■	■	■	●	1

BLUMENMASCHE

In den Rückreihen alle Maschen und Umschläge links stricken.

●	◣	○	■	○	◢	○	△	○	◣	○	■	○	◢	●	11
●	■	■	■	■	○	△	○	◢	○	■	■	■	■	●	9
●	■	■	■	◣	○	■	■	■	○	◢	■	■	■	●	7
●	■	○	△	○	◣	○	■	○	◢	○	△	○	■	●	5
●	■	◣	○	◢	○	■	■	■	○	△	○	■	■	●	3
●	■	■	■	■	○	◢	■	◣	○	■	■	■	■	●	1

Rapport = 8 Maschen

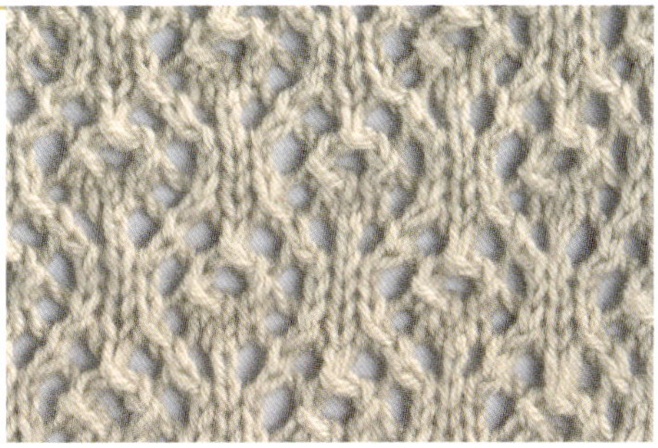

SCHWANENFLÜGEL

In den Rückreihen alle Maschen und Umschläge links stricken.

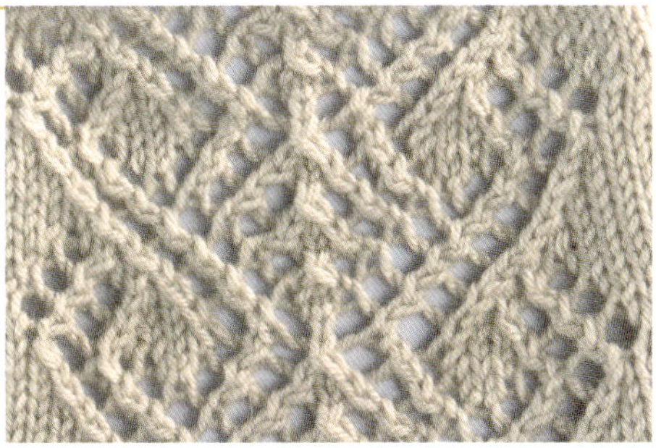

●	■	■	■	■	■	○	◢	◣	○	◣	○	■	○	△	○	■	○	◢	○	◢	◣	○	■	■	■	■	■	●	13
●	■	■	■	■	○	◢	○	◢	◣	○	◣	○	■	■	■	○	◢	○	◢	◣	○	◣	○	■	■	■	■	●	11
●	■	■	■	○	◢	○	◢	■	■	◣	○	◣	○	■	○	◢	○	◢	■	■	◣	○	◣	○	■	■	■	●	9
●	■	■	■	◣	○	◣	○	■	■	■	○	◢	○	△	○	◣	○	■	■	■	○	◢	○	◢	■	■	■	●	7
●	■	■	■	■	◣	○	◣	○	■	○	◢	○	◢	■	◣	○	◣	○	■	○	◢	○	◢	■	■	■	■	●	5
●	■	■	■	■	■	◣	○	◣	○	■	○	◢	○	△	○	◣	○	■	○	◢	○	◢	■	■	■	■	■	●	3
●	■	■	■	■	■	■	◣	○	◣	○	■	○	◢	■	◢	○	■	○	◢	○	◢	■	■	■	■	■	■	●	1

ENGLISCHE MASCHE

In den Rückreihen alle Maschen und Umschläge links stricken.

●	◣	■	○	■	○	■	△	■	○	■	○	■	◢	●	7
●	■	◣	○	■	○	◢	■	◣	○	■	○	◢	■	●	5
●	■	○	■	△	■	○	■	○	■	△	■	○	■	●	3
●	■	○	◢	■	◣	○	■	○	◢	■	◣	○	■	●	1

Rapport
= 6 Maschen

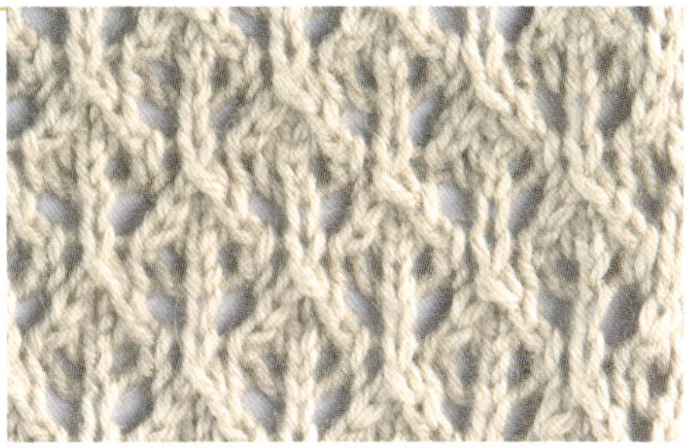

● = Randmasche

■ = 1 Masche rechts

− = 1 Masche links

○ = 1 Umschlag

◢ = 2 Maschen rechts zusammenstricken

◣ = 1 Masche wie zum Rechtsstricken abheben, nächste Masche rechts stricken, abgehobene Masche überziehen

◿ = 2 Maschen links zusammenstricken

◺ = 2 Maschen nacheinander wie zum Rechtsstricken abheben und zurück auf die linke Nadel nehmen, dann links verschränkt zusammenstricken

△ = 3 Maschen überzogen zusammenstricken: 1 Masche wie zum Rechtsstricken abheben, 2 Maschen zusammenstricken, abgehobene Masche überziehen

∩ = 3 Maschen mit aufliegender Mittelmasche zusammenstricken: 2 Maschen gleichzeitig wie zum Rechtsstricken abheben, 1 Masche rechts stricken, abgehobene Maschen überziehen

PFAUENAUGE

In den Rückreihen alle Maschen und Umschläge links stricken.

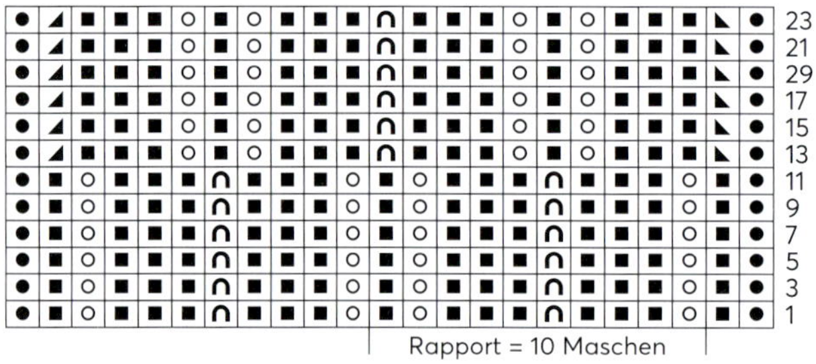

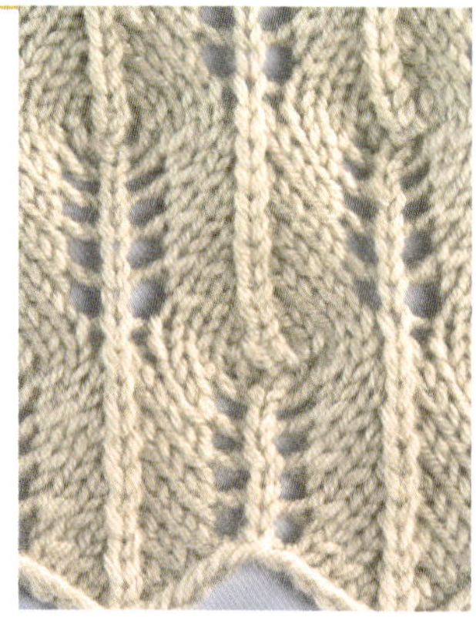

STREUBLÜMCHEN

In den Rückreihen alle Maschen und Umschläge links stricken.

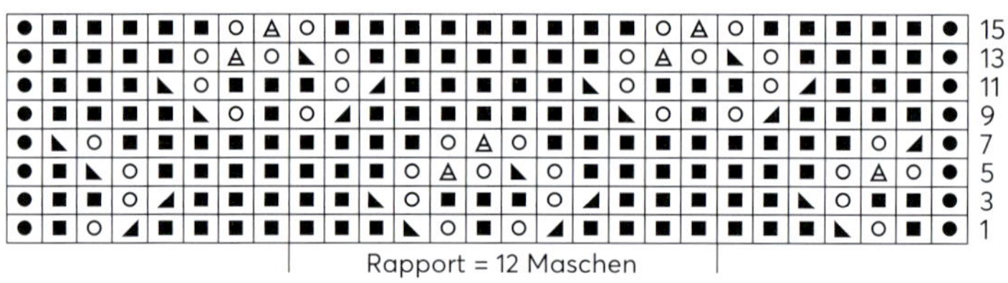

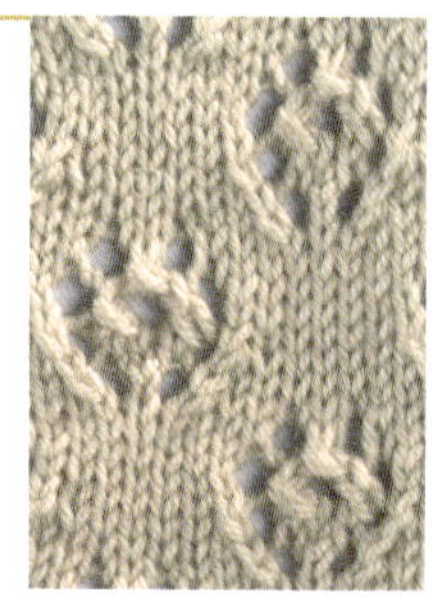

RAUTEN

In den Rückreihen die Maschen stricken wie sie erscheinen.

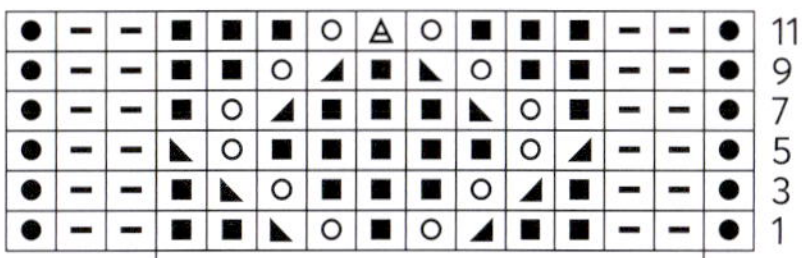

Rapport = 11 Maschen

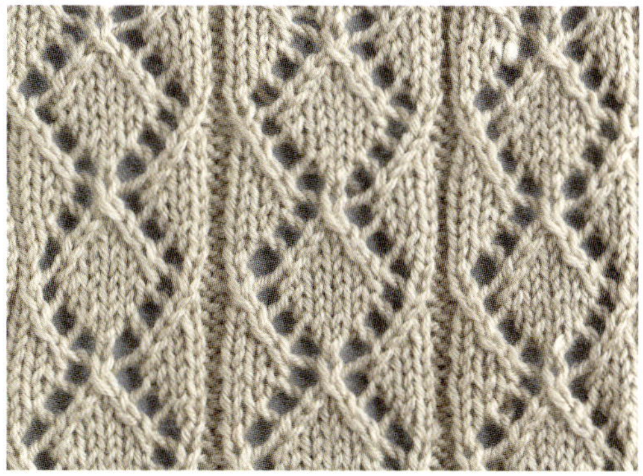

WASSERFALL

In den Rückreihen die Maschen links stricken.

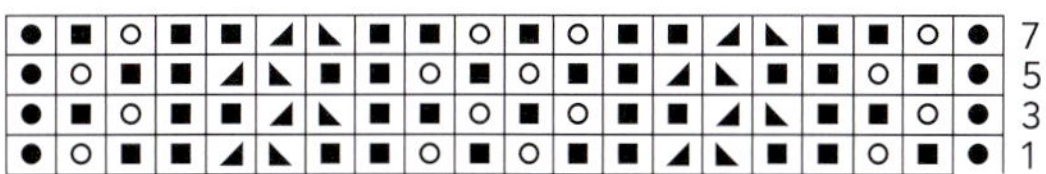

Rapport = 9 Maschen

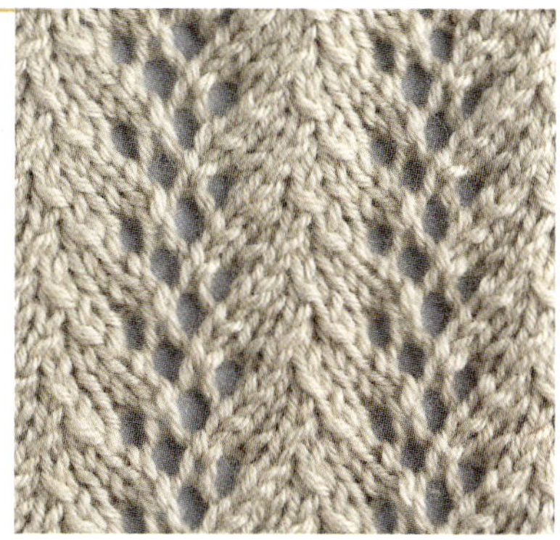

ZACKENSPIEL

In den Rückreihen die Maschen links stricken.

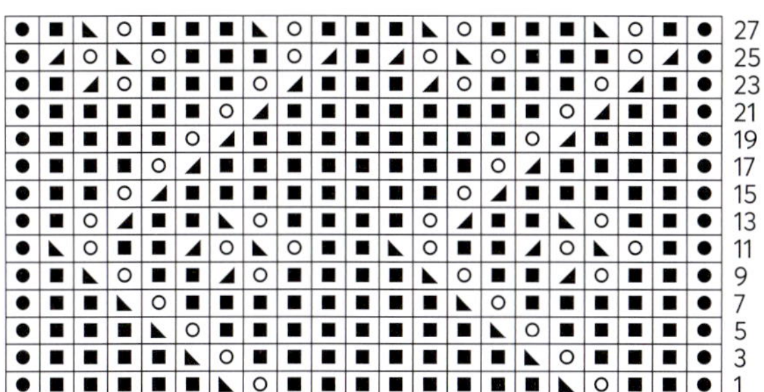

Rapport = 10 Maschen

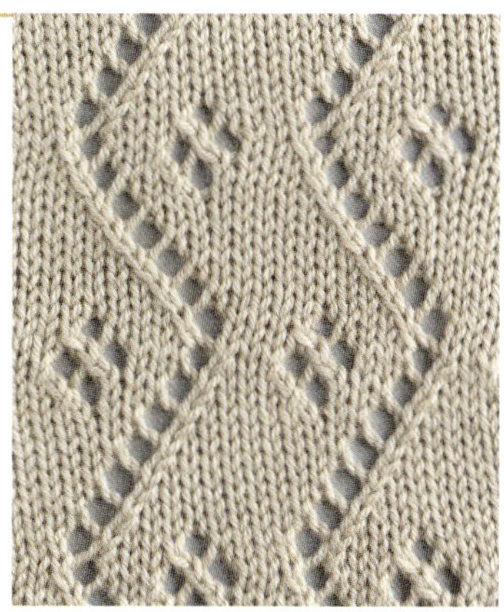

HINWEIS

Weitere Muster finden Sie auch in der TOPP Digitalen Bibliothek www.topp-kreativ.de/digibib.
Der Freischaltcode dazu steht im Impressum auf Seite 156.

VERSCHRÄNKTE MASCHEN

Verschränkte Maschen werden beim Stricken einmal verdreht. Dadurch liegt ein Maschenschenkel auf dem anderen und die rechts verschränkte Masche tritt plastischer hervor. Links verschränkte Maschen unterscheiden sich im Maschenbild kaum von normalen linken Maschen. Sie werden oft nur in Rückreihen gearbeitet, um rechts verschränkte Maschen auf der Vorderseite zu erhalten.

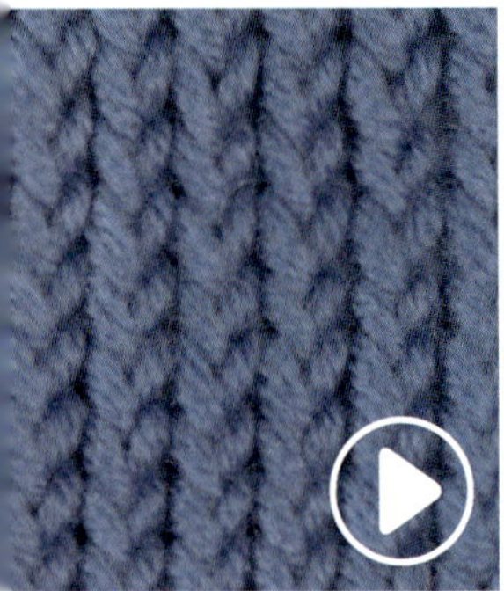

Video: Verschränkte Maschen

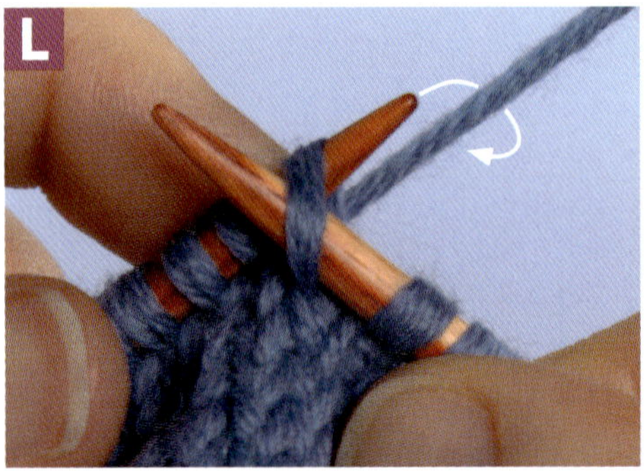

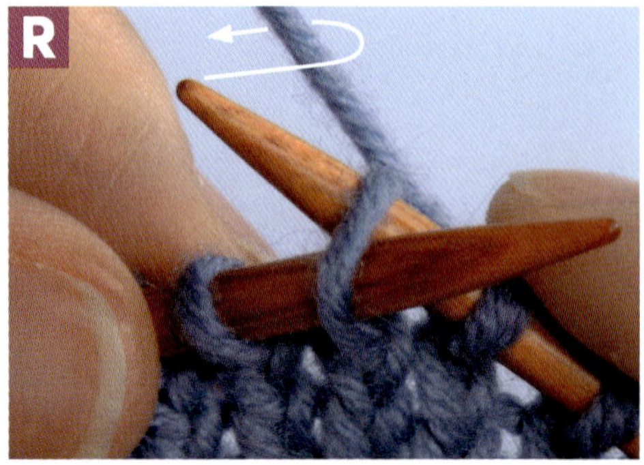

Für eine **rechts verschränkte Masche** (siehe Bild oben) von rechts nach links [links nach rechts] in das hintere Maschenglied einstechen. Die Arbeitsnadel in Pfeilrichtung hinter dem Arbeitsfaden entlangführen, die Fadenschlinge durchziehen und die Masche von der Nadel heben. Der rechte [linke] Maschenschenkel kreuzt nach links [rechts] und liegt in der verschränkt gestrickten Masche obenauf.

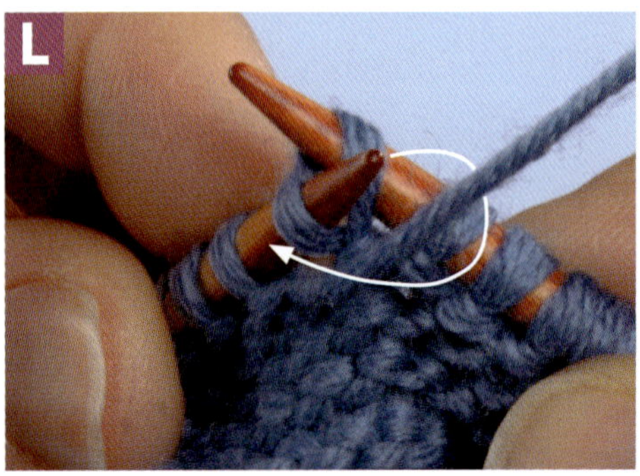

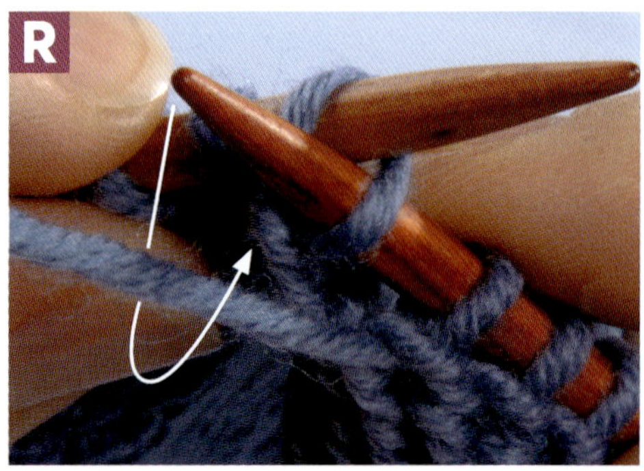

Für eine **links verschränkte Masche** den Faden nach vorne holen und auf der Rückseite der Arbeit von links nach rechts [rechts nach links] in das hintere Maschenglied einstechen. Den Faden mit der Arbeitsnadel in Pfeilrichtung erfassen, den Arbeitsfaden zwischen den beiden Nadeln von oben nach unten führen, die Fadenschlinge mit der Arbeitsnadel durchziehen und die Maschen von der Nadel heben.

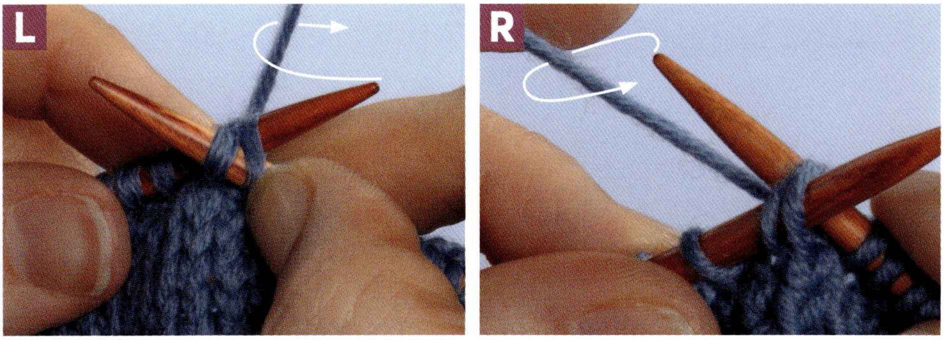

Um **2 Maschen rechts verschränkt zusammenzustricken** gleichzeitig von rechts nach links [links nach rechts] in die hinteren Maschenglieder beider Maschen einstechen. Die Arbeitsnadel in Pfeilrichtung hinter dem Arbeitsfaden entlangführen, die Fadenschlinge durchziehen und die Maschen von der Nadel heben.

STRICKTRICK

Werden Umschläge auf der Rückseite verschränkt gestrickt, erscheinen später keine Löcher! Das ist von Nutzen, wenn mehr Maschen auf die Nadel gebracht werden sollen und sich Löcher nicht ins Strickmuster einfügen würden.

! Muster mit verschränkten Maschen ziehen sich stärker zusammen, sodass sich die Maschenprobe ändert. Anhand der beiden Rippenbündchen lässt sich gut erkennen, wie sehr die verschränkten Maschen das Gestrickte zusammenziehen. Für das einfache Rippenbündchen wurden abwechselnd eine Masche rechts und eine Masche links gestrickt. Für das verschränkte Rippenbündchen die rechten Maschen verschränkt, die linken Maschen normal links abstricken. Auf der Rückseite die rechts erscheinenden Maschen einfach rechts, die linken Maschen verschränkt abstricken.

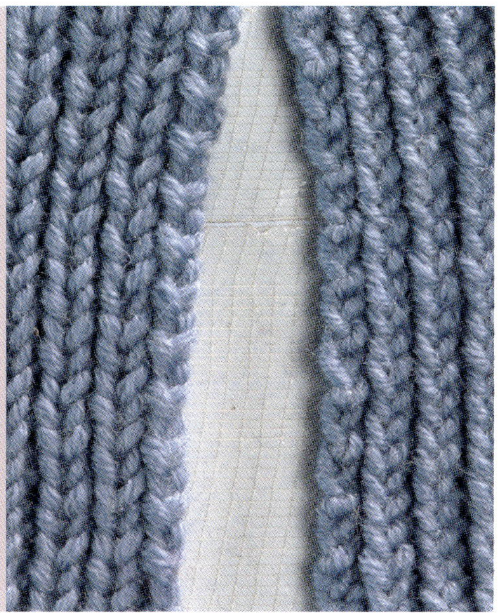

MÖBIUSSCHAL
EINSEITIG VIELSEITIG

GRÖSSE
Höhe ohne Rüsche: 25 cm

MATERIAL
Lana Grossa Alta Moda Alpaca (LL 140 m/50 g) in Dunkelrot meliert (Fb 40), 300 g

Rundstricknadel 5,0-6,0 mm

MASCHENPROBE
Glatt rechts mit Nd 5,0-6,0 mm
17 M und 22 R
= 10 cm x 10 cm

Glatt rechts
In Hinr rechte M, in Rückr linke M str.

Kraus rechts
In Hin- und Rückr rechte M str.

Glatt links
In Hinr linke M, in Rückr rechte M str.

Eine Masche verdoppeln
Die M rechts str, aber auf der M-Nd liegen lassen. Dann den Faden zwischen den beiden Nd nach vorne führen, dieselbe M noch einmal als linke M str und erst dann von der M-Nd heben.

ANLEITUNG

Obere Rüsche
258 M anschl. 2 R kraus rechts, dann beginnend mit einer Hinr 10 R glatt rechts str. In der folgenden Hinr: 1 Rdm, fortlaufend je 2 M rechts zusammenstr, 1 Rdm (= 130 M). 1 Rückr links stricken.

Mittelteil
Bis zu einer Höhe von 28 cm ab dem Beginn des Mittelteils kraus rechts str. Mit einer Hinr enden.

Untere Rüsche
1 Rückr links str.
In der folgenden Hinr: Rdm, * 1 M rechts, 1 U; ab * stets wiederholen, 1 M rechts, Rdm (= 257 M).
10 R glatt links str, dabei mit einer Rückr beginnen und enden. 2 R kraus rechts str, dann rechts abketten.

Fertigstellen
Den Schal flach hinlegen, sodass die Anschlagkante unten und die Abkettkante oben liegt. Den Schal in sich so verdrehen, dass an einer schmalen Seite die Anschlagkante oben und die Abkettkante unten liegt – die andere schmale Seite bleibt dabei liegen wie vorher. Dann die beiden schmalen Seitenränder im Matratzenstich aneinandernähen, sodass ein Möbiusband entsteht.

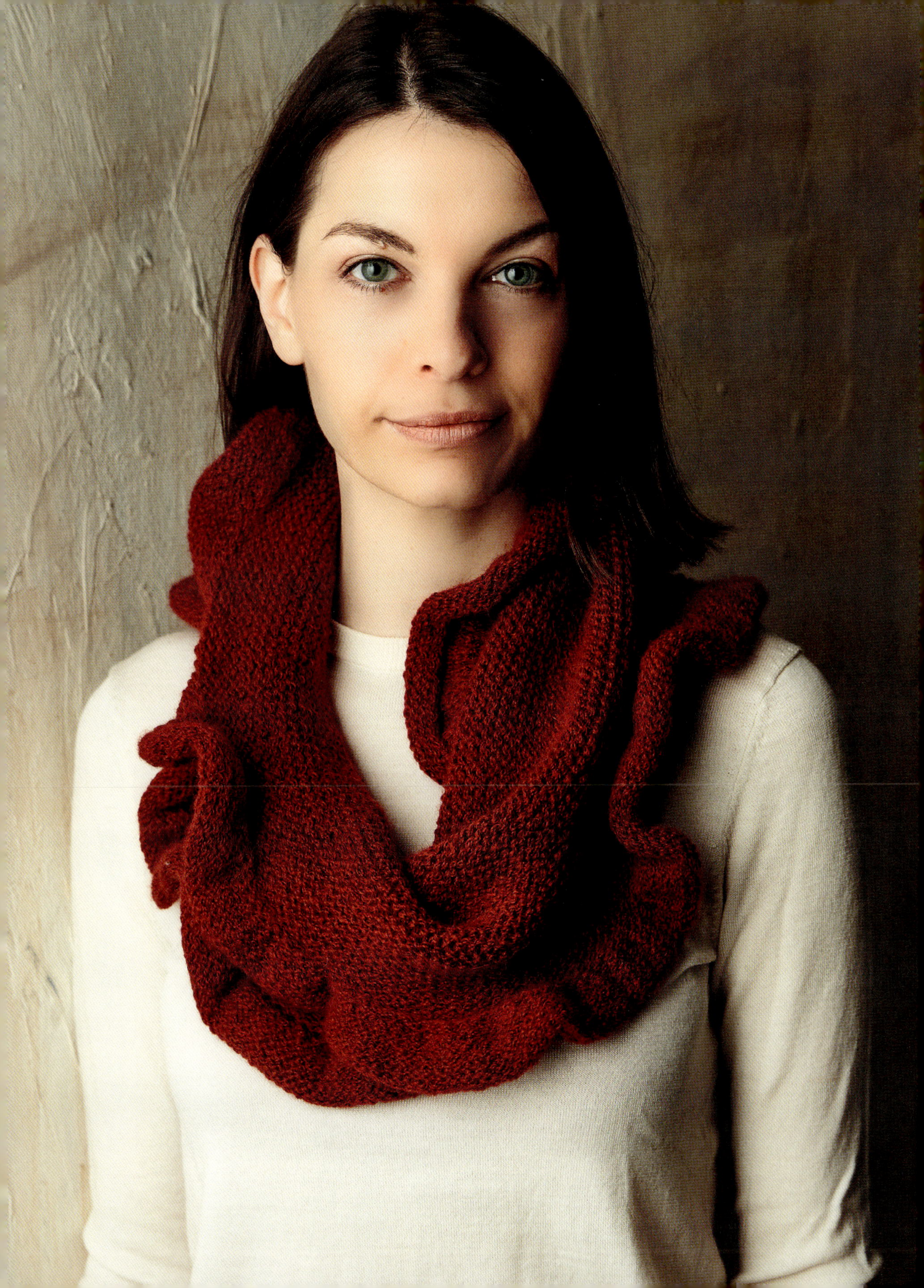

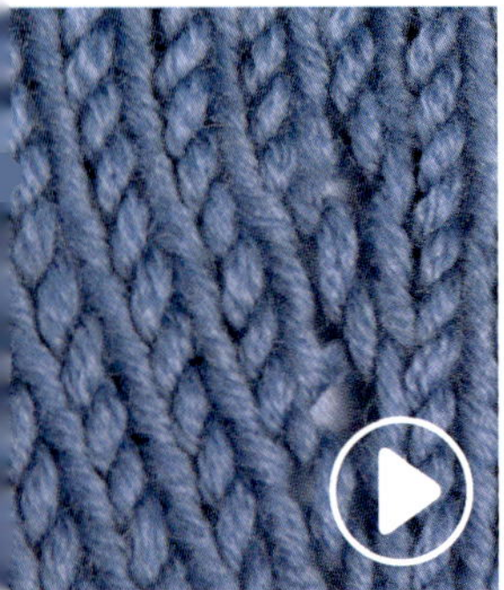

Video: Zunahmen

ZUNAHMEN

Zunahmen erhöhen die Anzahl an Maschen in einer Reihe.

ZUNAHME AUS DEM QUERFADEN

Sie ist die einfachste Art, eine Masche mehr auf die Nadel zu bringen. Verschränkt gestrickt passt sie sich prima ins Strickmuster ein, unverschränkt bildet sich ein kleines Loch, das die Zunahme besonders betont. **((bitte 1 zeile kürzen!))**

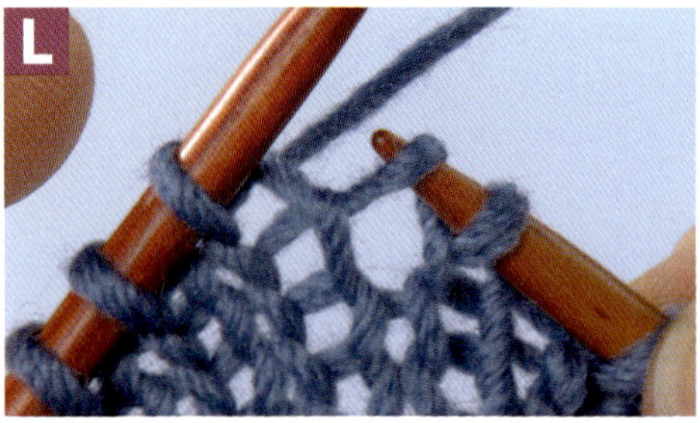

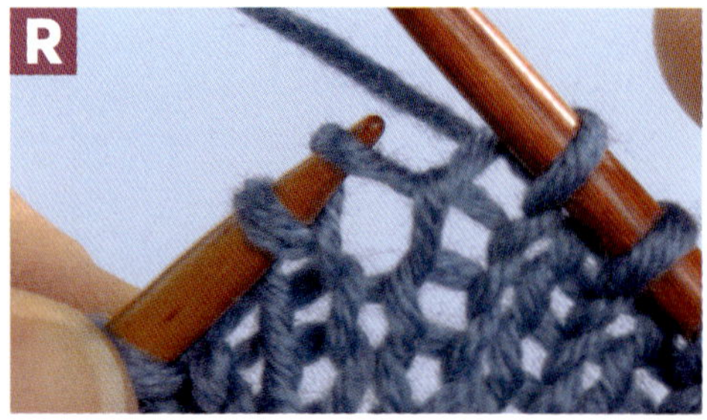

Mit der Maschennadel von vorne unter dem Querfaden einstechen, der die eben gestrickte Masche auf der Arbeitsnadel und die noch zu strickende Masche auf der Maschennadel verbindet.

HINWEIS

Innerhalb einer Reihe gearbeitet, weiten Zunahmen ein Strickstück gleichmäßig. Treppchen zeigen sich, wenn Zunahmen am Rand gearbeitet werden, besonders wenn es gleich mehrere Zunahmen nebeneinander sind.

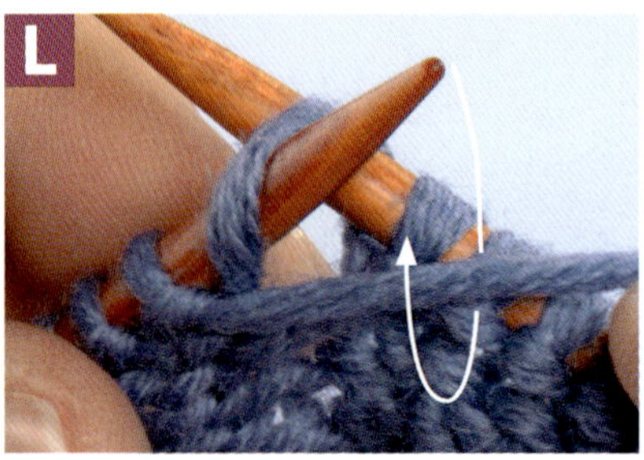

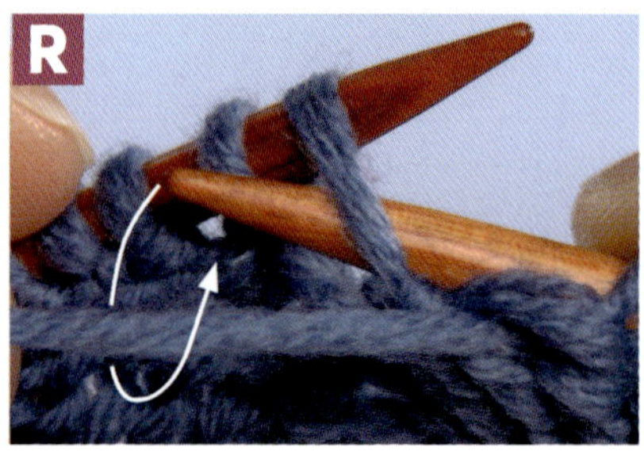

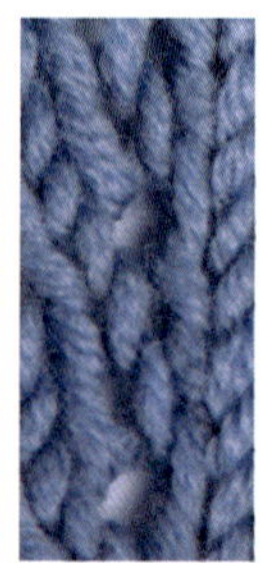

Für eine **unverschränkte Zunahme** die Schlinge in Hinreihen rechts, in Rückreihen links stricken.

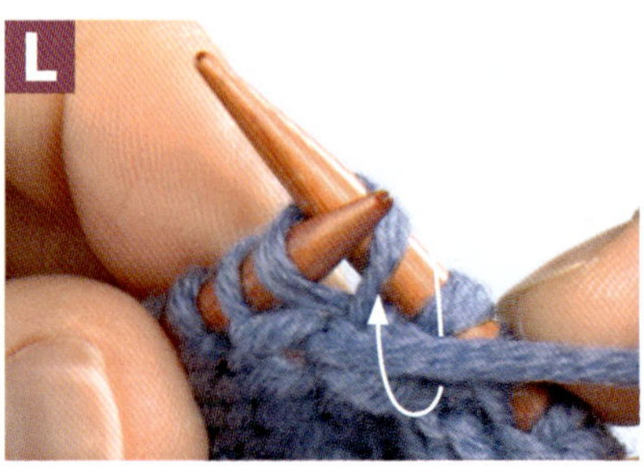

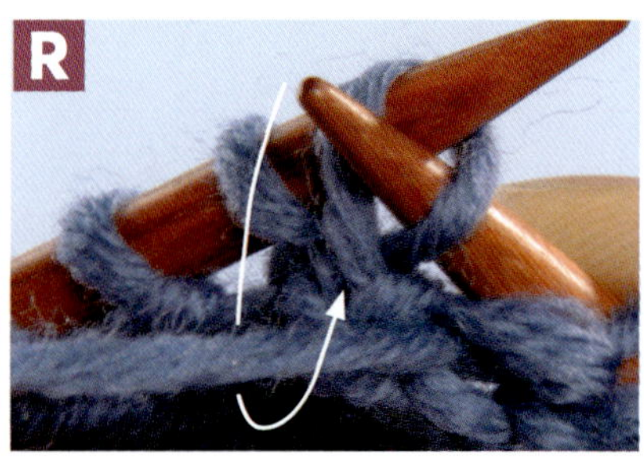

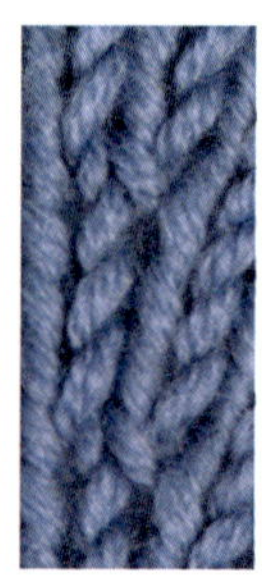

Für eine **verschränkte Zunahme** die Schlinge in Hinreihen rechts verschränkt, in Rückreihen links verschränkt stricken.

ZUNAHME AUS EINEM UMSCHLAG

Sie kommt bei Lochmustern häufig zum Einsatz. Auch sie können verschränkt oder einfach abgestrickt werden.

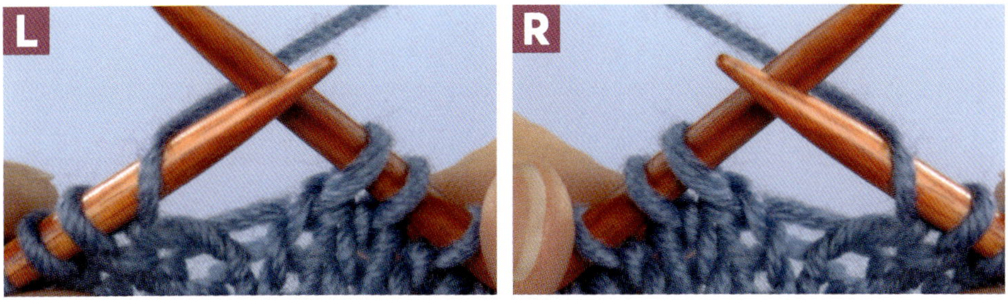

An der Stelle, an der eine neue Masche entstehen soll, einen einfachen Umschlag arbeiten.

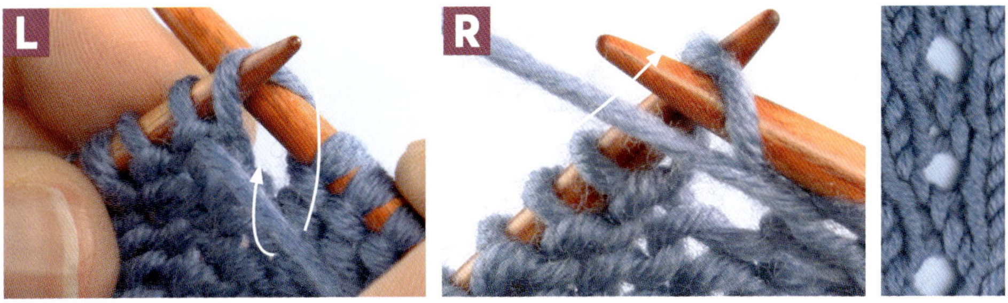

Für eine **unverschränkte Zunahme** den Umschlag in Rückreihen links, in Hinreihen rechts stricken. Abweichungen davon werden in Anleitungen extra beschrieben.

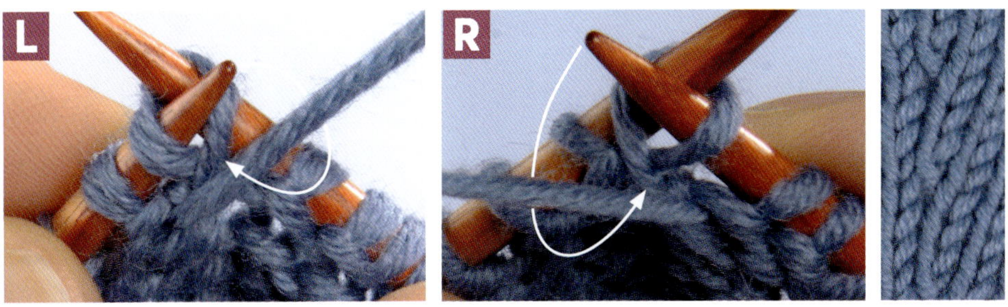

Für eine **verschränkte Zunahme** den Umschlag in Rückreihen links verschränkt, in Hinreihen rechts verschränkt stricken.

HINWEIS

Das Loch, das durch eine unverschränkt gestrickte Zunahme aus einem Umschlag entsteht, ist größer und weiter als das aus einer unverschränkten Zunahme aus dem Querfaden und ist in Kombination mit rechts- und linksgeneigten Abnahme das klassische Element eines sogenannten Lace-, Ajour- oder Lochmusters. Eine verschränkte Zunahme aus dem Querfaden zieht den Faden der Vorreihe zusammen. Das nutzt man immer dann, wenn man Verzuglöcher durch zu viel Faden z.B. beim Sockenstricken korrigieren will.

UTENSILIENTÄSCHCHEN

MULTIFUNKTIONALE HELFER

GRÖSSE
ca. 18 cm

MATERIAL
Schachenmayr Boston (LL 55 m/50 g) in Sisal (Fb 4), Mittelgrau Meliert (Fb 92) und Graphit (Fb 197), je 50 g

Rundstricknadel 6,0-7,0 mm

je 1 Holzknopf, ø 3 cm oder beliebige Größe

MASCHENPROBE
Glatt rechts mit Nd 6,0-7,0 mm
13 M und 18 R = 10 cm x 10 cm

Glatt rechts
In Hinr rechte, in Rückr linke M str.

Kraus rechts
In Hin- und Rückr rechte M str.

ANLEITUNG

10 M anschl und 4 R kraus rechts str. In der folgenden Rückr nach der Hälfte der M wenden und zunächst nur über diese 5 M weiterarb, dabei in jeder Hinr 9x neben der Rdm je eine M verschränkt aus dem Querfaden zunehmen. Noch eine Rückr über die nun 14 M des linken Klappenteils str, dann den Faden abschneiden und das rechte Klappenteil gegengleich str.
In einer Hinr die M von rechtem und linkem Klappenteil auf einer Nd zusammenfassen (= 28 M) und den Taschenkörper weiter glatt rechts str, dabei die ersten und die letzten 3 M jeder R kraus rechts str. In einer Höhe von 21 cm ab Beginn des glatt rechts gestrickten Taschenkörpers 5 R kraus rechts str und alle M locker abk.

Fertigstellen
Je einen Faden durch die Rdm des Taschenkörpers nähen, fest anziehen, bis die krausen Rdm kreisförmige Seitenteile bilden, und gut vernähen. Das rechte und linke Klappenteil von oben so weit schließen, dass die verbleibende Öffnung groß genug für den gewählten Knopf ist. Den Knopf an der entsprechenden Stelle annähen und alle Fäden vernähen.

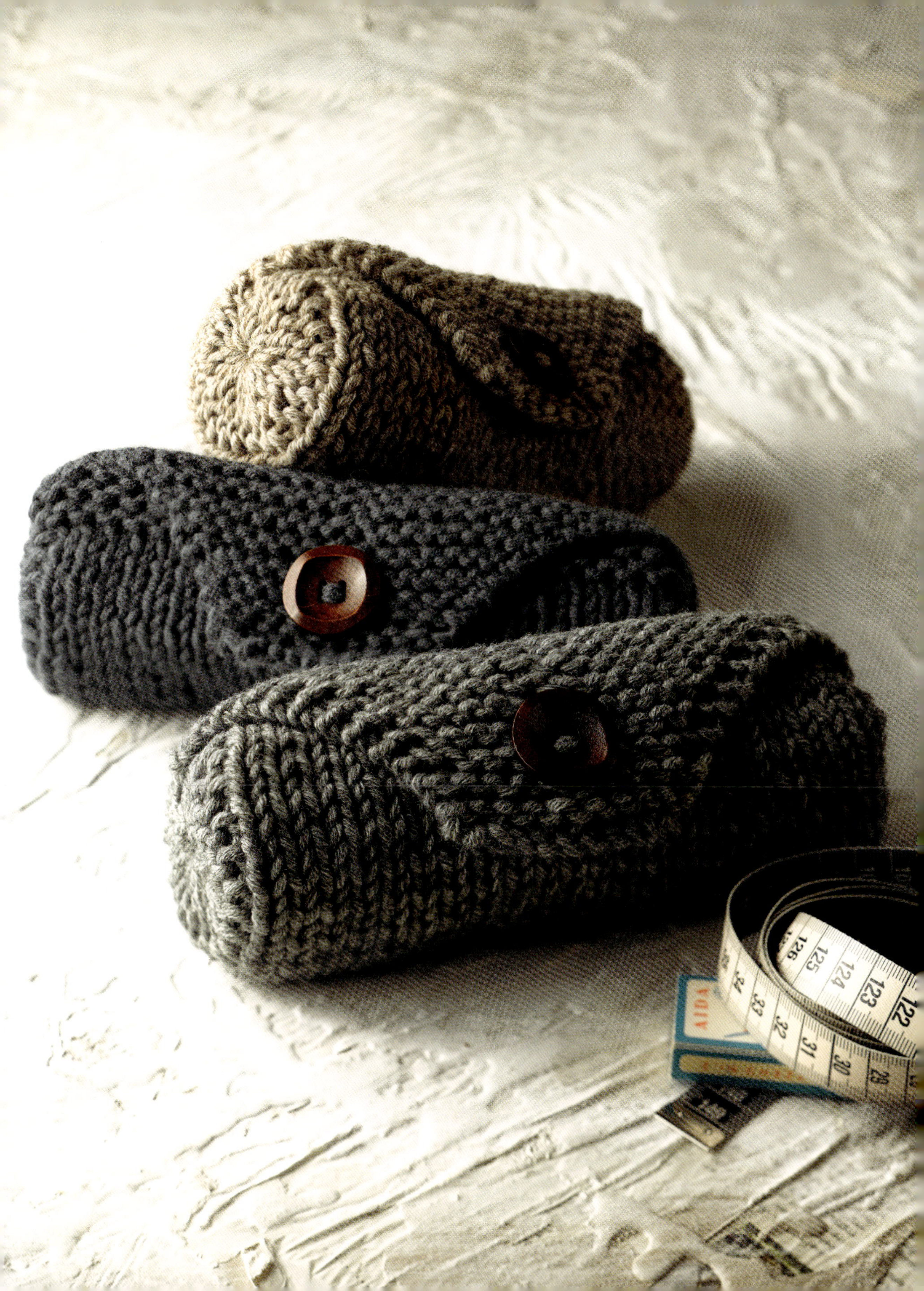
AIDA
126 125 124 123 122
34 33 32 31 30 29

AJOURMUSTER-STULPEN

ELEGANTE PULSWÄRMER

GRÖSSE
Einheitsgröße

MATERIAL
Lana Grossa Ecopuno (LL 215 m/50 g) in Grège (Fb 18), 50 g

Rundstricknadel 3,0-3,5 mm

MASCHENPROBE
Im Lochmuster mit Nd 3,0-3,5 mm 20 M und 28 R = 10 cm x 10 cm

Im Bündchenmuster mit Nd 3,0-3,5 mm 24 M und 28 R = 10 cm x 10 cm

Bündchenmuster

In den Hinr mit der Rdm und den 4 M vor dem Rapport beginnen, den Rapport von 8 M stets wiederholen und mit den 4 M und der Rdm nach dem Rapport enden.
In den Rückr alle M links str. In der 3. und 7. R befinden sich musterbedingt mehr M auf der Nd.

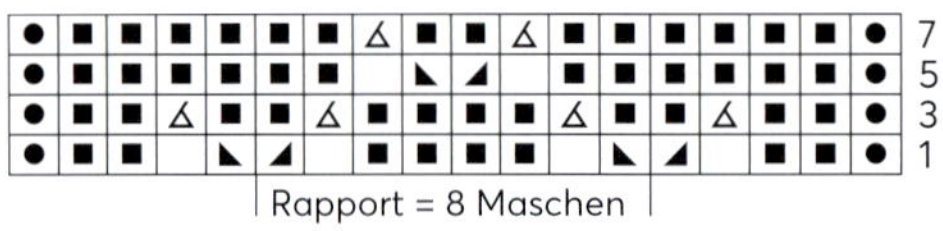

Lochmuster

In den Hinr mit der Rdm und der M vor dem Rapport beginnen, den Rapport von 6 M stets wiederholen und mit den 6 M und der Rdm nach dem Rapport enden.
In den Rückr alle M und U links str.

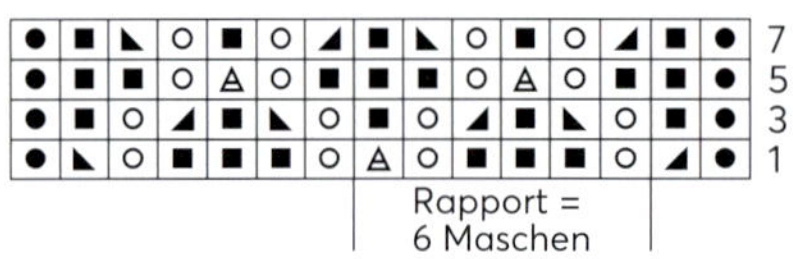

- ● = 1 Randmasche als Nahtrand (in Hinreihen rechts, in Rückreihen links)
- ■ = 1 Masche rechts
- □ = Keine Bedeutung, dient der besseren Übersicht
- ◢ = 2 Maschen rechts zusammenstricken
- ◣ = 1 Masche wie zum Rechtsstricken abheben, nächste Masche rechts stricken, abgehobene Masche überziehen
- ⊿ = 2 Maschen links zusammenstricken
- Δ = 3 Maschen überzogen zusammenstricken: 1 Masche wie zum Rechtsstricken abheben, 2 Maschen zusammenstricken, abgehobene Masche überziehen
- ○ = 1 Umschlag
- △ = Mit der Arbeitsnadel zwischen die beiden Abnahmen 2 Reihen zuvor einstechen und 1 rechte Masche herausstricken

ANLEITUNG

54 M anschl, 5 R kraus rechts und 2 R glatt rechts arb, dabei in der 2. R (Rückr) gleichmäßig verteilt 4 M zunehmen (= nach jeder 11. M je 1 M aus dem Querfaden zunehmen und rechts verschränkt abstr) (= 58 M).
16 R (= 2x die 1.-8. R) im Bündchenmuster, dann 2 R glatt rechts str, dabei in der 2. R (Rückr) die letzten beiden M links zusammenstr (= 57 M).
Weiter im Lochmuster arb. Nach 24 R Lochmuster (= 3x die 1.-8. R) an beiden Seiten je 6 M für das Daumenloch abk und über die restlichen 45 M weiter im Lochmuster arb. In einer Gesamthöhe von 18 cm noch 4 R kraus rechts str und alle M abk.

Fertigstellen

Die seitlichen Nähte im Matratzenstich schließen, die für das Daumenloch abgeketteten M dabei auslassen.

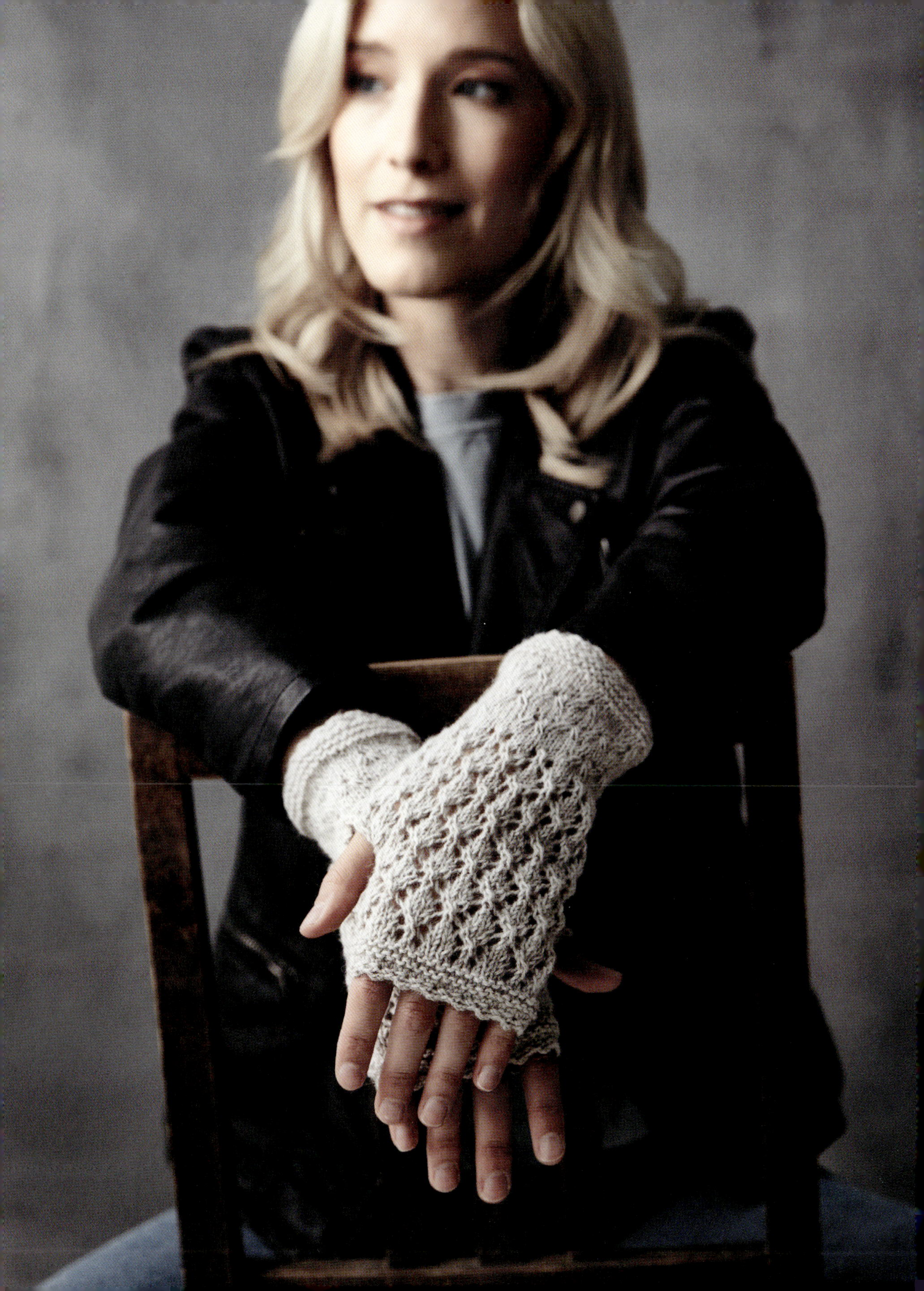

DREIECK-TUCH

JEDEN TAG DABEI

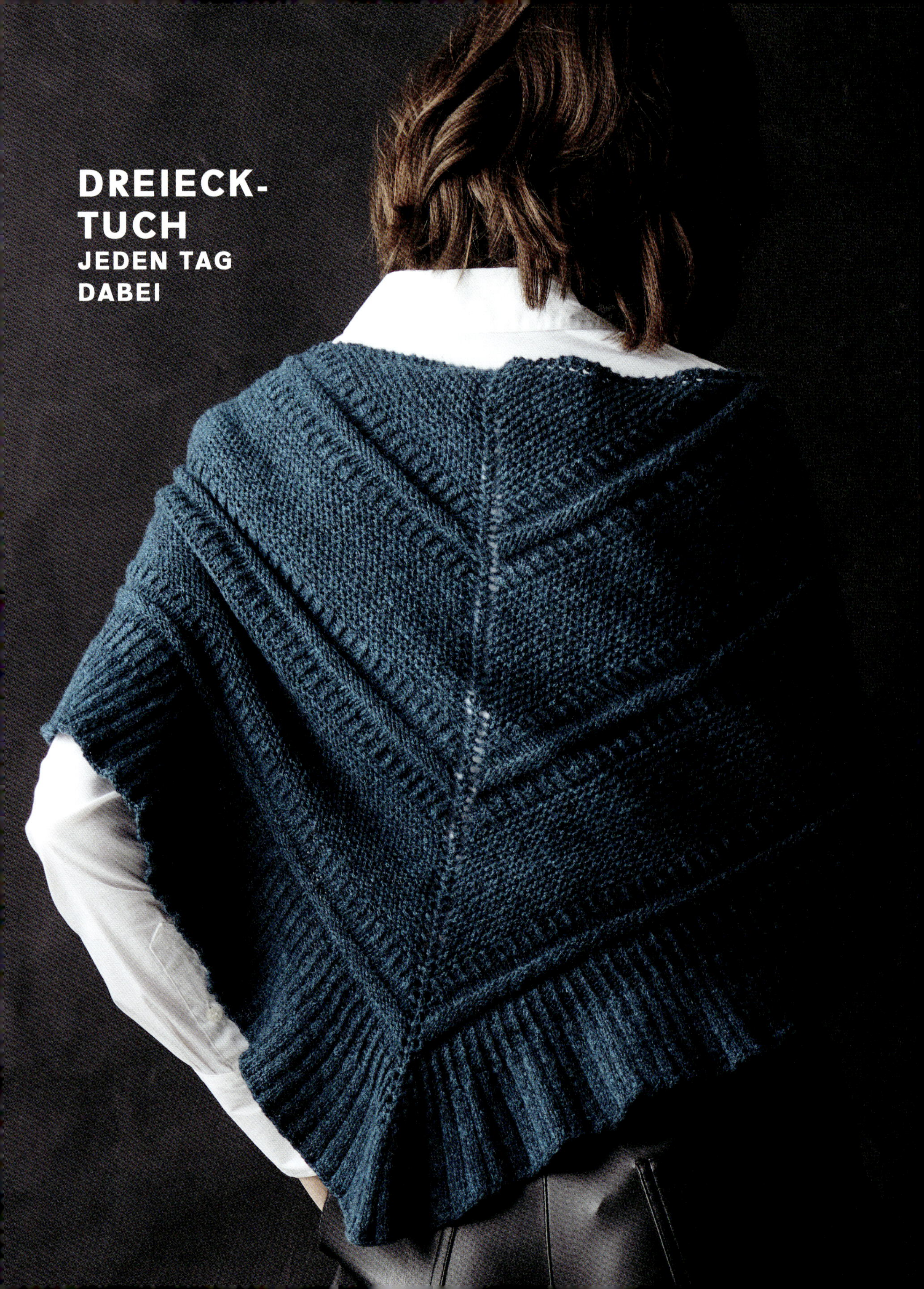

Eine linke Masche verdoppeln

1 M links str, die M aber nicht von der M-Nd heben, sondern den Faden zwischen den Nd nach hinten führen und dieselbe M noch einmal rechts verschränkt str. Dann erst von der Nd heben.

Eine rechte Masche verdoppeln

1 M rechts str, die M aber nicht von der M-Nd heben, sondern den Faden zwischen den Nd nach hinten führen und dieselbe M noch einmal rechts verschränkt str. Dann erst von der Nd heben.

Kraus rechts

In Hin- und Rückr rechte M str.

Glatt rechts

In Hinr rechte, in Rückr linke M str.

Glatt links

In Hinr linke, in Rückr rechte M str.

Rippenmuster

1. R (Hinr): * 1 M rechts verschränkt, 1 M links; ab * stets wiederholen, 1 M rechts verschränkt.
2. R (Rückr): * 1 M links verschränkt, 1 M rechts; ab * stets wiederholen.
3. R (nachdem durch den Rand an beiden Seiten je 1 M hinzugekommen ist): * 1 M links, 1 M rechts verschränkt; ab * stets wiederholen, 1 M links.
4. R (Rückr): * 1 M rechts, 1 M links verschränkt; ab * stets wiederholen.
Die 1.-4. R stets wiederholen.

Bortenmuster

1. R (Hinr): 2 M rechts, 1 U, * 1 linke M verdoppeln, 1 rechte M verdoppeln; ab * stets wiederholen, 1 rechte M verdoppeln, 1 M links, 1 U, 2 M rechts.
2. R (Rückr): 4 M rechts, * 3 M links, 1 M rechts; ab * stets wiederholen, 3 M rechts.
3. R: 1 M rechts, 2 M rechts zusammenstr, 1 U, * 1 M links, 3 M rechts; ab * stets wiederholen, 2 M links zusammenstr, 1 U, 2 M rechts.
4. R: Wie die 2. R arb.
Einmal die 1.-4. R str, dann die 3. und 4. R stets wiederholen.

Musterfolge

* 16 R kraus rechts, 4 R Rippenmuster, 4 R glatt rechts, 4 R glatt links, 4 R glatt rechts, 4 R Rippenmuster str; ab * noch 2x wiederholen, dann noch weitere 6 R Rippenmuster anschließen. Durch Hinzufügen weiterer Wiederholungen in der Musterfolge lässt sich das Tuch beliebig vergrößern.

ANLEITUNG

5 M anschl und 2 R kraus rechts str.
3. R (Hinr): 2 M rechts, 1 U, 1 M-Markierer einhängen, 1 M rechts, 1 M-Markierer einhängen, 1 U, 2 M rechts str (= 7 M).
4. R (Rückr): Alle M rechts str.

In folgender Einteilung weiterarb:
Hinr: 2 M rechts, 1 U, bis zum Markierer in der Musterfolge str, 1 U, den Markierer abheben, 1 M rechts, den Markierer abheben, 1 U, bis zu den letzten 2 M in der Musterfolge str, 1 U, 2 M rechts (= 4 Zunahmen).
Rückr: 3 M rechts, bis zum Markierer in der Musterfolge str, Markierer abheben, 1 M rechts, Markierer abheben, bis zu den letzten 3 M in der Musterfolge str, 3 M rechts.

Anschließend über alle M das Bortenmuster str, dabei die 3. und 4. R insgesamt 12x arb. Dann alle M locker abk.

Fertigstellen

Alle Fäden vernähen. Das Tuch waschen, spannen und aufgespannt trocknen lassen.

GRÖSSE

160 cm x 60 cm

MATERIAL

Lana Grossa Cashmere 16 fine (LL 320 m/50 g) in Petrol (Fb 13), 150 g

Rundstricknadel 3,5-4,0 mm, 100 cm lang

2 Maschenmarkierer

MASCHENPROBE

Glatt rechts mit Nd 3,5-4,0 mm
23 M und 30 R
= 10 cm x 10 cm

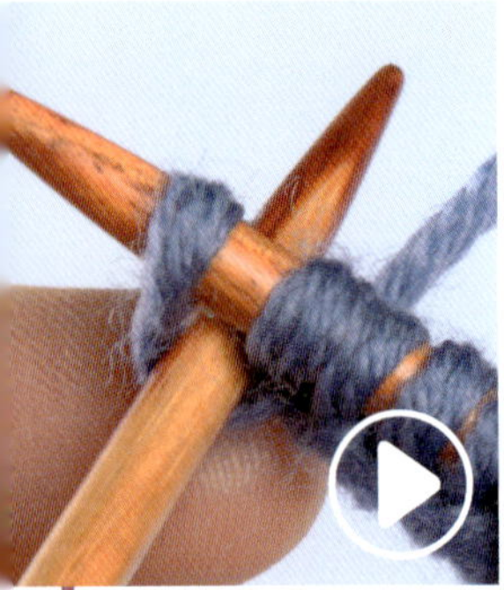

Video: Aufstricken

AUFSTRICKEN

Das Aufstricken ist eine Art des Maschenanschlags. Es eignet sich besonders gut dort, wo seitlich an ein bereits gestricktes Stück noch einmal mehrere Maschen angesetzt werden sollen.

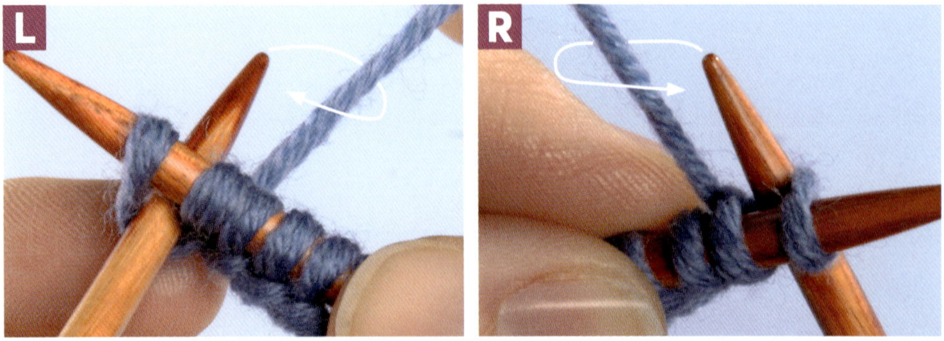

Wenn sich noch keine Maschen auf der Maschennadel befinden, zunächst 2 Maschen aufschlingen. Mit der Arbeitsnadel zwischen den letzten beiden Maschen auf der Maschennadel hindurchstechen und den Faden in Pfeilrichtung erfassen.

HINWEIS

Das Aufschlingen (S. 17) eignet sich, um schnell seitlich an ein Strickstück einige Maschen anzusetzen. Da aber das Stricken der folgenden Reihe häufig schwerfällt, sollte man bei mehr als 5 anzusetzenden Maschen diese besser aufstricken.

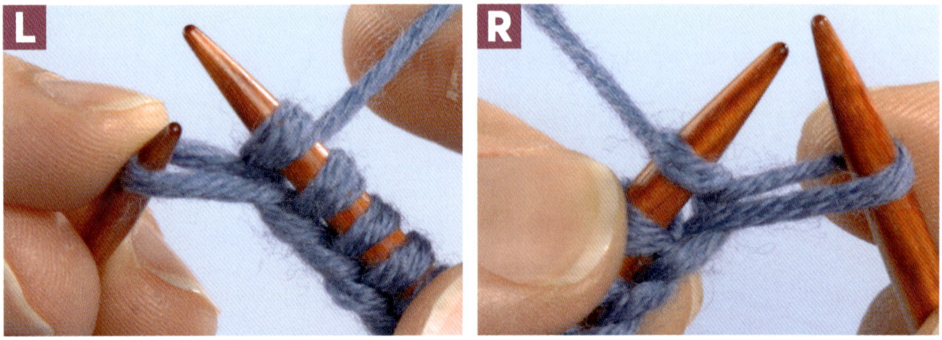

Den Faden als neue Masche durchziehen und auf die Maschennadel legen. Auf diese Weise so viele neue Maschen auf die Maschennadel aufstricken, bis die benötigte Maschenzahl erreicht ist.

MEHRERE ZUNAHMEN AUS EINER MASCHE

Um gleich mehrere Zunahmen aus einer Masche zu arbeiten, die Masche rechts stricken, aber nicht von der Nadel heben. Den Arbeitsfaden nach vorne nehmen und dieselbe Masche noch einmal links stricken. Abwechselnd rechte und linke Maschen arbeiten, bis die gewünschte Maschenzahl erreicht ist.

Eine doppelte Zunahme aus einer Masche ermöglicht es, Maschen innerhalb eines 1 rechts, 1 links gestrickten Rippenbündchens zuzunehmen, ohne dadurch die rechten und linken Rippen zu verschieben.

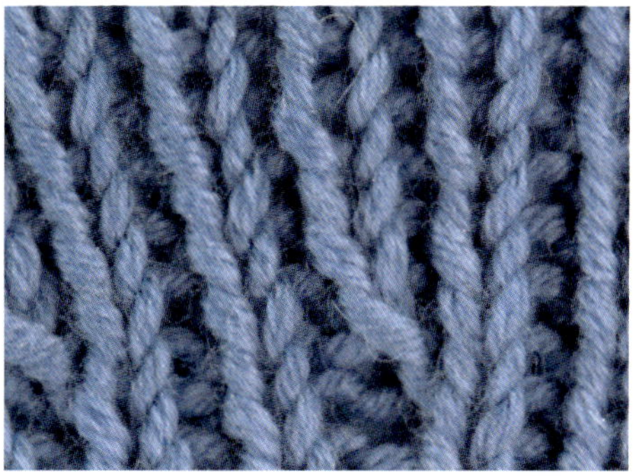

NOPPEN

Noppen sind kleine Glanzstückchen im Strickmuster. Es gibt sehr viele verschiedene Arten, wie Noppen unterschiedlichster Art, Form und Größe gearbeitet werden können.

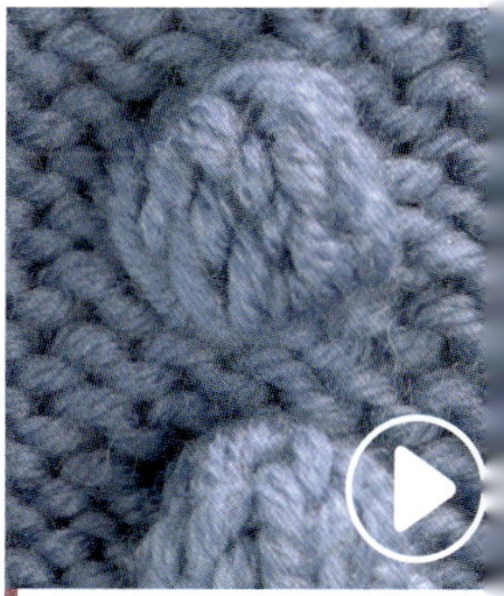

Video: Noppen

Um kleine, recht feste Noppen zu arbeiten, die im Strickmuster Akzente setzen, ohne allzu sehr aufzutragen, an der gewünschten Stelle 6 Maschen aus einer Masche herausstricken und nacheinander die 5., 4., 3., 2. und 1. Masche über die 6. Masche heben.

STRICKTRICK

Größer und auffälliger fallen die Noppen aus, wenn man nach dem Herausstricken der 6 Maschen die Arbeit wendet und noch 1–3 Reihen glatt rechts nur über diese 6 Maschen strickt, bevor 5 der 6 Maschen übergezogen werden.

ZU- UND ABNAHMEN

- ● = 1 Randmasche als Nahtrand (in Hinreihen rechts, in Rückreihen links)
- ■ = 1 Masche rechts
- − = 1 Masche links
- ◆ = 1 Masche rechts verschränkt
- ○ = 1 Umschlag
- ◢ = 2 Maschen rechts zusammenstricken
- ◿ = 2 Maschen links zusammenstricken
- ◣ = 1 Masche wie zum Rechtsstricken abheben, nächste Masche rechts stricken, abgehobene Masche überziehen
- ▲ = 3 Maschen rechts verschränkt zusammenstricken
- ⊗ = 2 Maschen rechts zusammenstricken, die alten Maschen aber nicht von der Maschennadel abheben, sondern noch einmal links stricken
- ⇕ = 1 Masche abketten
- N = 1 Noppe: aus der folgenden Masche 6 Maschen herausstricken (1 rechts, 1 links im Wechsel), dann nacheinander die 5., 4., 3., 2. und 1. Masche über die 6. Masche ziehen

TROPFENZACKEN

In den Rückreihen alle Maschen stricken wie sie erscheinen, Umschläge in Rückreihen links abstricken.

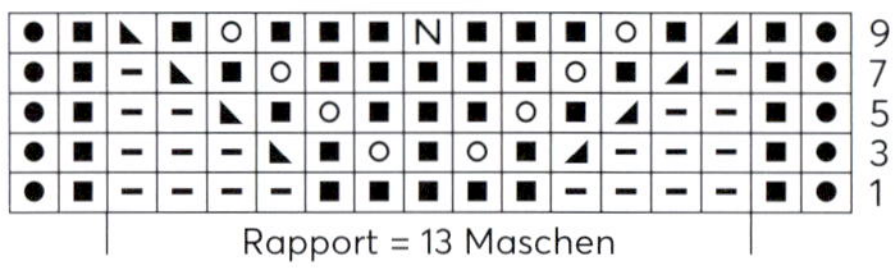

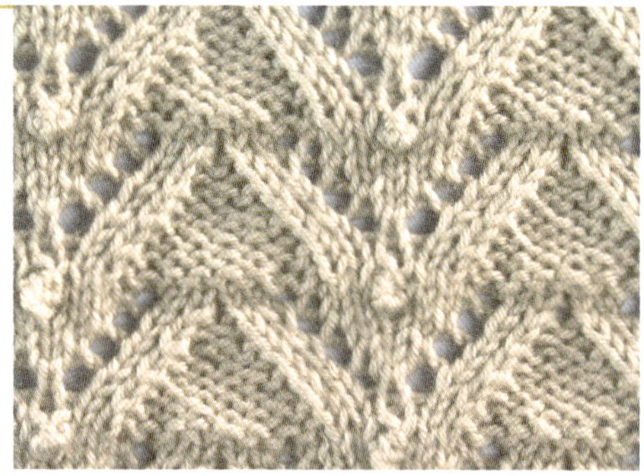

PFAUENFEDER

Hinreihen und Rückreihen mustern.

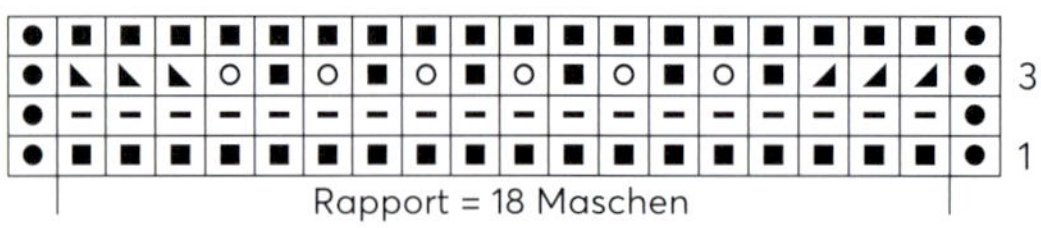

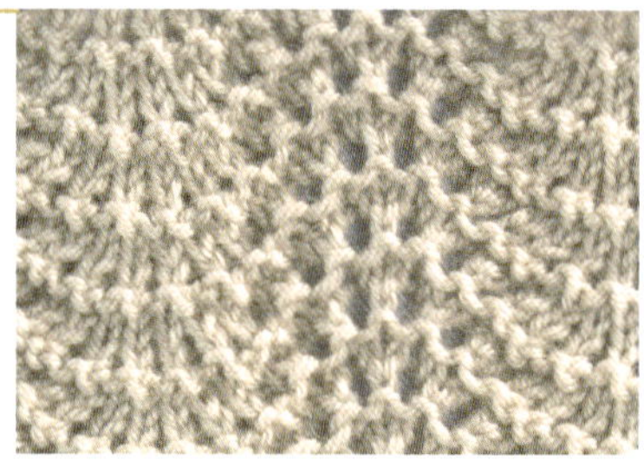

BLÜMCHEN

In den Rückreihen alle Maschen stricken wie sie erscheinen.

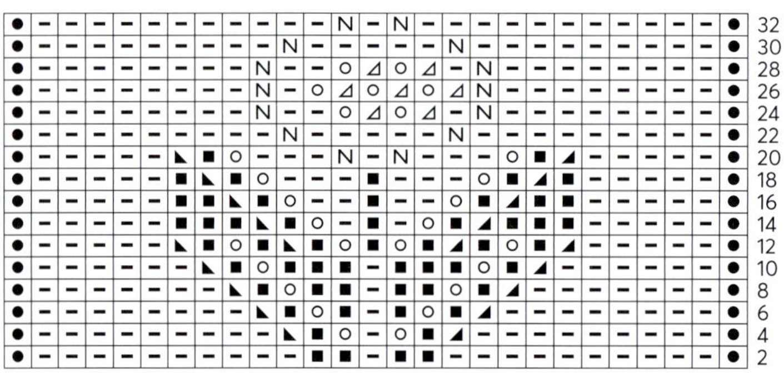

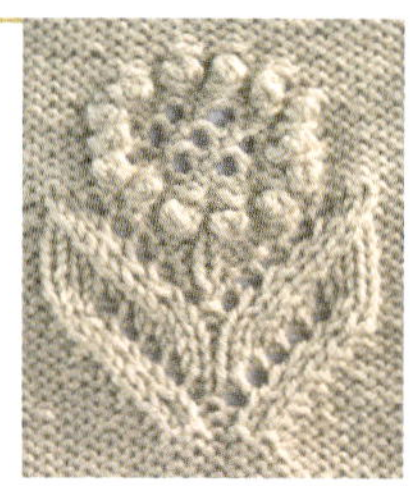

WATTWURM

In den Rückreihen alle Maschen stricken wie sie erscheinen.

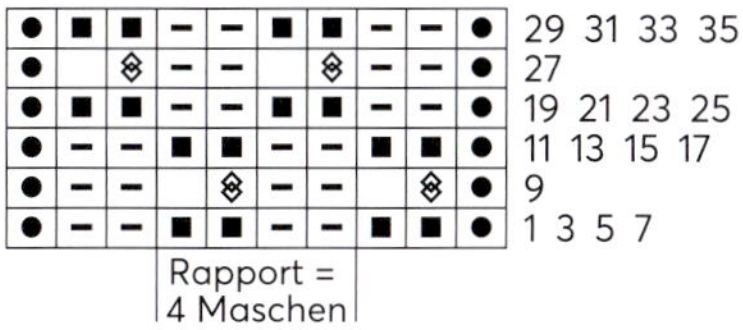

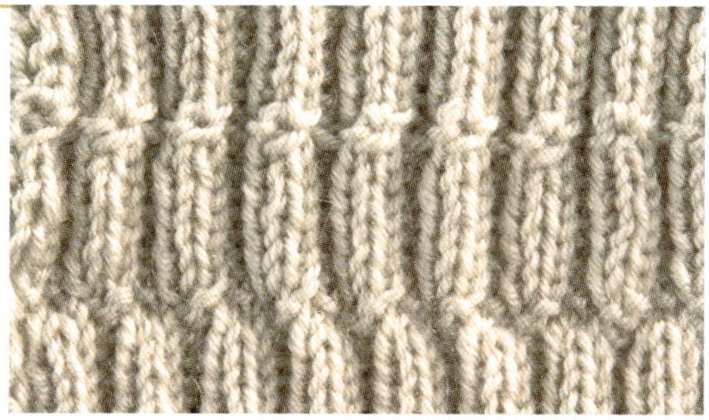

SPITZENBORTE

Zunächst 3 Maschen anschlagen, dann mit der ersten Rückreihe beginnen. Hinreihen und Rückreihen mustern.

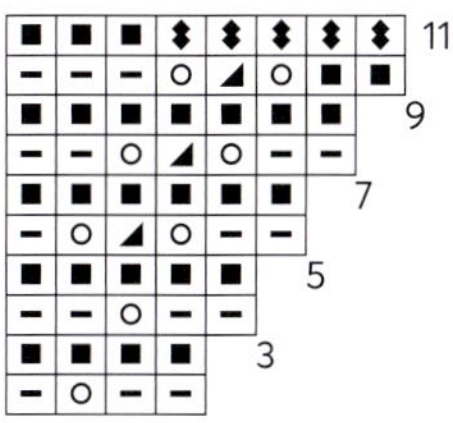

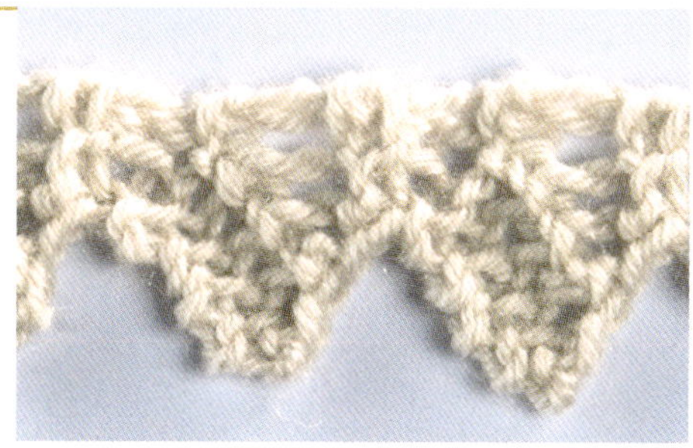

VERSCHRÄNKTE KURVEN

In den Rückreihen alle Maschen stricken, wie sie erscheinen. Rechts verschränkte Maschen der Vorderseite auf der Rückseite links verschränkt stricken.

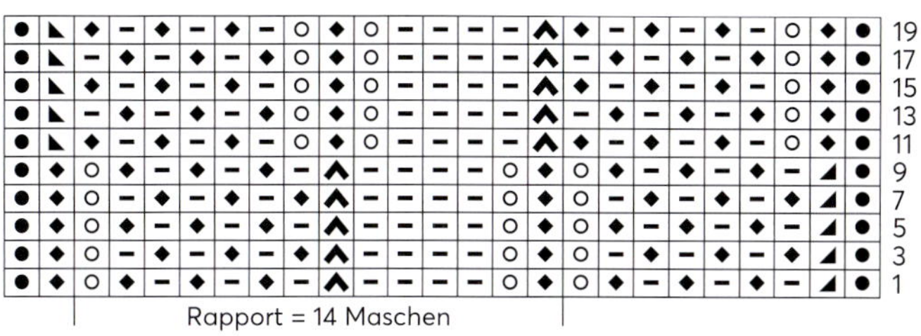

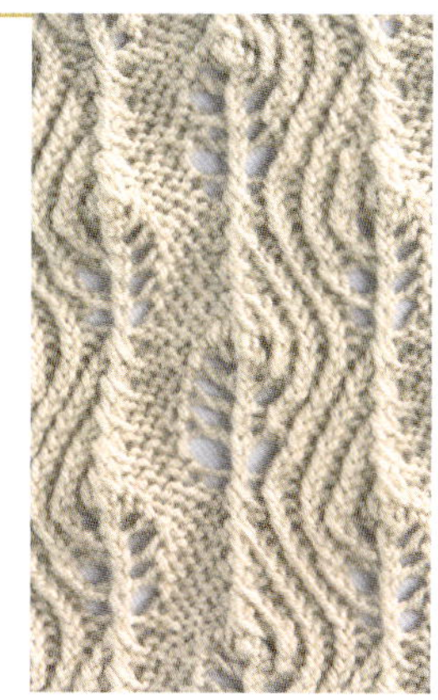

HINWEIS

Leere Kästchen können beim Stricken übersprungen werden.

HINWEIS

Weitere Muster finden Sie auch in der TOPP Digitalen Bibliothek www.topp-kreativ.de/digibib.
Der Freischaltcode dazu steht im Impressum auf Seite 156.

[●] = 1 Randmasche als Nahtrand (in Hinreihen rechts, in Rückreihen links)

[■] = 1 Masche rechts

[−] = 1 Masche links

[◆] = 1 Masche rechts verschränkt

[○] = 1 Umschlag

[◢] = 2 Maschen rechts zusammenstricken

[◣] = 1 Masche wie zum Rechtsstricken abheben, nächste Masche rechts stricken, abgehobene Masche überziehen

[◿] = 2 Maschen links zusammenstricken

[△] = 3 Maschen rechts überzogen zusammenstricken: 1 Masche wie zum Rechtsstricken abheben, 2 Maschen rechts zusammenstricken und die abgehobene Masche überziehen

[⊖] = 1 Masche mit 1 Umschlag wie zum Linksstricken abheben

[▲] = 3 Maschen rechts überzogen zusammenstricken: 1 Masche wie zum Rechtsstricken abheben, 2 Maschen rechts zusammenstricken, abgehobene Masche überziehen

[∀] = 2 Maschen aus 1 Masche herausstricken

[↓] = 1 tiefgestochene Masche (= in die Masche 1 Reihe tiefer einstechen und rechts stricken)

ZACKENTÜRME

In den Rückreihen alle Maschen stricken wie sie erscheinen.

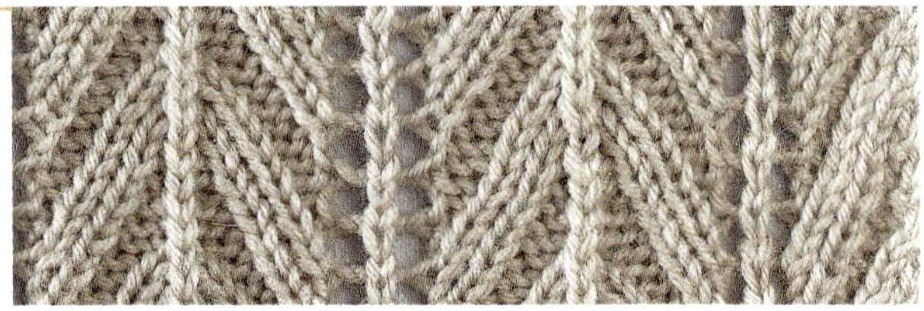

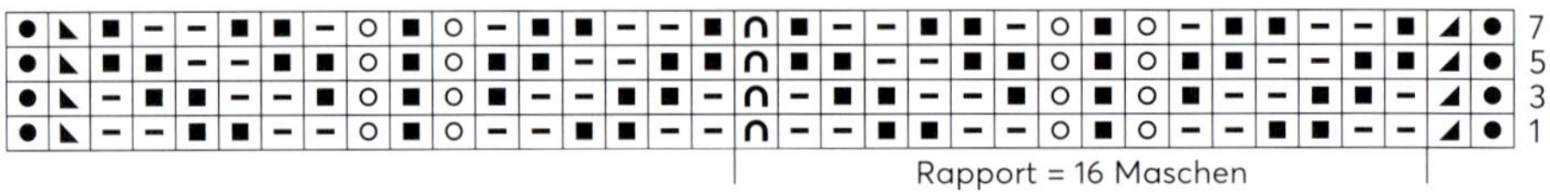

ZACKENSPIEL

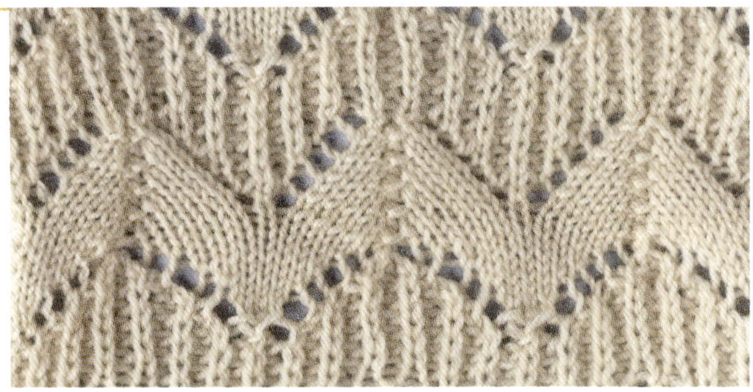

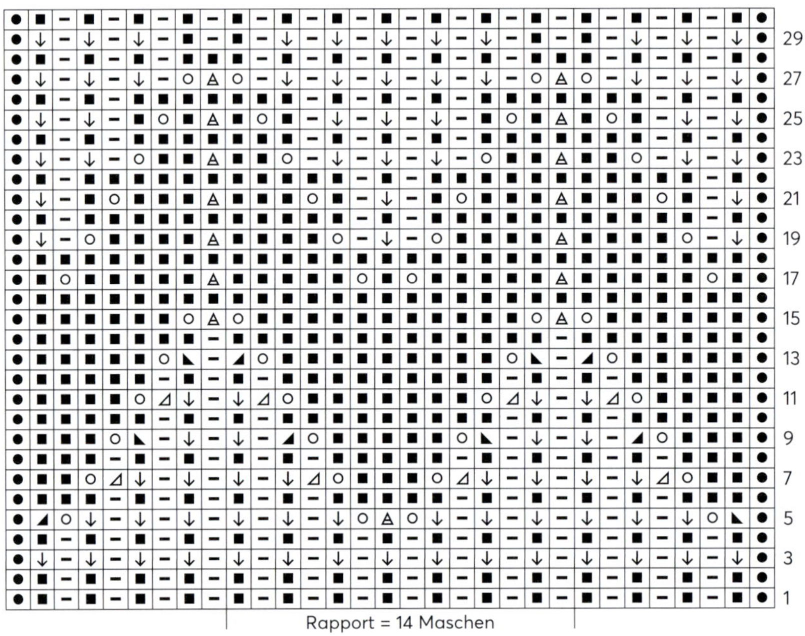

BLÜTENKELCHE

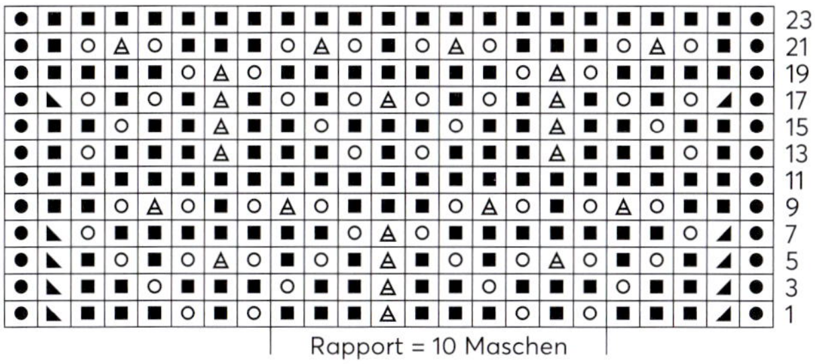

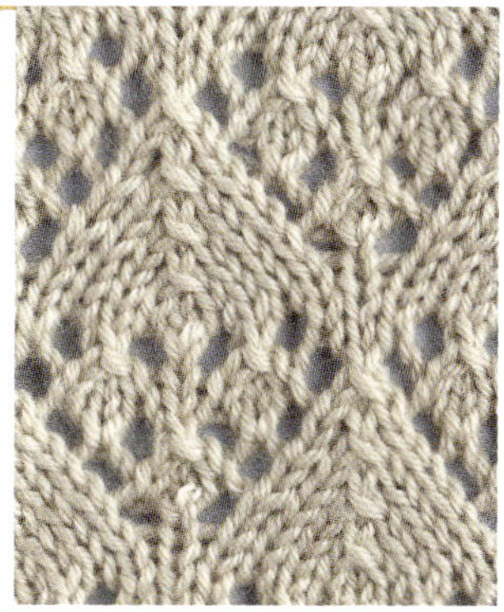

RHOMBENRAND

Reihen 3–22 stets wiederholen.

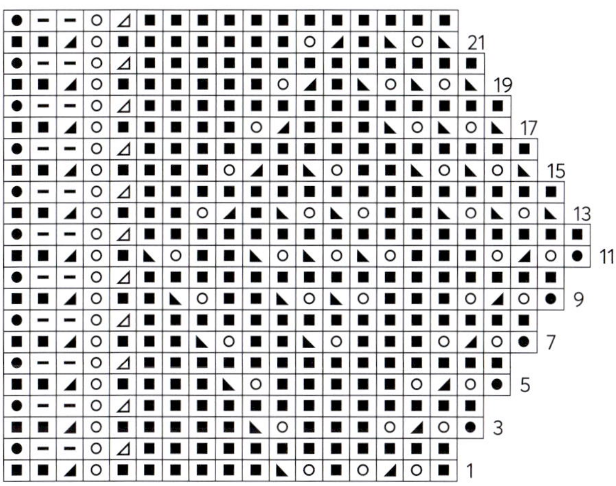

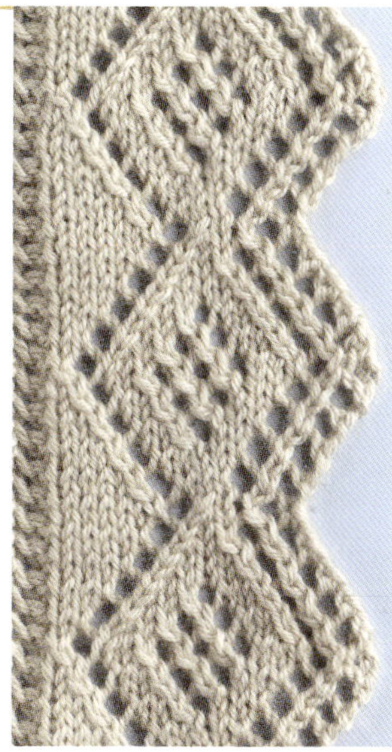

MAIGLÖCKCHEN

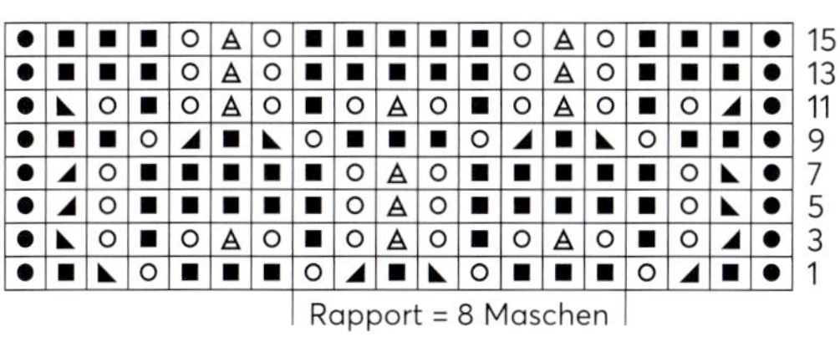

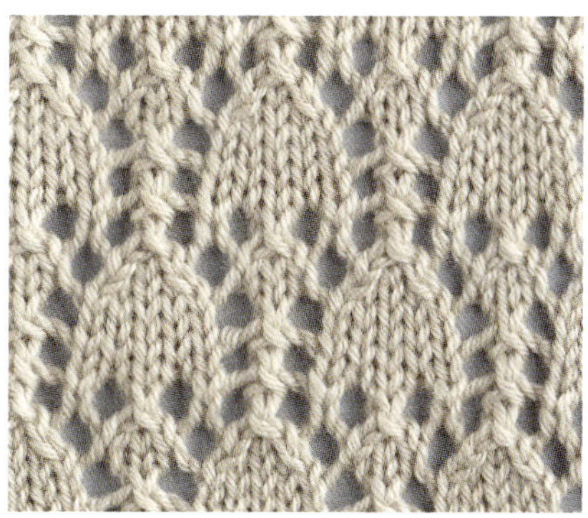

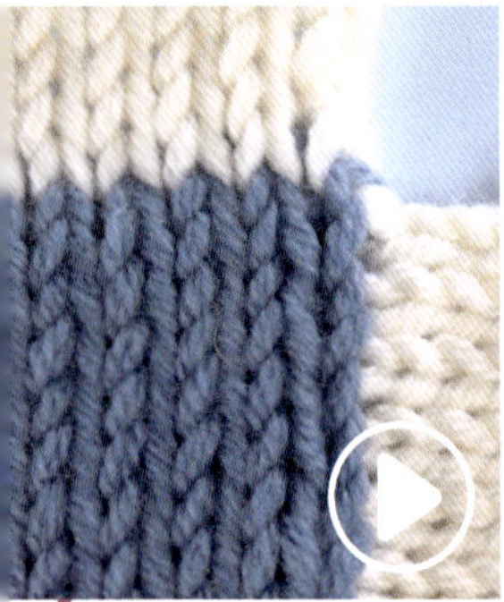

Video: Maschen auffassen

NEUE MASCHEN AUFFASSEN

Für Kragen, Blenden, Bündchen oder Taschen kann es nötig werden, an einer Strickkante erneut anzusetzen und ein weiteres Stückchen zu stricken, manchmal sogar senkrecht zur vorherigen Strickrichtung oder entlang einer Rundung oder Schräge.

AUFFASSEN AUS EINEM WAAGRECHTEN RAND

Zum Auffassen aus einem oberen waagrechten Rand wird eine Reihe unter der Abkettkante aus jeder zuvor abgeketteten Masche jeweils eine neue Masche aufgefasst (1 aus 1).

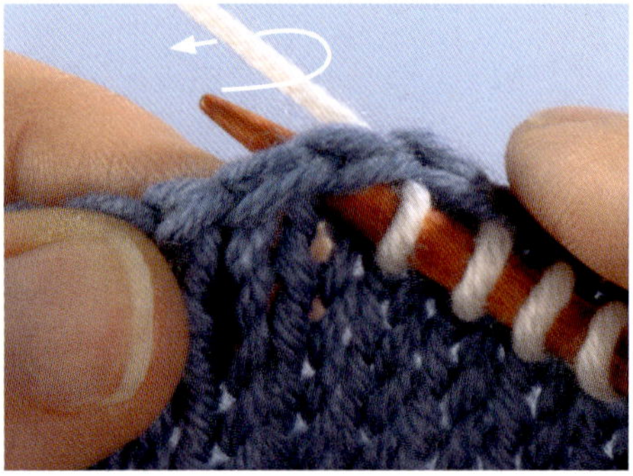

Mittig in jede Masche und nicht etwa zwischen 2 Maschen einstechen. Dabei kann man sich leicht an dem „V" einer rechten Masche orientieren.

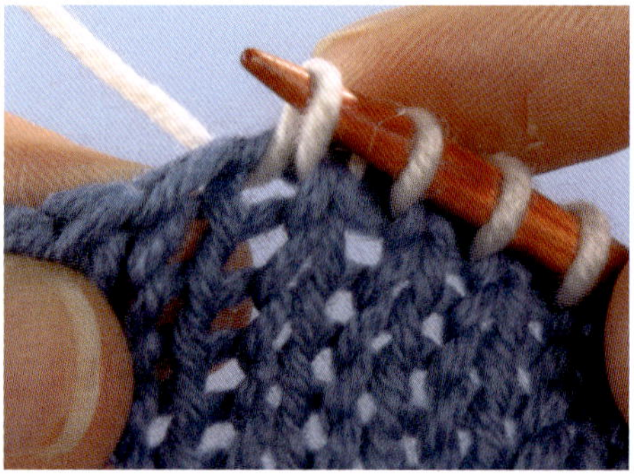

Den Faden von unten zwischen Nadel und Strickrand nach oben führen und die neu aufgefasste Masche mit der Arbeitsnadel durchziehen.

Auf ganz ähnliche Weise werden Maschen an einem unteren, waagerechten Rand aufgefasst. Auch hier mittig in das Maschen-„V" rechter Maschen einstechen und abstricken. Da das Strickstück hier aber kopfüber weitergearbeitet wird, sticht man auf diese Weise nicht mittig in eine Masche, sondern zwischen 2 Maschen ein. So passen sich die neu aufgefassten Maschen genau ins Strickmuster ein.

STRICKTRICK

Beim Auffassen neuer Maschen sollte man stets die Vorderseite eines Strickstücks vor Augen haben, dann legt sich die Anschlag-, Abkett- oder Seitenkante nach innen auf die Rückseite des Strickstücks.

AUFFASSEN AUS EINEM SENKRECHTEN RAND

Um neue Maschen an einem senkrechten Strickrand aufzufassen, kann nicht einfach aus jeder Strickreihe eine Masche herausgestrickt werden. Da eine Masche breiter ist als hoch, wäre das neu angesetzte Stück zu weit.
Eine gute Faustregel ist die 3-aus-4-Regel: 3 Maschen sind so breit, wie 4 Reihen hoch sind. Das heißt: Immer 3 Maschen aus 4 Reihen aufnehmen.

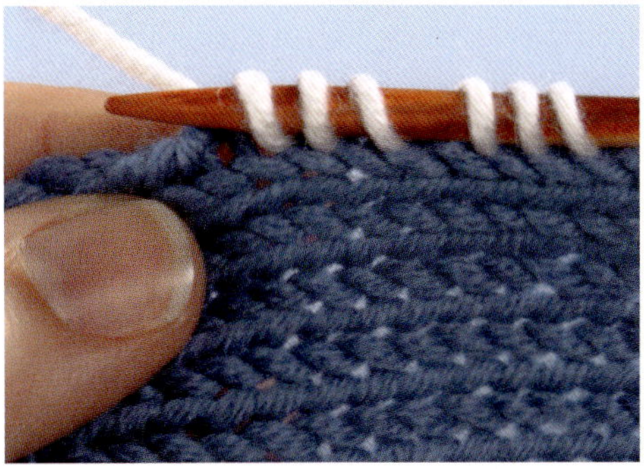

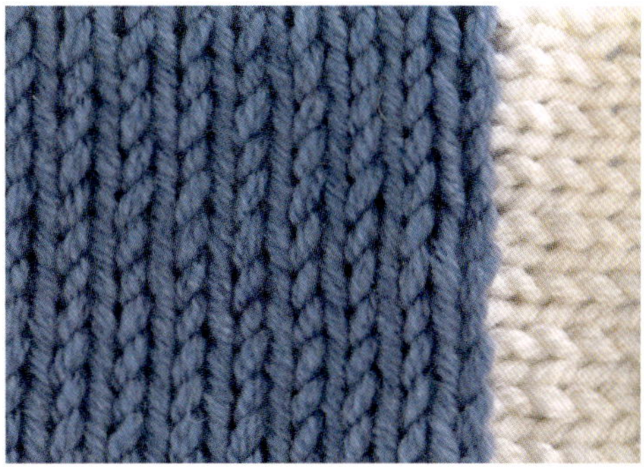

Aus 3 Reihen jeweils 1 neue Masche auffassen. Die 4. Reihe auslassen und aus den folgenden 3 Reihen erneut je 1 neue Masche herausstricken.

AUFFASSEN AUS SCHRÄGEN ODER RUNDUNGEN

Um neue Maschen aus Schrägen oder Rundungen aufzunehmen, werden einfach die beiden Prinzipien (3 aus 4) und (1 aus 1) kombiniert.

Immer 3 Maschen aus 4 Reihen auffassen und für jede Abnahme oder Zunahme genau 1 Masche zusätzlich herausstricken. Um dabei Löcher an den Zu- oder Abnahmen zu vermeiden, immer 1 Masche vom Rand entfernt einstechen.

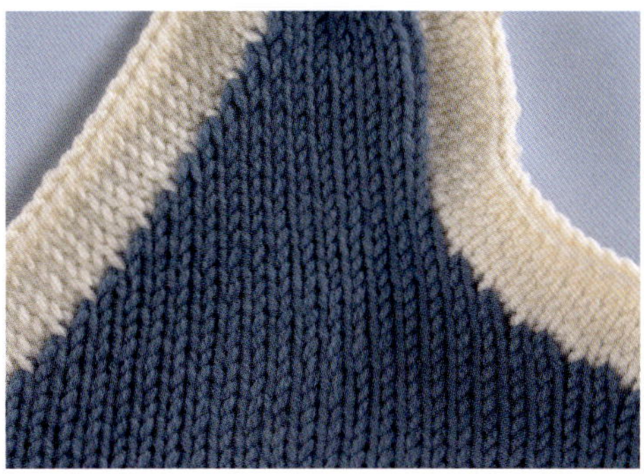

HINWEIS

Die Randmaschen der Seitenteile sollten möglichst als Nahtrand, doppelter Perlrand oder Schweizer Rand gearbeitet werden. Diese Ränder bieten den Vorteil, dass die Randmaschen klein und fest ausfallen, sodass sich keine Löcher bilden, wenn seitlich neue Maschen herausgestrickt werden. Werden neue Maschen an einen Kettrand angesetzt, weiten sich die Maschen sehr und der Übergang wird ungleichmäßig.

STRICKTRICK
Wenn die Nähte durch die Wahl der richtigen Randmaschen nicht zu dick ausfallen, können alle zu vernähenden Endfäden leicht mit einigen Stichen durch die inneren Nahtmaschen befestigt werden.

ÄRMEL EINNÄHEN

Auch beim Einsetzen von Ärmeln stoßen Strickstücke im rechten Winkel aneinander. Es sollen Maschen an Reihen genäht werden, ohne dass sich die Passform verzieht. Dabei hilft wieder die 3-aus-4-Regel.

Im Absatz „Ausarbeitung" einer Anleitung findet man oft als ersten, vorbereitenden Satz: „Schulter-, Seiten- und Ärmelnähte schließen." Dazu Vorder- und Rückenteil nebeneinanderlegen und am besten zunächst die Maschen der beiden Schulternähte im Maschenstich schließen (S. 42). Als Nächstes die beiden Seiten von Vorder- und Rückenteil im Matratzenstich so weit schließen, dass noch eine Öffnung von etwa 5 cm mehr als obere Ärmelweite bleibt. Den Faden einfach auf die Innenseite des Strickstücks ziehen und später damit weiterarbeiten. Nun auch noch die unteren Ärmelnähte im Matratzenstich schließen.

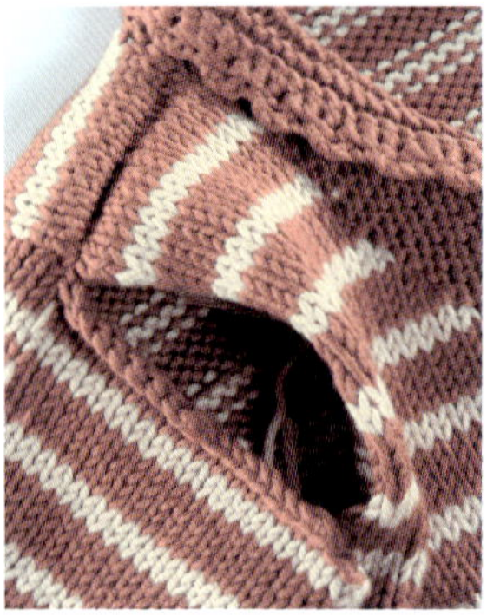

Um einen Ärmel passend in das Ärmelloch einzusetzen, zunächst die obere Mitte des Ärmels, also die Stelle, die später an die Schulternaht stoßen wird, mit einer Stecknadel oder einem Kontrastfaden markieren. Von dieser Stelle ausgehend den Ärmel auf beiden Seiten jeweils von der Schulternaht bis zur unteren Ärmelnaht im Matratzenstich an Vorder- und Rückenteil annähen. Dabei am Vorder- oder Rückenteil immer 2 Querfäden neben den Randmaschen erfassen und vom Ärmel abwechselnd einmal 2 und einmal 1 Maschenschenkel im Matratzenstich vernähen. Die untere Ärmelnaht muss mit der Seitennaht von Vorder- und Rückenteil zusammenstoßen.

KNOPFLÖCHER ARBEITEN

Es gibt viele Arten, Knopflöcher in ein Strickstück zu stricken. Am besten orientiert man sich dazu an der Größe des Knopfes, zu dem das Knopfloch passen soll.

HINWEIS
Ein zu groß ausgefallenes Knopfloch kann zum Schluss noch mit wenigen Stichen ein wenig enger genäht werden.

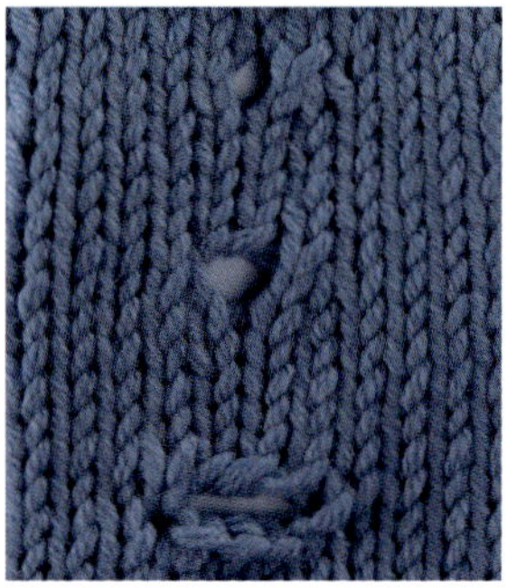

Für sehr kleine Knopflöcher an der entsprechenden Stelle 2 Maschen mit Rechtsneigung zusammenstricken und 1 Umschlag arbeiten.
Etwas größer werden die Knopflöcher, wenn nach einer einfachen Abnahme 2 Umschläge und erneut eine einfache Abnahme gearbeitet werden. Die beiden Umschläge in der folgenden Reihe einmal mustergemäß und einmal verschränkt stricken.
Für große Knopflöcher an der entsprechenden Stelle die gewünschte Anzahl an Maschen abketten, die gleiche Anzahl an Maschen in der Folgereihe wieder aufschlingen.

STRICKTRICK
Um die etwas in die Länge gezogene 1. Masche nach dem Knopfloch wieder auf Normalmaß zu bringen, in der 2. Reihe über dem Knopfloch den Querfaden zwischen Knopfloch und Masche verdreht mit auf die Maschennadel heben und mit der Masche zusammenstricken.

VERKÜRZTE REIHEN

Verkürzte Reihen ermöglichen es, über einen Teil der Maschen mehr Reihen zu stricken als über andere Maschen der gleichen Reihe. Das wird besonders zur Formgebung eines Strickstücks genutzt. Dazu werden nicht alle Maschen bis zum Reihenende gestrickt. Stattdessen wird die Arbeit nach einer besonders beschriebenen Masche mitten in der Reihe, der Wendemasche, gewendet. Die restlichen Maschen der Reihe bleiben ungestrickt. Damit später an diesen Übergängen keine Löcher entstehen, gibt es verschiedene Möglichkeiten, die Wendemaschen zu präparieren. Eine leichte und zuverlässige Art, verkürzte Reihen ohne Seitenlöcher zu arbeiten, bieten die Doppelmaschen.

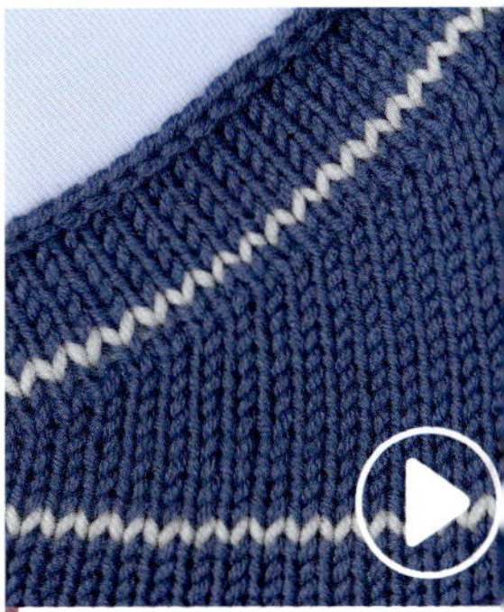

Video: Verkürzte Reihen

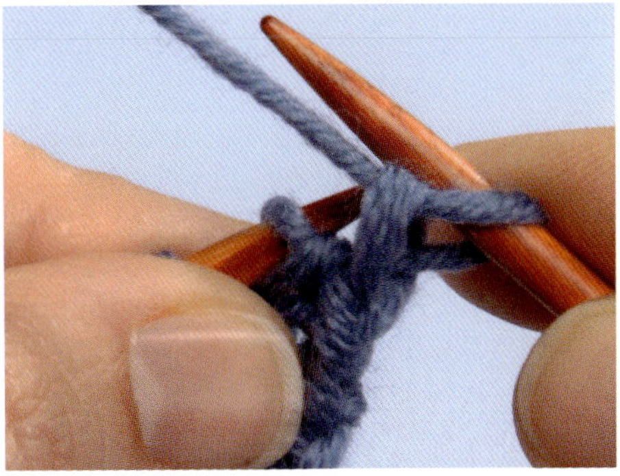

Dazu die 1. Masche nach dem Wenden mit dem Faden vor der Arbeit wie zum Linksstricken abheben …

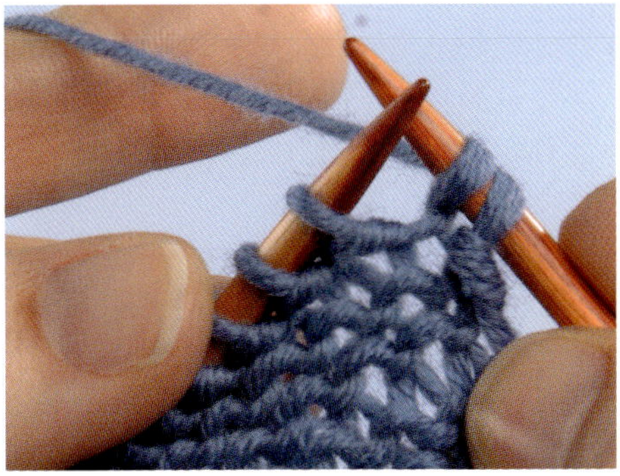

… und den Arbeitsfaden so fest nach hinten ziehen, dass sich die beiden Maschenschenkel der Vorreihe über die Nadel legen.

HINWEIS
Soll so eine Doppelmasche in einer späteren Reihe wieder abgestrickt werden, gut darauf achten, die Doppelmasche als 1 Masche zu stricken (nicht etwa als 2 Maschen!) und dazu gleichzeitig in beide Schlingen einzustechen.

WICKELJÄCKCHEN
FÜR MINIS

GRÖSSE
62-68/74-80

Die Angaben für die kleinere Größe stehen vor, für die größere Größe nach dem Schrägstrich. Steht nur eine Angabe, gilt diese für beide Größen.

MATERIAL
Lana Grossa Meilenweit 150 6-fach (LL 390 m/150 g) in Altrosa (Fb 9223) und Natur Meliert (Fb 9228), oder in Graublau Meliert (Fb 9226) und Grau Meliert (Fb 8961), je 150 g

Rundstricknadel 3,5 mm

Maschenmarkierer

3 farblich passende Knöpfe, ø 10 mm

1 Druckknopf zum Annähen

MASCHENPROBE
Glatt rechts mit Nd 3,5 mm
21 M und 27 R
= 10 cm x 10 cm

Glatt rechts
In Hinr rechte M, in Rückr linke M str.

Streifenfolge Rosa
* 2 R Natur Meliert, 4 R Altrosa; ab * stets wiederholen.

Streifenfolge Blau
* 2 R Grau Meliert, 4 R Graublau Meliert; ab * stets wiederholen.

ANLEITUNG

Rückenteil
56/62 M in Altrosa bzw. Graublau Meliert anschl und 5 R kraus rechts str.
Dann glatt rechts in der Streifenfolge arb. In einer Höhe von 13 cm/14 cm ab Beginn der Streifenfolge für die Armausschnitte an beiden Seiten 1x 3 M und dann in jeder 2. R noch 2x 1 M/1x 2 M und 1x 1 M abk (= 46/50 M).
In einer Höhe von 12 cm/13 cm ab Armausschnitt an beiden Seiten 1x 4 M/1x 5 M, dann in jeder 2. R noch 2x 4 M abk. Die restlichen 22/24 M stilllegen.

Rechtes Vorderteil
56/62 M in Altrosa bzw. Graublau Meliert anschl und 5 R kraus rechts str.
Dann glatt rechts in der Streifenfolge arb. In einer Höhe von 11 cm/12 cm ab Beginn der Streifenfolge für den Halsausschnitt in der folgenden Hinr am rechten Rand 1x 5 M abk, dann in jeder 2. R noch 1x 5 M, 3x 3 M, 6x 2 M und 5x 1 M/1x 5 M, 4x 3 M, 6x 2 M und 6x 1 M abk. Dann in jeder 4. R noch 3x 1 M abk. Gleichzeitig in einer Höhe von 2 cm ab Beginn des Halsausschnitts am linken Rand für den Armausschnitt 1x 3 M, dann in jeder 2. R noch 2x 1 M/1x 2 M und 1x 1 M abk und in einer Höhe von 12 cm/13 cm ab dem Beginn des Armausschnitt für die Schulterschrägung 1x 4 M/1x 5 M, dann in jeder 2. R noch 2x 4 M abk.

Linkes Vorderteil
Gegengleich zum rechten Vorderteil arb.

Ärmel
36/40 M in Altrosa bzw. Graublau Meliert anschl und 5 R kraus rechts str.
Dann glatt rechts in der Streifenfolge arb, dabei an beiden Seiten für die Ärmelzun in der 1. Hinr und noch 7x in jeder 6. R je 1 M zunehmen (= 52/56 M). Dann weiter glatt rechts str.
In einer Höhe von 17 cm/20 cm ab dem Beginn der Streifenfolge für die Armkugel an beiden Seiten 1x 5 M, 1x 3 M, 2x 2 M, 3x 1 M, 1x 2 M, 1x 3 M/1x 5 M, 2x 3 M, 2x 2 M, 2x 1 M, 1x 2 M, 1x 3 M abk, dann die restlichen 12 M abk. Den zweiten Ärmel ebenso arb.

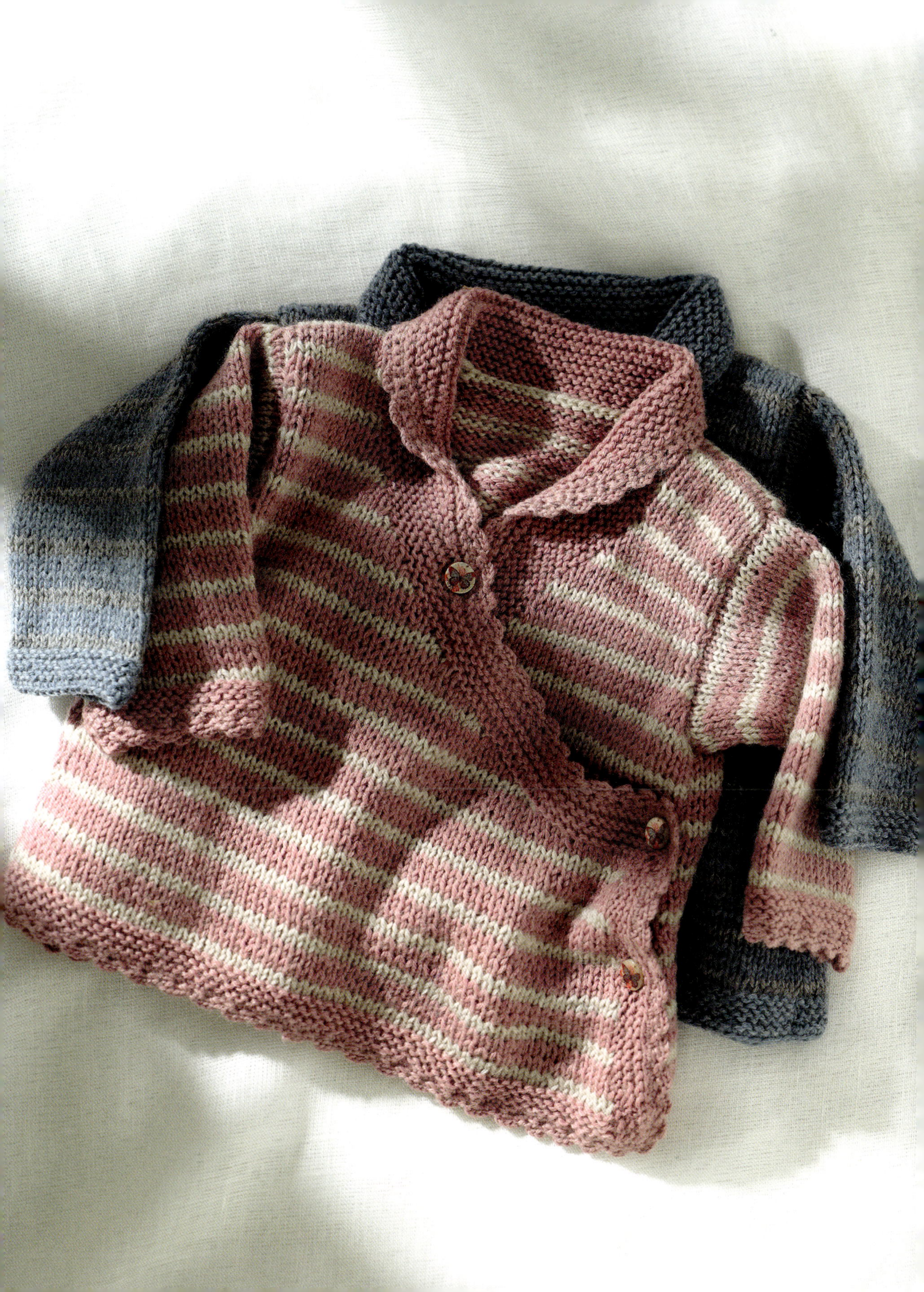

Fertigstellen

Alle Teile vorsichtig dämpfen oder anfeuchten und trocknen lassen. Schulter-, Seiten- und Ärmelnähte im Matratzenstich schließen und die Ärmel einnähen.
Aus den beiden kurzen Seiten je 30 neue M in Altrosa bzw. Graublau Meliert auffassen und kraus rechts str, dabei für Mädchen am rechten Vorderteil, für Jungen am linken Vorderteil 2 Knopflöcher einarb: In der 2. R nach 3 M und nach weiteren 9 M jeweils 2 M abk und in der folgenden R neu aufschlingen. Nach insgesamt 5 kraus rechts gestrickten R alle M locker abk.
Aus beiden Vorderteilen und dem Halsausschnitt in einem Stück neue M auffassen bzw. die stillgelegten M wieder aufnehmen und 3 R kraus rechts str. Für den Schalkragen in der nächsten R (Hinr) einen M-Markierer hinter der M auf die Stricknd einhängen, die sich auf Höhe des unteren Ärmelausschnittes befindet. Dazu kann man sich leicht am Streifenmuster der Jacke orientieren. Weiter glatt rechts str, bis zu der entsprechenden M des linken Vorderteils. Wenden, die 1. M als Dm abheben, 2 M rechts str, den M-Markierer einhängen und bis zur markierten M des rechten Vorderteils str. Den M-Markierer abheben und wie in der R zuvor die Arbeit wenden, die 1. M als Dm abheben, 2 M rechts str, den Markierer einhängen und bis zum nächsten Markierer rechts str. Auf diese Weise jeweils bis auf 2 M an die untere Dm heranstr und wie beschrieben wenden, bis an beiden Seiten je 8/9 Dm gearbeitet wurden. Nach der 8./9. Dm des rechten Vorderteils alle M und Dm bis zur Verschlussblende des linken Vorderteils str. Noch 2 R rechte M str, dabei in der 1. R an dem Vorderteil, an dem sich auch die übrigen Knopflöcher befinden, für Jungs auf der Höhe der untersten Dm, für Mädchen zwischen den letzten beiden Dm ein Knopfloch wie oben beschrieben arb. bis zur Verschlussblende des rechten Vorderteils str. Nach der 2. R alle M locker abk.
Alle Blenden mit 1 Rd feste M umhäkeln. Die Mädchenjacke zusätzlich noch mit 1 Rd Picots umhäkeln.
Die Knöpfe auf Höhe der Knopflöcher annähen. An der innenliegenden Ecke, an der Seitenblende und Kragenblende aneinanderstoßen, einen Druckknopf annähen. Das Gegenstück dazu an der entsprechenden Jackeninnenseite annähen. Dazu nur vorsichtig in die Fäden einstechen und nicht bis zur Vorderseite durchnähen.

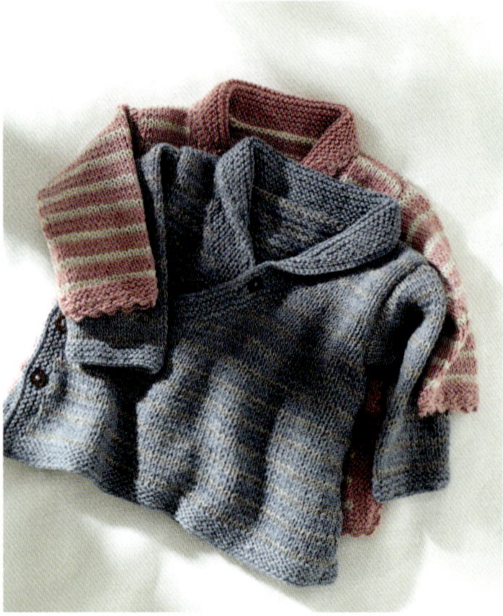

ALTE ZÖPFE IMMER NEU

Zopfmuster gehören zu den beliebtesten Strickmustern. Sie entstehen, wenn Maschengruppen in neuer Reihenfolge angeordnet werden. Sehr plastisch treten Zöpfe hervor, wenn sie von linken Maschenstreifen abgesetzt werden.

Am einfachsten lassen sich Zöpfe mit Hilfe einer dritten (Hilfs-)Nadel stricken. Das kann eine spezielle Zopfnadel mit Vertiefung in der Mitte sein oder eine einfache Spielnadel. Wichtig ist nur, dass sie an beiden Seiten Strickspitzen hat, um die Zopfmaschen auf der einen Seite abheben und auf der andere Seite abgeben zu können. Das Prinzip ist bei allen Zopfmustern gleich:
Ein einfacher Zopf besteht aus 2 Maschengruppen mit gleicher oder unterschiedlicher Anzahl an Maschen, die wie bei einer gedrehten Kordel umeinandergeschlungen werden sollen.
An der Stelle, an der der Zopf gearbeitet werden soll, die Maschengruppen also ihren Platz tauschen oder wie im Bild die Kordel einmal gedreht wird, wird die erste Maschengruppe ungestrickt auf eine Zopfnadel gehoben und vor oder hinter Maschen und Nadeln stillgelegt. Die Aufgabe dieser dritten Nadel ist also eine Art Parkhilfe außerhalb des Strickgeschehens.
Ob die Maschen vor oder hinter der Arbeit parken, entscheidet darüber, welche Maschengruppe im Zopf oben aufliegt und damit in welche Richtung sich der Zopf/die Kordel dreht.
Wenn zunächst die Maschengruppe von der Maschennadel und dann erst die Maschengruppe von der Zopfnadel gestrickt wird, haben beide Stränge den Platz getauscht und sind verzopft. Dabei bestimmt die Anzahl der Maschen, die miteinander verkreuzt werden, die Breite eines Zopfes. Die Anzahl an Reihen, die zwischen den Zopfreihen gearbeitet werden, bestimmt die Höhe eines Zopfes.

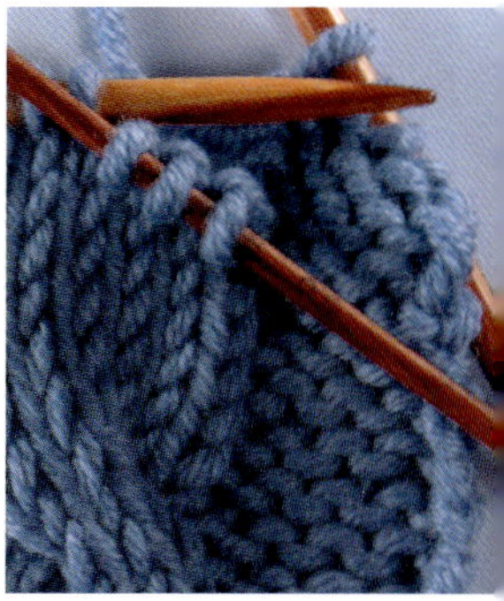

HINWEIS

Durch das Übereinanderlegen und Verkreuzen der Maschengruppen ziehen sich Zopfmuster zusammen, umso stärker, je mehr Maschen verzopft werden. Somit ändert sich auch die Maschenprobe. Um beim Abketten eines Zopfmusters eine zu weite Abkettkante zu vermeiden, in der letzten Reihe vor dem Abketten 1 bis 2 Maschen pro Zopf abnehmen und über die reduzierte Maschenzahl abketten.

STRICKTRICK

Um den Überblick über die unverzopften Zwischenreihen zu behalten, ohne nach jeder Zwischenreihe ein Strichlein auf Papier zu notieren, ist es hilfreich, Reihen in Zöpfen zählen zu können. Dadurch, dass sich die Maschen beim Verkreuzen verziehen, ist es aber nicht immer leicht zu erkennen, in welcher Reihe genau gezopft wurde und ab welcher Reihe gezählt werden muss. Orientierung gibt das Spannloch: An der Basis eines Zopfes, an der Stelle, an der sich der oben aufliegende Strang aus seiner ursprünglichen Bahn neigt, entsteht ein Spannloch, das sich leicht finden lässt, wenn man den Strickstoff an dieser Stelle etwas auseinanderzieht. Zählt man nun die Querfäden über dem Spannloch und rechnet die Maschen auf der Nadel noch hinzu, gibt das die Reihenzahl an, in der soeben gestrickt wird.

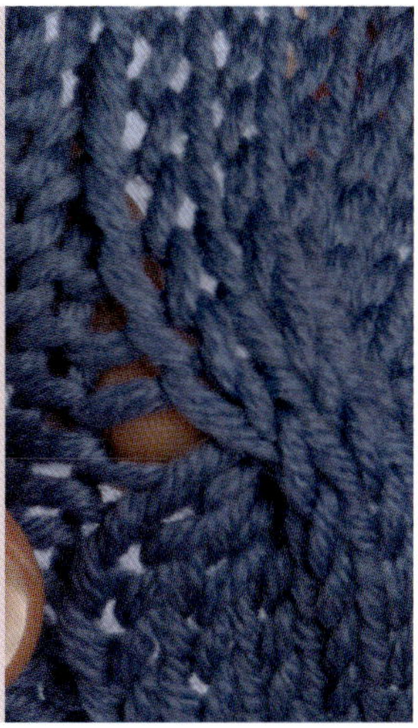

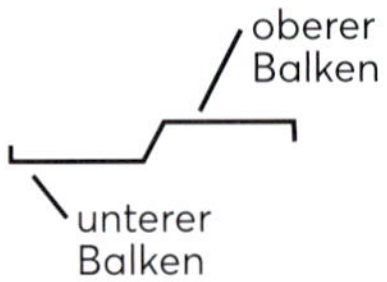

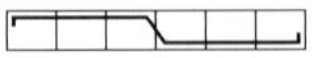
Zopf nach links

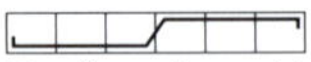
Zopf nach rechts

STRICKSCHRIFTSYMBOLE FÜR ZÖPFE

Strickschriften veranschaulichen Zopfmuster in ganz besonderer Weise. Mit ein wenig Übung lassen sich bald selbst komplizierteste Zopfmuster anhand der Klammersymbole erkennen.

Ausgehend von 2 Richtungen, in die eine Kordel gedreht werden kann, benötigt man 2 Grundgerüste, die darstellen, welche der beiden Maschengruppen obenauf liegt, und damit die Zopfrichtung angeben.

Die Maschengruppe, die auf dem unteren Balken notiert ist, ist die dominierende Maschengruppe. Sie liegt im fertigen Zopf obenauf, bleibt im Zopf auf der Vorderseite sichtbar und neigt sich in die Richtung des schräg verlaufenden Mittelbalkens.

Die Maschengruppe, die unter dem oberen Balken beschrieben ist, verschwindet im Hintergrund.

Beide Maschengruppen werden häufig glatt rechts gestrickt, können aber auch selber gemustert werden, meistens als rechte, linke oder verschränkte Masche.

Je nach Strickrichtung erreicht ein Rechtshänder immer zuerst die rechte Maschengruppe, ein Linkshänder zuerst die linke Maschengruppe.

Ganz allgemein gilt: Soll die zuerst erreichte Maschengruppe dominant auf dem Zopf aufliegen, ist also die zuerst erreichte Maschengruppe auf einem unteren Klammerbalken notiert, wird sie auf der Hilfsnadel vor die Arbeit gelegt und nach der folgenden Maschengruppe gestrickt. Damit hat ein Rechtshänder einen nach links geneigten Zopf gearbeitet und ein Linkshänder einen nach rechts geneigten Zopf.

Soll die erste Maschengruppe hinter der dominanten Maschengruppe zurücktreten, ist sie also unter dem oberen Klammerbalken notiert, wird sie auf der Hilfsnadel hinter die Arbeit gelegt und erst nach der folgenden Maschengruppe gestrickt. So erhält ein Rechtshänder einen nach rechts geneigten Zopf und ein Linkshänder einen nach links geneigten Zopf.

HINWEIS

Je fester die Maschen in der Reihe unter der Zopfreihe gestrickt wurden, desto weniger Faden steht zum Verkreuzen der Maschen zur Verfügung. Das Zopfen ist mühsamer und es bilden sich an den Seiten große Spannlöcher. Da die Maschen durch das Zopfen stark gedehnt werden (umso stärker, je mehr Maschen verzopft werden), benötigen sie etwas mehr Faden. Deshalb gut darauf achten, die Maschen der Vorreihe nicht zu fest zu stricken!

ZOPFGRÖSSEN

Zöpfe lassen sich strecken oder stauchen, indem die Anzahl der Reihen zwischen dem Verzopfen variiert wird. Umso mehr Zwischenreihen, je höher der Zopf. Die Zopfbreite wiederum hängt von der Anzahl der Maschen ab, die miteinander verzopft werden.

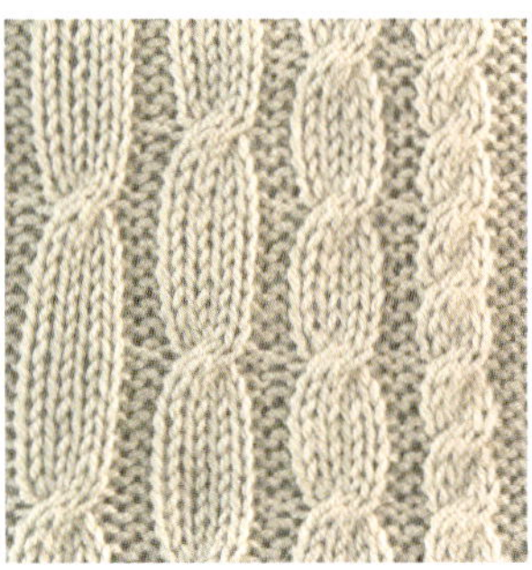

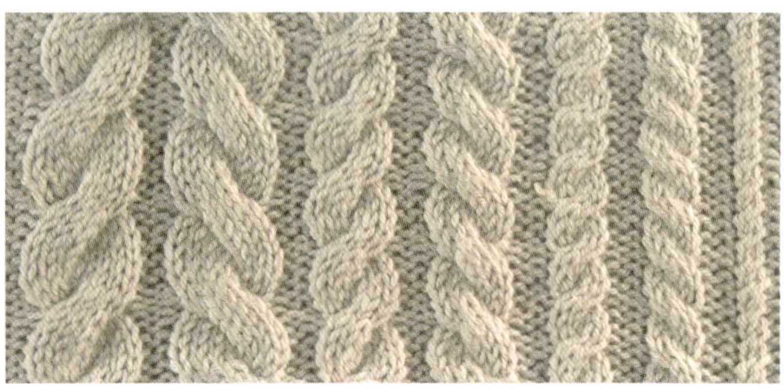

RECHTSGEDREHT VERZOPFEN

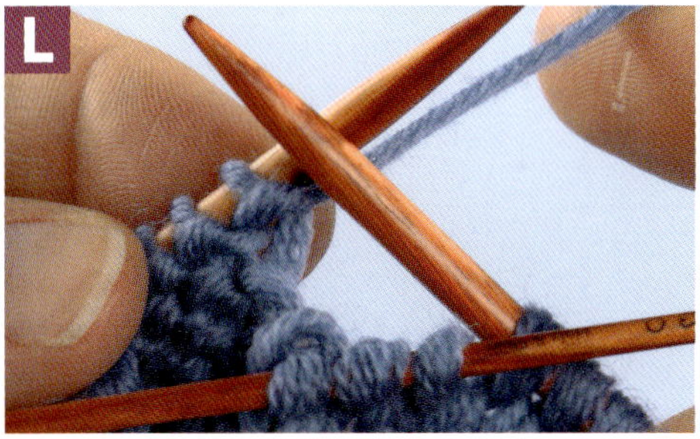

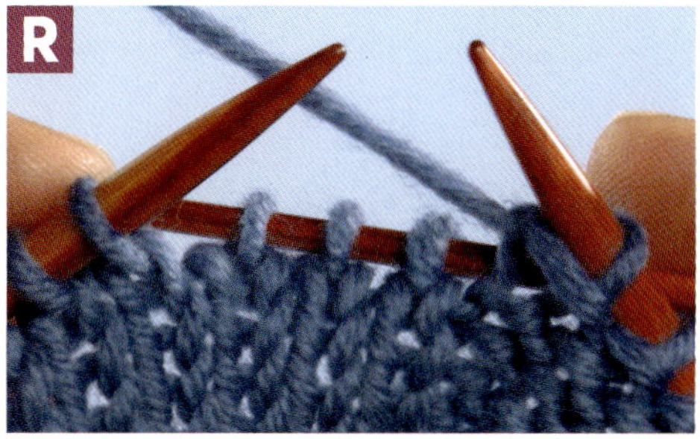

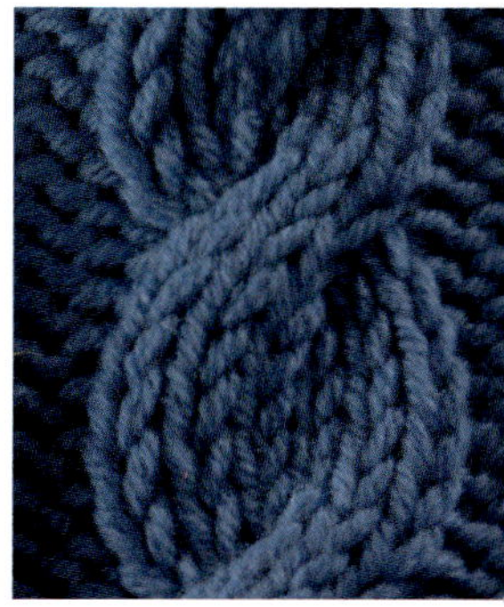

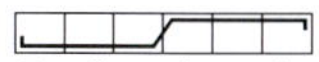

Zopf nach rechts

Um 2 Maschengruppen rechtsgedreht zu verzopfen, die Maschen, die unter dem oberen [auf dem unteren] Zopfbalken notiert sind, ungestrickt auf eine Hilfsnadel heben und auf der Rückseite [Vorderseite] der Arbeit, hinter [vor] Nadeln und Maschen parken.

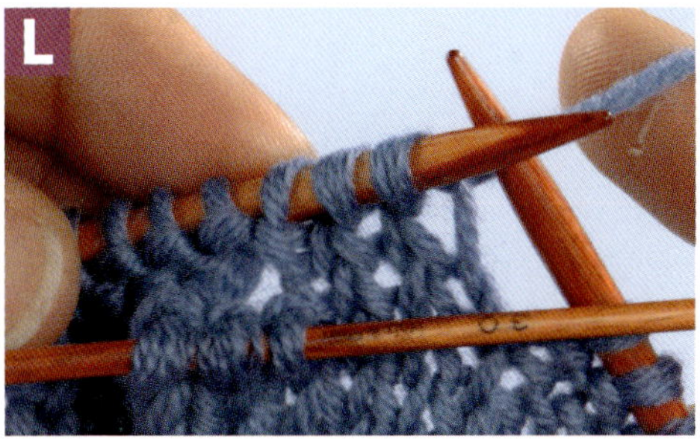

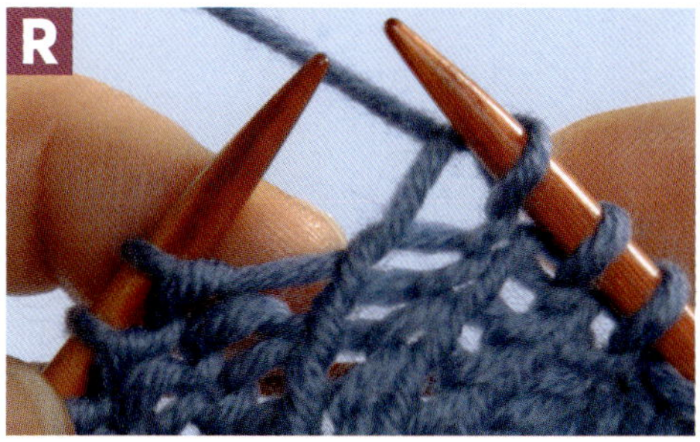

Die Maschen, die auf dem unteren [unter dem oberen] Zopfbalken notiert sind, in dem dort beschriebenen Muster stricken. Diese Maschengruppe wird im fertigen Zopf später obenauf liegen und die Rechtsneigung des Zopfes darstellen. [Diese Maschengruppe verschwindet im fertigen Zopf hinter der zuvor gestrickten.]

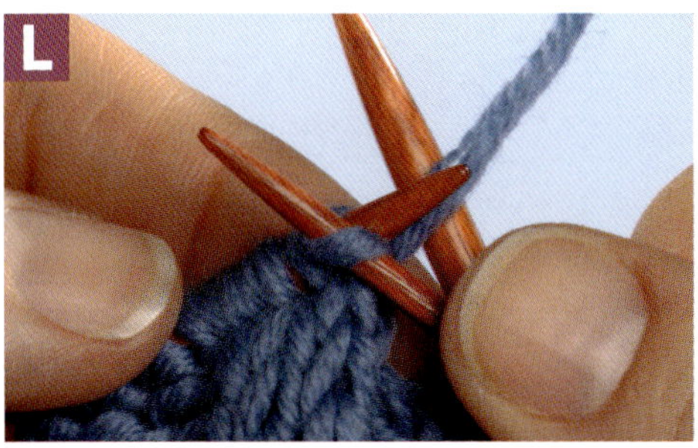

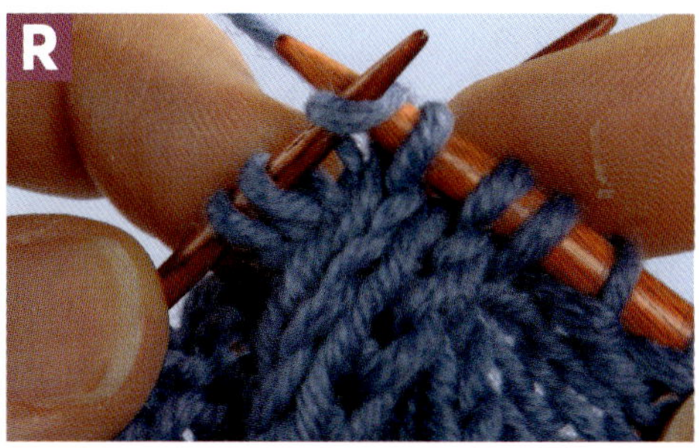

Anschließend die stillgelegten Maschen der Zopfnadel stricken, wie unter dem oberen [auf dem unteren] Zopfbalken beschrieben. Die Maschen können entweder direkt von der Zopfnadel abgestrickt werden. Besonders gegen Ende einer Reihe kann es aber auch bequemer sein, diese Maschengruppe zunächst wieder auf die Maschennadel zurückzuheben und erst dann zu stricken. Diese Maschengruppe verschwindet im fertigen Zopf hinter der zuvor gestrickten. [Diese Maschengruppe wird im fertigen Zopf später obenauf liegen und die Rechtsneigung des Zopfes darstellen.]

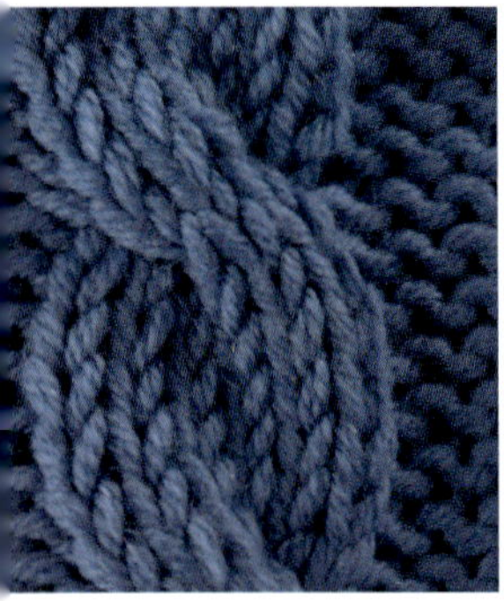

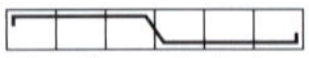

Zopf nach links

LINKSGEDREHT VERZOPFEN

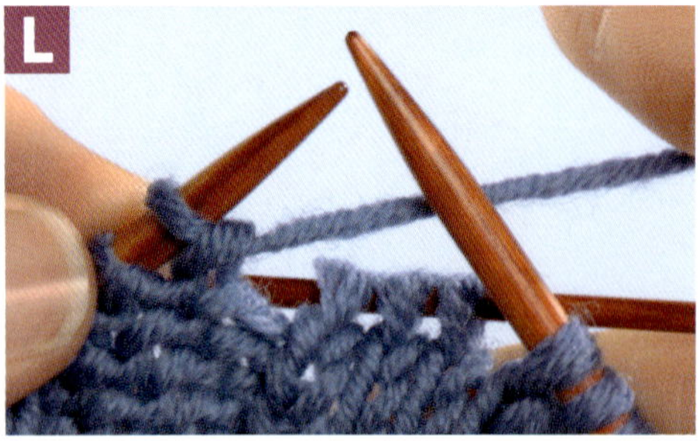

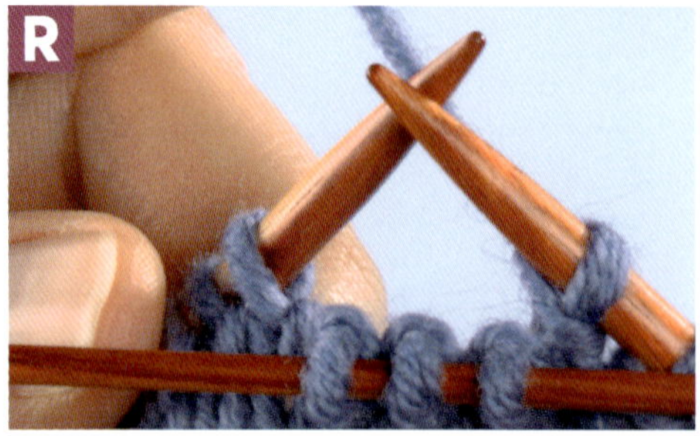

Um 2 Maschengruppen linksgedreht zu verzopfen, die Maschen, die auf dem unteren [unter dem oberen] Zopfbalken notiert sind, ungestrickt auf eine Hilfsnadel heben und auf der Vorderseite [Rückseite] der Arbeit, vor [hinter] Nadeln und Maschen parken.

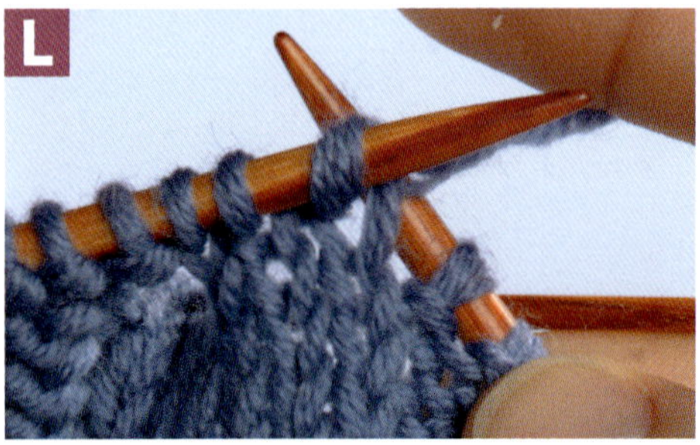

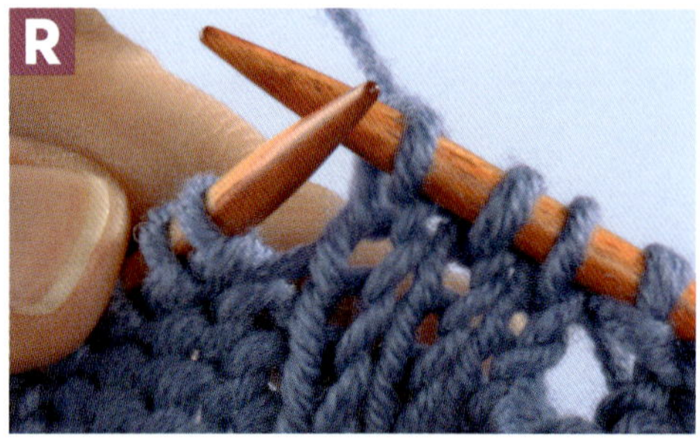

Die Maschen, die unter dem oberen [auf dem unteren] Zopfbalken notiert sind, in dem dort beschriebenen Muster von der Maschennadel stricken. Diese Maschengruppe verschwindet im fertigen Zopf hinter der noch parkenden Maschengruppe. [Diese Maschengruppe liegt im fertigen Zopf obenauf und gibt dem Zopf die Linksneigung.]

HINWEIS

Häufig werden Zopfmaschen glatt rechts gestrickt, es ist aber auch möglich, dass sich rechte, linke oder verschränkte Maschen an dieser Stelle abwechseln.

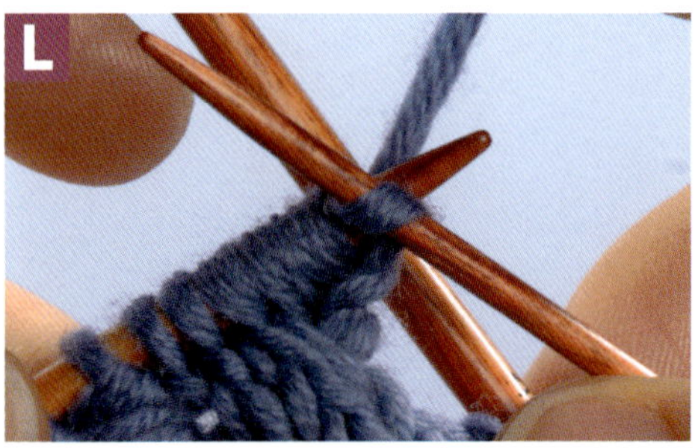

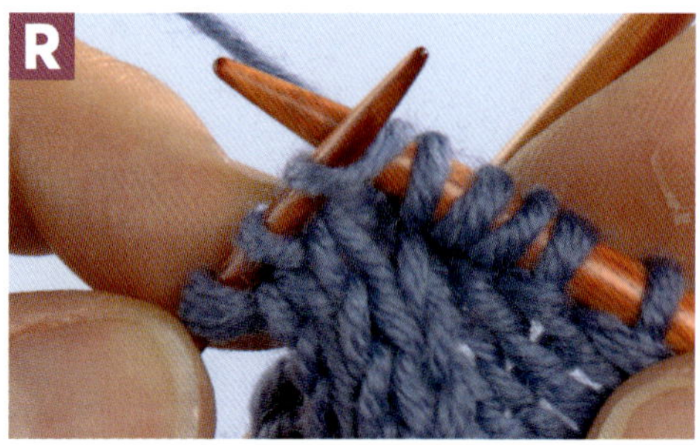

Anschließend die stillgelegten Maschen der Zopfnadel stricken, wie auf dem unteren [unter dem oberen] Zopfbalken beschrieben. Die Maschen können direkt von der Zopfnadel gestrickt oder zunächst wieder zurück auf die Maschennadel gehoben und von dort gestrickt werden. Diese Maschengruppe liegt im fertigen Zopf obenauf und gibt dem Zopf die Linksneigung. [Diese Maschengruppe verschwindet im fertigen Zopf hinter der noch parkenden Maschengruppe.]

Werden rechts- oder linksgeneigte Verzopfungen in regelmäßigen Abständen mit immer der gleichen Maschenzahl übereinandergearbeitet, ergeben sich Zöpfe, die an gedrehte Kordeln erinnern.
Werden die Verzopfungen immer wieder um einige Maschen in den Reihen versetzt, entstehen flächige Verflechtungen, die oft noch mit kleinen Noppen kombiniert werden. Dazu kann es nötig werden, kompliziertere Verzopfungen zu arbeiten, wenn etwa 3 Zopfstränge miteinander verflochten werden sollen. Möglichkeiten gibt es viele und jede Zopfvariante wird in den Anleitungen jeweils genau beschrieben.

Ein Beispiel für einen dreiteiligen Zopf, für den 2 Hilfsnadeln benötigt werden:

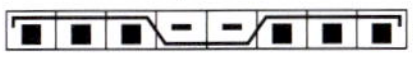 = 3 Maschen auf einer Hilfsnadel hinter die Arbeit legen, 2 Maschen auf einer weiteren Hilfsnadel vor die Arbeit legen, die folgenden 3 Maschen rechts stricken, die beiden Maschen der Hilfsnadel vor der Arbeit rechts stricken, dann die 3 Maschen der Hilfsnadel hinter der Arbeit rechts stricken.

HINWEIS

Häufig wird jedes einzelne Zopfsymbol, das in einem Muster oder einer Mustersammlung verwendet wird, mit den jeweiligen Maschenvariationen noch einmal genau beschrieben. Zu finden sind diese Beschreibungen entweder direkt unter der Zopfstrickschrift oder gesammelt in der Legende.

STRICKTRICK FÜR LINKSHÄNDER

Alle in Worten beschriebenen Strickmuster ohne Strickschrift sind fast immer aus Rechtshändersicht erstellt! Erklärt sich eine Zopf-Strickschrift nicht von selbst für Rechts- und Linkshänder, gibt es einfache Regeln, um eine Rechtshänderbeschreibung für Zöpfe linkshändertauglich zu machen: Da Linkshänder die Zopfmaschen aus der entgegengesetzten Richtung stricken, ist ihre erste Maschengruppe (die, die auf der Zopfnadel geparkt wird) die gleiche, die Rechtshänder stricken, ohne sie stillzulegen, und umgekehrt. Um die gleiche Zopfdrehung zu erhalten, zopfen Linkshänder nun genau in entgegengesetzte Richtung:
Beispiel: „2 Maschen auf der Hilfsnadel vor die Arbeit legen, 3 Maschen rechts stricken, dann die beiden Maschen der Hilfsnadel rechts stricken" übersetzen sich Linkshänder in „3 Maschen auf der Hilfsnadel hinter die Arbeit legen, 2 Maschen rechts stricken, dann die 3 Maschen der Hilfsnadel rechts stricken".

HINWEIS

Rechtshänder wie Linkshänder lesen ein Zopfsymbol jeweils in ihrer Strickrichtung: ein Rechtshänder von rechts nach links, ein Linkshänder von links nach rechts.
Wird ein in Reihen gestricktes Zopfmuster aber in einer Rückreihe gezopft (zur Erinnerung: Rückreihen werden gegen die Strickrichtung gelesen), wird auch das Zopfsymbol gegen die Strickrichtung gelesen und abgearbeitet.

STIRNBÄNDER
ENDLICH WIEDER HIP

GRÖSSE
52-56 cm/55-58 cm

Die Angaben für die kleinere Größe stehen vor, für die größere Größe nach dem Schrägstrich. Steht nur eine Angabe, gilt diese für beide Größen.

MATERIAL
Lana Grossa Cool Wool Melange GOTS (LL 160 m/50 g) in Dunkeloliv/Olivgelb meliert (Fb 108) oder Dunkelblau meliert (Fb 112), 100 g

Rundstricknadel 3,0-3,5 mm

Zopfnadel

MASCHENPROBE
Kraus rechts mit Nd 3,0-3,5 mm 24 M und 38 R = 10 cm x 10 cm

Im Zopfmuster mit Nd 3,0-3,5 mm 33 M und 38 R = 10 cm x 10 cm

Zopf nach links (über 6 Maschen)
3 M auf einer Zopfnadel vor die Arbeit legen, 3 M rechts str, dann die 3 M der Zopfnadel rechts str.

Zopf nach rechts (über 6 Maschen)
3 M auf einer Zopfnadel hinter die Arbeit legen, 3 M rechts str, dann die 3 M der Zopfnadel rechts str.

Zopfmuster
1. R (Rückr) und alle Rückr: 6 M rechts, 18 M links, 6 M rechts str.
2. R (Hinr): 4 M rechts, 2 M links, 3 M rechts, 2x Zopf nach links, 3 M rechts, 2 M links, 4 M rechts str.
4. R: 4 M rechts, 2 M links, 18 M rechts, 2 M links, 4 M rechts str.
6. R: 4 M rechts, 2 M links, 3x Zopf nach rechts, 2 M links, 4 M rechts str.
8. R: Wie die 4. R arb.

Die 1.-8. R stets wiederholen.

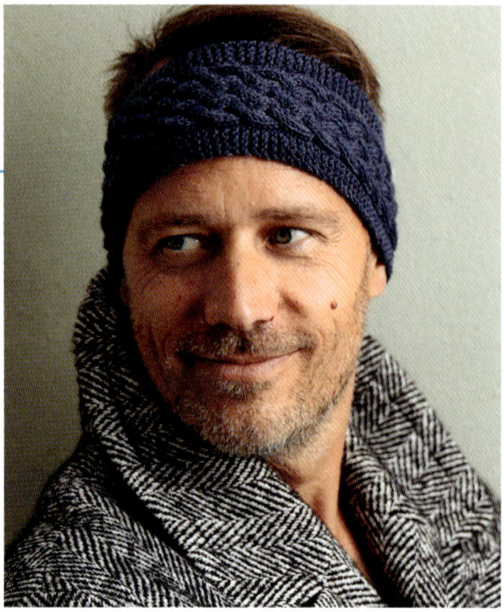

ANLEITUNG
30 M in Dunkeloliv/Olivgelb bzw. Dunkelblau Meliert anschl und bis zu einer Höhe von 50/54 cm im Zopfmuster arb. Mit einer Rückr enden, dann alle M abk.

Fertigstellen
Die Fäden vernähen und die hintere Naht im Matratzenstich schließen.

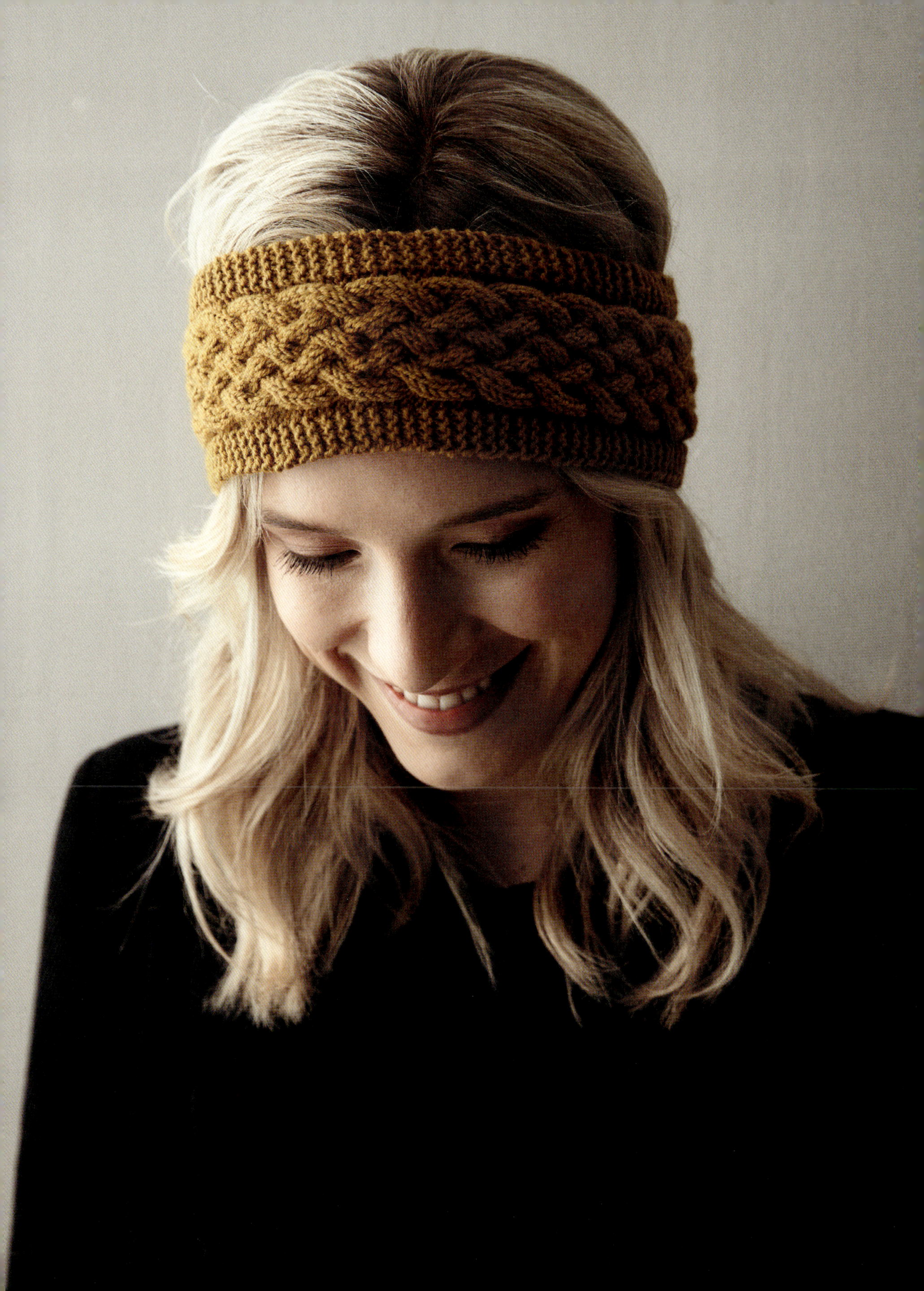

ZOPFMUSTER-VARIANTEN

● = 1 Randmasche als Nahtrand (in Hinreihen rechts, in Rückreihen links)

■ = 1 Masche rechts

– = 1 Masche links

◆ = 1 Masche rechts verschränkt

O = 1 Umschlag

◢ = 2 Maschen rechts zusammenstricken

◣ = 1 Masche wie zum Rechtsstricken abheben, nächste Masche rechts stricken, abgehobene Masche überziehen

∛ = 3 Maschen aus einer stricken: 1 Masche rechts, 1 Umschlag, 1 Masche rechts

= Zopf nach links: Die Maschen auf dem unteren Balken auf einer Hilfsnadel vor die Arbeit legen, die Maschen unter dem oberen Balken im angegebenen Muster stricken, dann die Maschen der Hilfsnadel im angegebenen Muster stricken.

= Zopf nach rechts: Die Maschen unter dem oberen Balken auf einer Hilfsnadel hinter die Arbeit legen, die Maschen auf dem unteren Balken im angegebenen Muster stricken, dann die Maschen der Hilfsnadel im angegebenen Muster stricken.

SCHLINGERTOUR

In den Rückreihen alle Maschen stricken wie sie erscheinen.

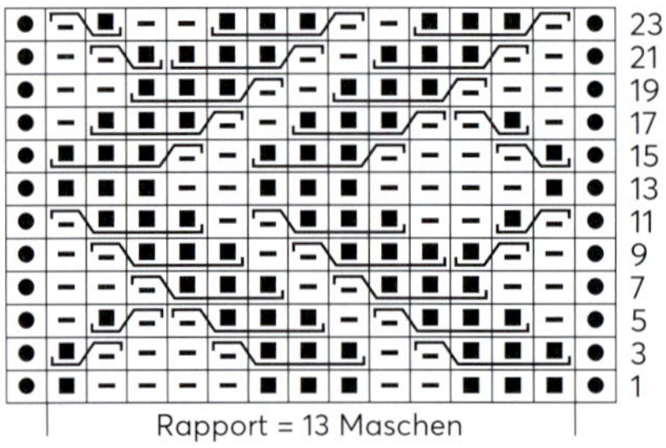

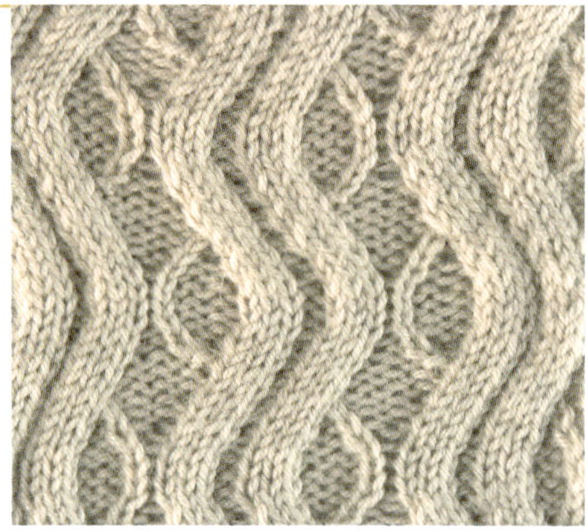

KELTENBAND

In den Rückreihen alle Maschen stricken, wie sie erscheinen.

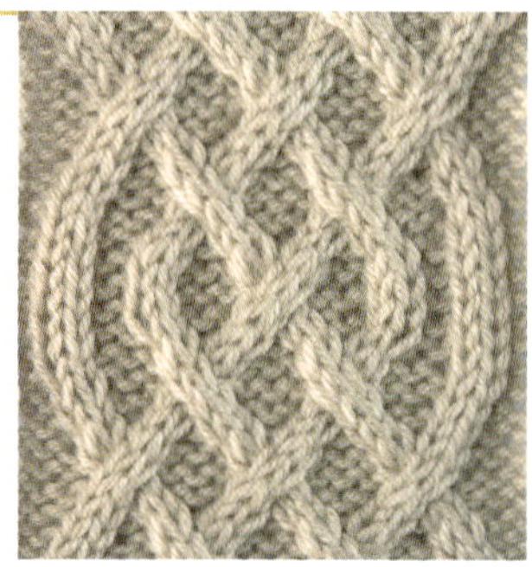

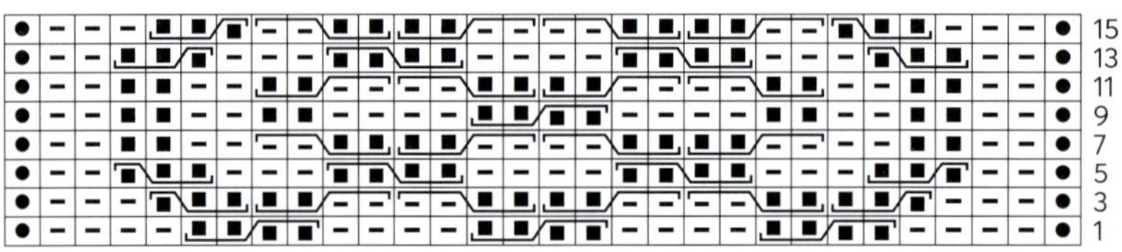

ZOPFGITTER

In den Rückreihen alle Maschen stricken wie sie erscheinen.

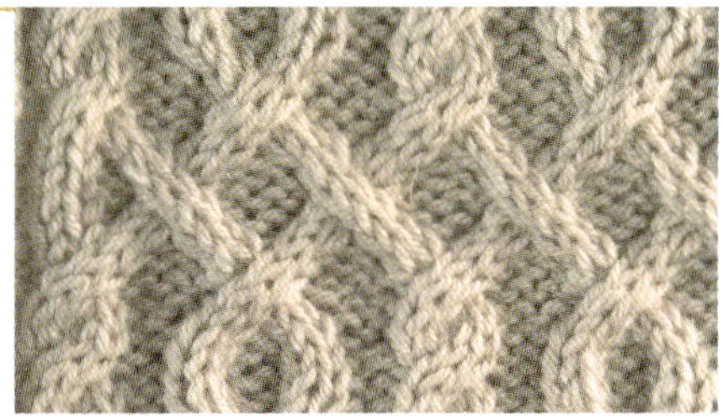

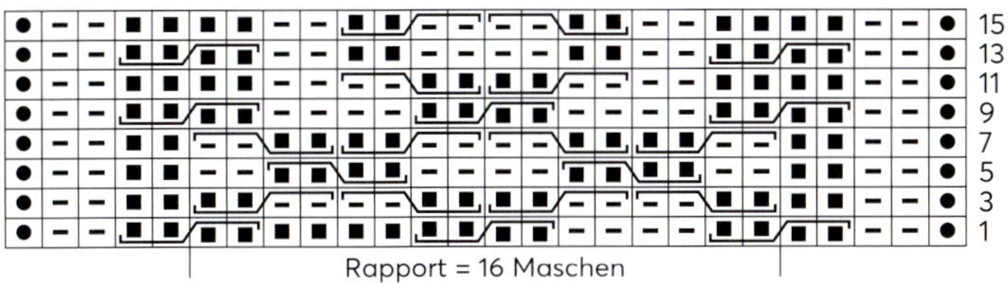

HINWEIS

Leere Kästchen können beim Stricken übersprungen werden.

SIEBEN SCHWESTERN

In den Rückreihen alle Maschen stricken, wie sie erscheinen. Rechts verschränkte Maschen der Vorreihe in der Rückreihe links verschränkt stricken.

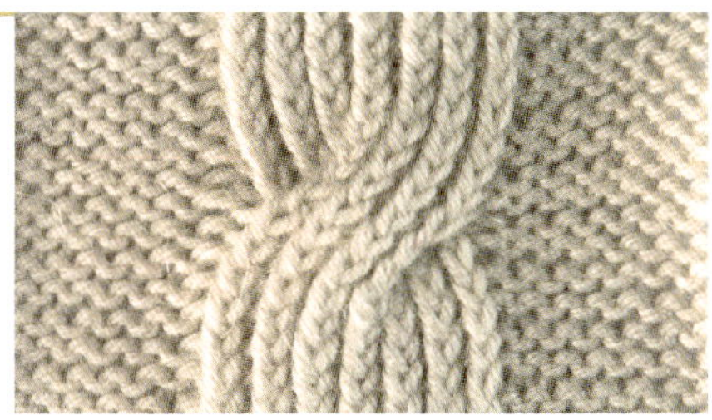

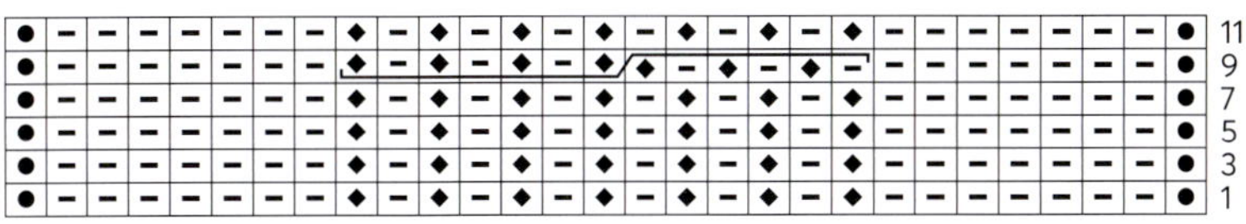

HERZSTREIFEN

In den Rückreihen alle Maschen stricken wie sie erscheinen.

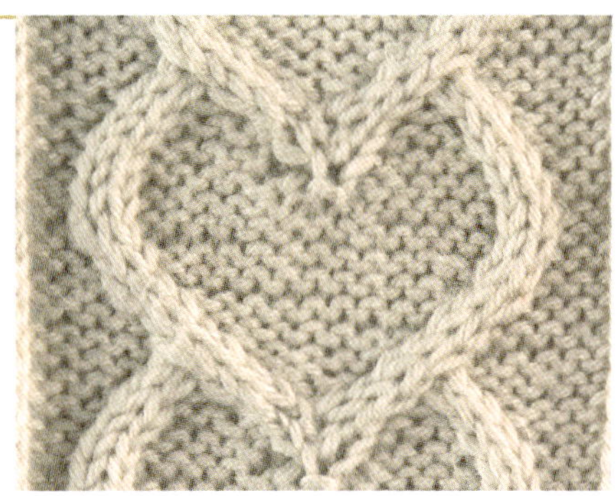

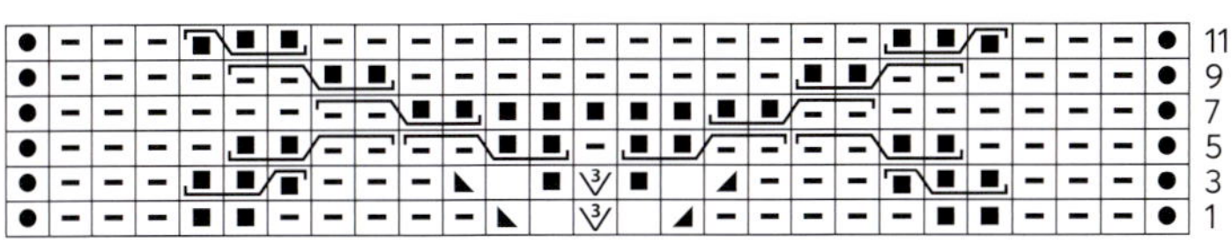

● = 1 Randmasche als Nahtrand (in Hinreihen rechts, in Rückreihen links)

■ = 1 Masche rechts

– = 1 Masche links

◆ = 1 Masche rechts verschränkt

○ = 1 Umschlag

◢ = 2 Maschen rechts zusammenstricken

◣ = 1 Masche wie zum Rechtsstricken abheben, nächste Masche rechts stricken, abgehobene Masche überziehen

⋒ = 3 Maschen nacheinander wie zum Rechtsstricken abheben, wieder zurück auf die linke Nadel nehmen und die 3 Maschen rechts verschränkt zu sammenstricken (Linksneigung)

▲ = 3 Maschen rechts zusammenstricken

[Symbol] = Zopf nach links: Die Maschen auf dem unteren Balken auf einer Hilfsnadel vor die Arbeit legen, die Maschen unter dem oberen Balken im angegebenen Muster stricken, dann die Maschen der Hilfsnadel im angegebenen Muster stricken.

[Symbol] = Zopf nach rechts: Die Maschen unter dem oberen Balken auf einer Hilfsnadel hinter die Arbeit legen, die Maschen auf dem unteren Balken im angegebenen Muster stricken, dann die Maschen der Hilfsnadel im angegebenen Muster stricken.

VERSCHLUNGENE RINGE

Die Maschen der nicht notierten Rückreihen stricken, wie sie erscheinen. Rechts verschränkte Maschen der Vorreihe in der Rückreihe links verschränkt stricken.

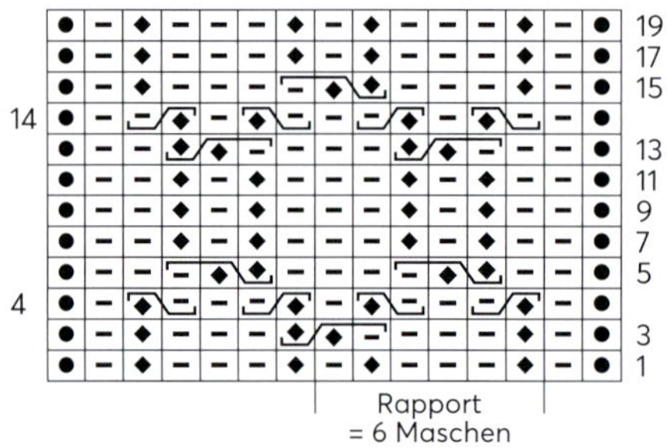

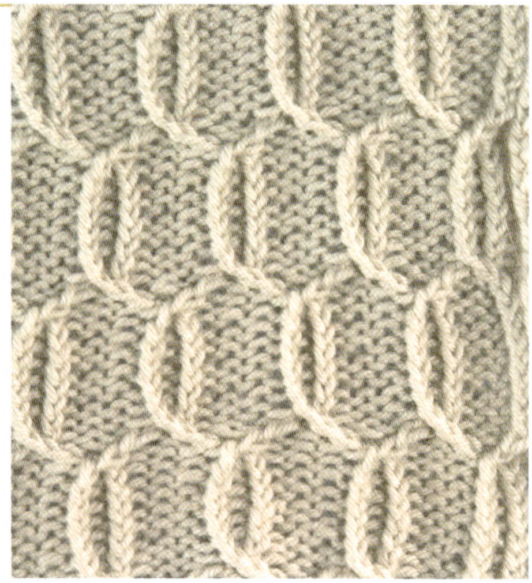

KLAMMERAFFE

In den Rückreihen alle Maschen stricken wie sie erscheinen.

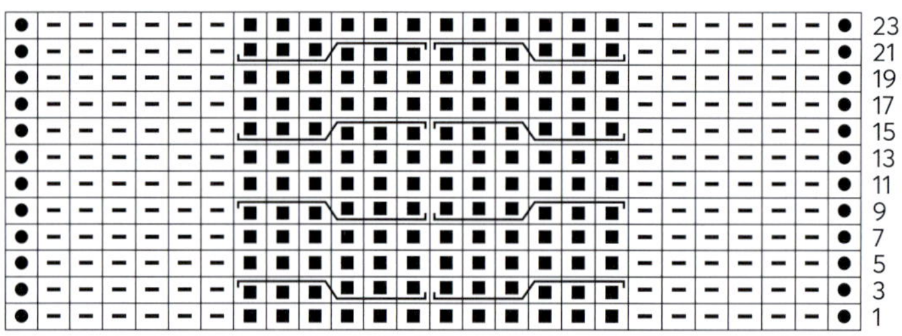

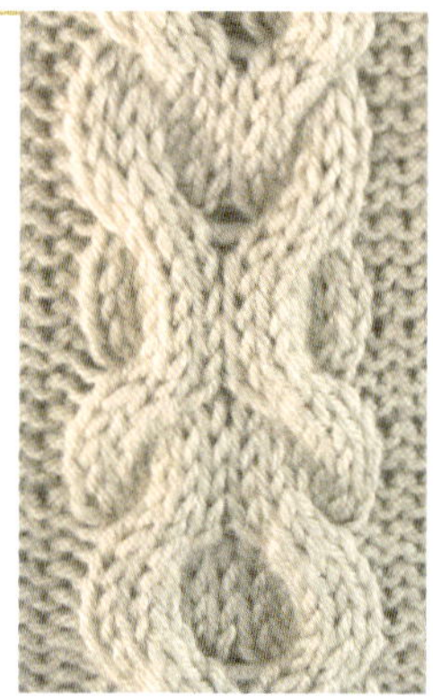

ZOPF UND ZACKEN

In den Rückreihen alle Maschen stricken wie sie erscheinen, Umschläge links stricken.

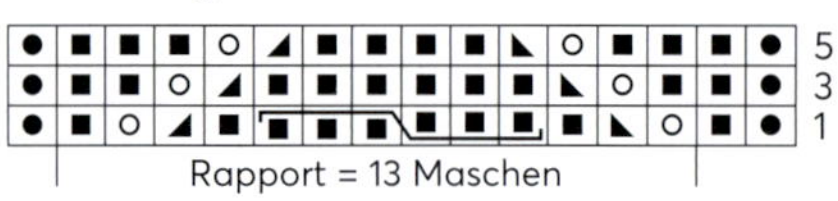

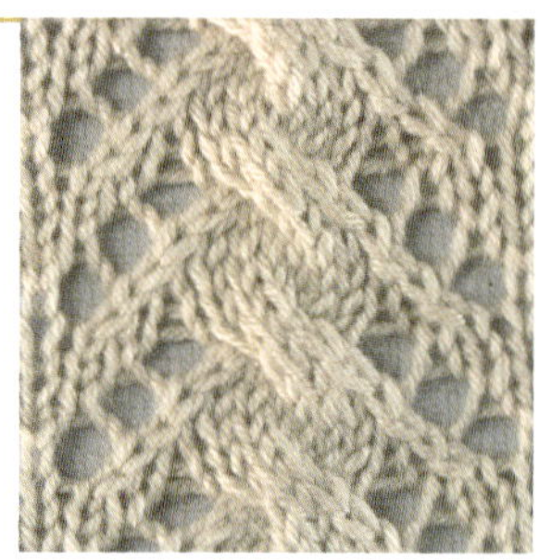

MARGERITE

In den Rückreihen alle Maschen stricken wie sie erscheinen, Umschläge links stricken.

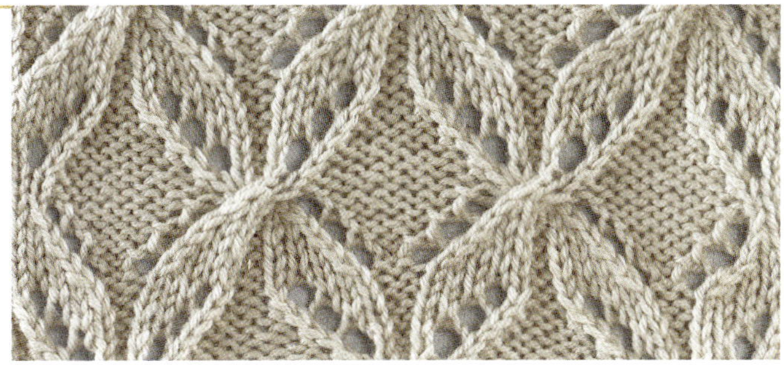

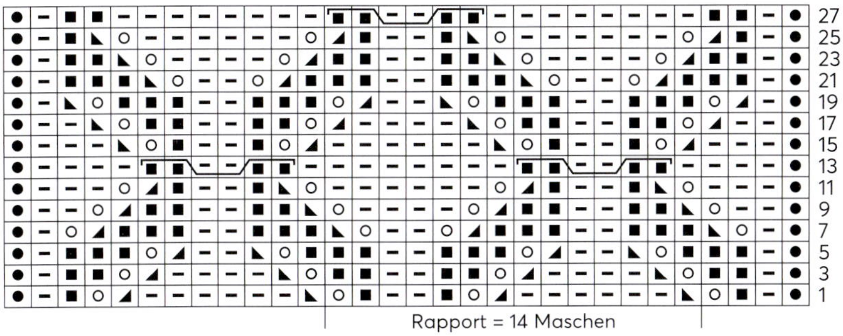

APFELBÄUMCHEN

In den Rückreihen alle Maschen stricken wie sie erscheinen, Umschläge links stricken.

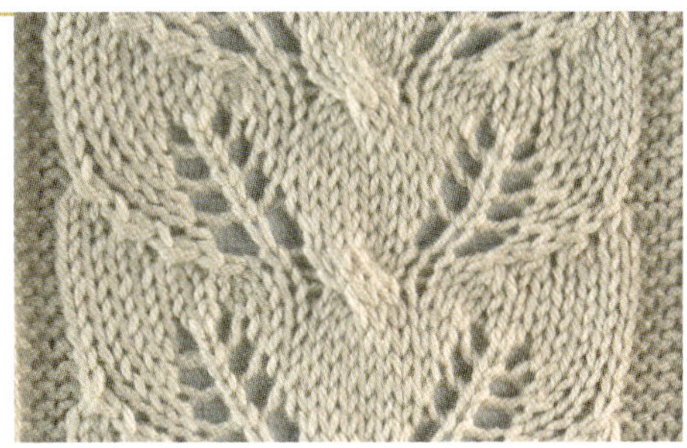

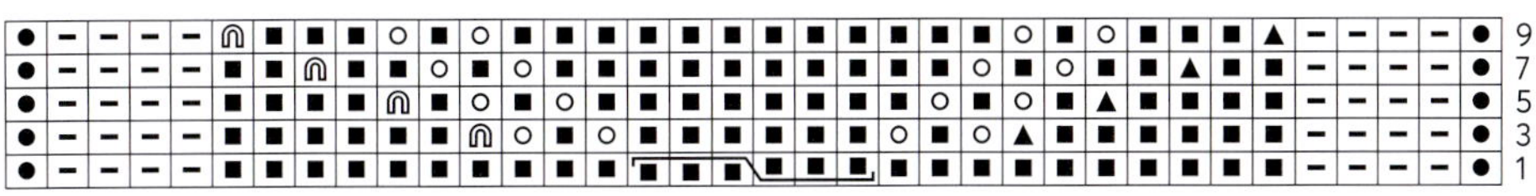

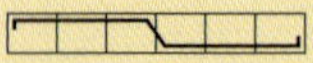 = Zopf nach links: Die Maschen auf dem unteren Balken auf einer Hilfsnadel vor die Arbeit legen, die Maschen unter dem oberen Balken im angegebenen Muster stricken, dann die Maschen der Hilfsnadel im angegebenen Muster stricken.

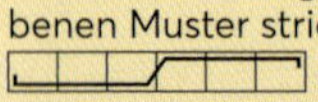 = Zopf nach rechts: Die Maschen unter dem oberen Balken auf einer Hilfsnadel hinter die Arbeit legen, die Maschen auf dem unteren Balken im angegebenen Muster stricken, dann die Maschen der Hilfsnadel im angegebenen Muster stricken.

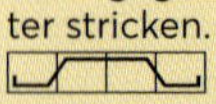 = Die Maschen auf dem ersten unteren Balken auf einer Hilfsnadel vor die Arbeit legen, die Maschen unter dem oberen Balken auf einer weiteren Hilfsnadel hinter die Arbeit legen. Die Maschen auf dem zweiten unteren Balken im angegebenen Muster stricken, die Maschen der Hilfsnadel hinter der Arbeit im angegebenen Muster stricken, dann die Maschen der Hilfsnadel vor der Arbeit im angegebenen Muster stricken.

LEITERZOPF

In den Rückreihen alle Maschen stricken, wie sie erscheinen, Umschläge links stricken.

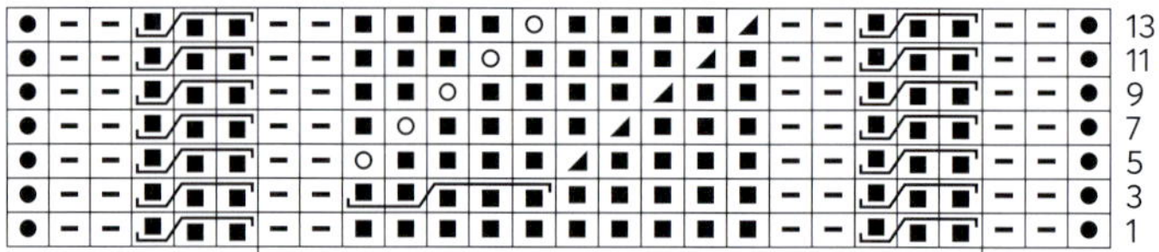

Rapport = 17 Maschen

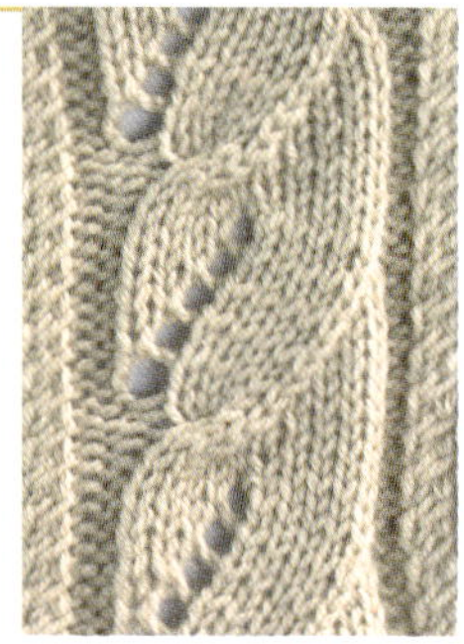

VIKTORIANISCHE SPITZE

In den Rückreihen alle Maschen stricken, wie sie erscheinen, Umschläge links stricken.

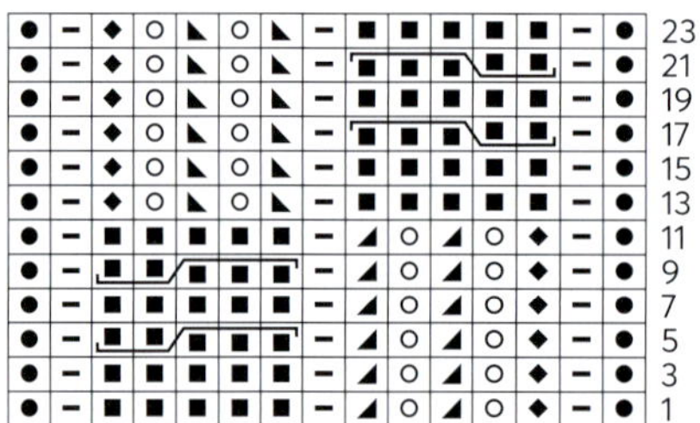

Rapport = 12 Maschen

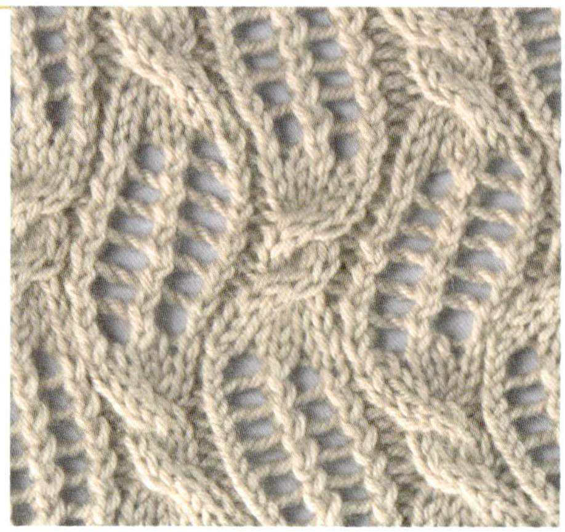

PILLENDÖSCHEN

In den Rückreihen alle Maschen stricken, wie sie erscheinen. 2 Umschläge hintereinander als 1 Masche rechts, 1 Masche links abstricken, einfache Umschläge links abstricken.

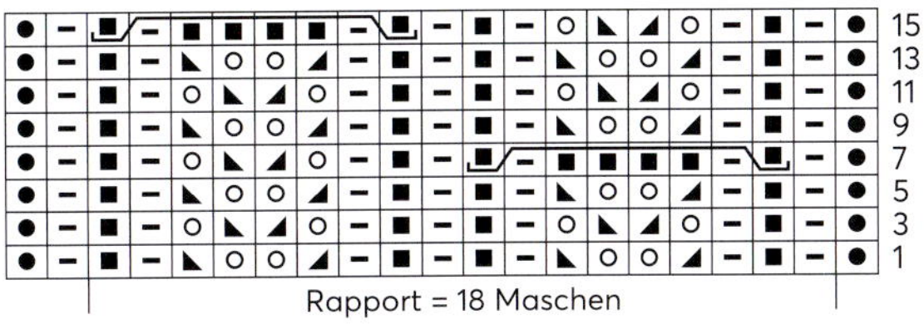

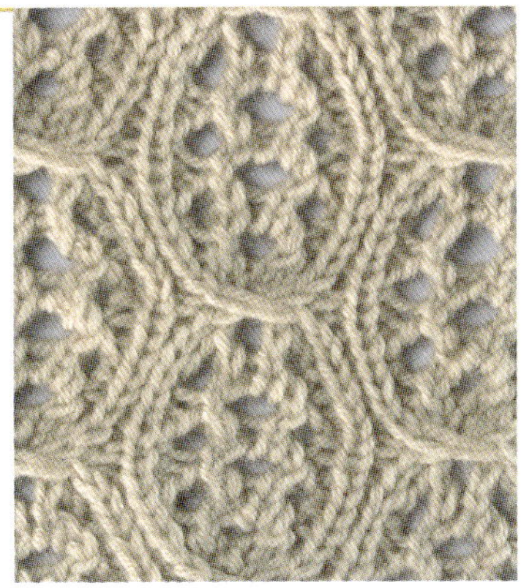

HINWEIS

Weitere Muster finden Sie auch in der TOPP Digitalen Bibliothek www.topp-kreativ.de/digibib.
Der Freischaltcode dazu steht im Impressum auf Seite 156.

KELCHZÖPFE

In den Rückreihen alle Maschen stricken, wie sie erscheinen, Umschläge links stricken.

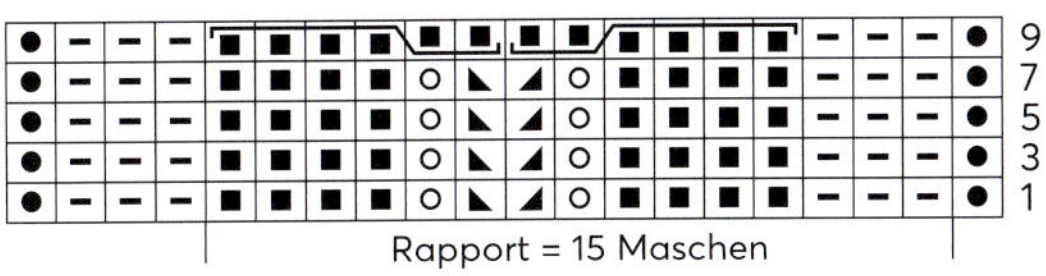

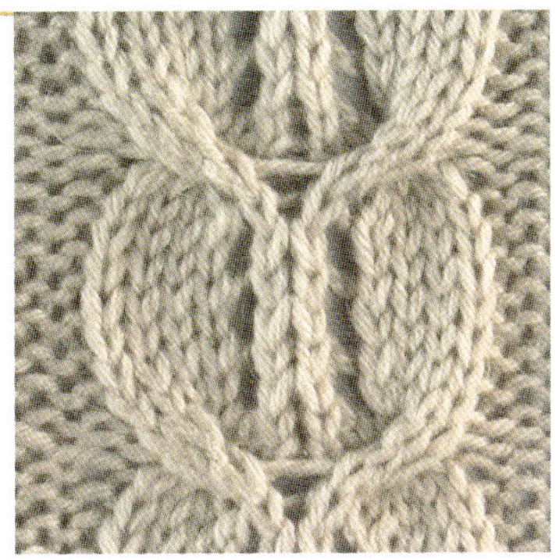

PALMWEDEL

In den Rückreihen alle Maschen links stricken.

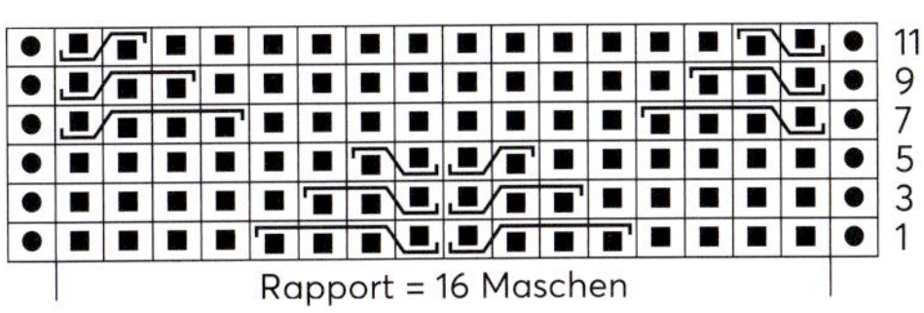

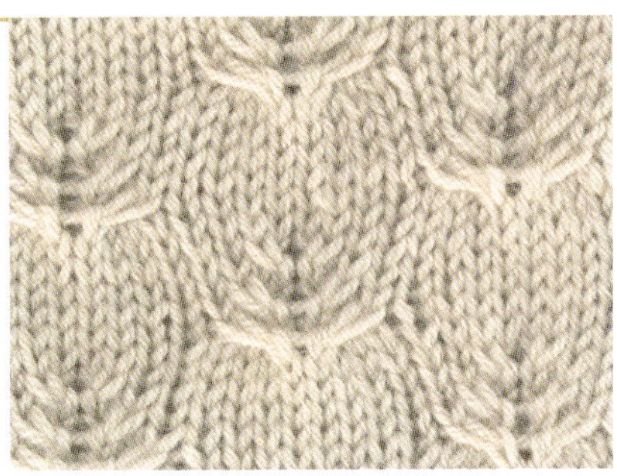

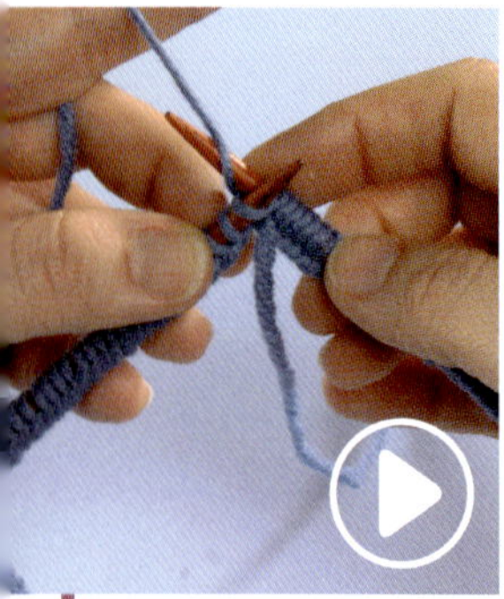

Video: Rundstricken

RUNDSTRICKEN

Ein nahtloser Schlauch lässt sich leicht herstellen, wenn anstatt in Reihen in Runden gestrickt wird. Das hat den Vorteil, dass weder Ränder noch Rückreihen gearbeitet werden müssen. Das Rundstricken bietet sich immer dann an, wenn Nähte stören würden, wie etwa bei Socken oder Rollkragen, oder wenn man sich Seitennähte an Pullovern ersparen möchte. Und da nicht gewendet werden muss, kann die Strickschrift in jeder Reihe in gleicher Richtung gelesen werden. Rechtshänder arbeiten sich dabei im Uhrzeigersinn spiralförmig hoch, Linkshänder sind gegen den Uhrzeigersinn unterwegs.

RUNDSTRICKEN MIT DER RUNDSTRICKNADEL

Ein Strickteil ab etwa 50 cm Umfang, was in etwa dem Umfang einer Kindermütze entspricht, kann problemlos auf einer Rundstricknadel gearbeitet werden. Die Nadel sollte dabei immer kürzer sein als der Umfang des Strickstücks.

STRICKTRICK
Werden Rundstricknadeln mit flexiblen Kunststoffseilen lange Zeit in aufgerollter Form aufbewahrt, neigen die Seile dazu, sich leicht in die Spiralform zurückzuzwirbeln. Das ist beim Stricken äußerst störend. Es hilft, die Kunststoffseile (Achtung, nicht etwa die Holznadelteile!) 2–3 Minuten in heißes Wasser zu tauchen und anschließend etwas auseinanderzuziehen. Damit werden sie wieder weich und biegsam.

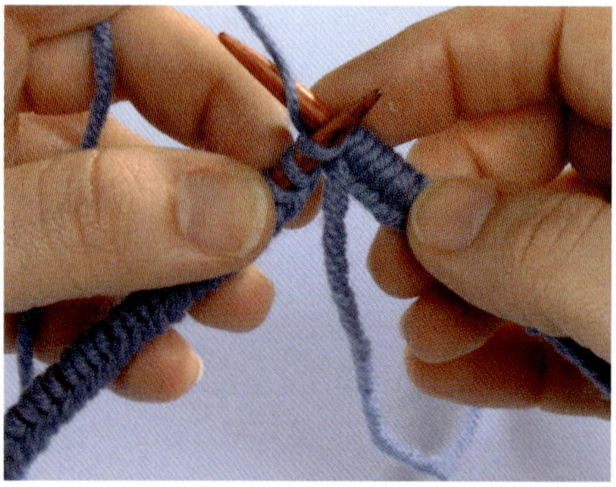

Zunächst die benötigte Maschenzahl wie gewohnt anschlagen. Gut darauf achten, dass sich die Anschlagkante beim Schließen zur Runde nicht verdreht hat! Dann die 1. Anschlagmasche und alle folgenden Maschen im Muster stricken.

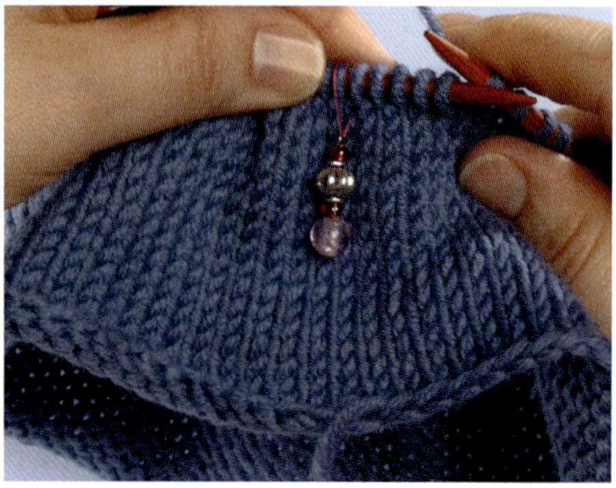

Der Beginn jeder neuen Runde ist schon durch die Position des Anschlagfadens gekennzeichnet. Wenn aber schon ein gutes Stück gestrickt wurde, kann es hilfreich sein, sich den Rundenbeginn mit einem Maschenmarkierer zu kennzeichnen. Erneut an der Position des Markierers angekommen, wird dieser einfach von der Maschennadel auf die Arbeitsnadel gehoben und die neue Runde mit den folgenden Maschen fortgesetzt.

RUNDSTRICKEN MIT DEM NADELSPIEL

Wenn das runde Strickstück einen geringeren Umfang haben soll, wie z.B. für Socken oder Handschuhe, würden die festen Nadelteile einer Rundstricknadel es unmöglich machen, die enge Kurve zu kriegen. Dazu hilft man sich mit einem Trick – statt in der Runde wird nun im Quadrat oder im Dreieck gestrickt. Dazu benötigt man ein Nadelspiel aus 5, manchmal auch nur aus 4 Spielnadeln. Die Besonderheit an Spielnadeln ist, dass sie an beiden Enden Strickspitzen haben.

In Deutschland bestehen Nadelspiele üblicherweise aus 5 Spielnadeln, hier wird meistens im Quadrat rundgestrickt. Dazu die benötigte Maschenzahl möglichst gleich verteilt auf den 4 Maschennadeln anschlagen und sicherstellen, dass sich die Anschlagkante nicht verdreht hat.

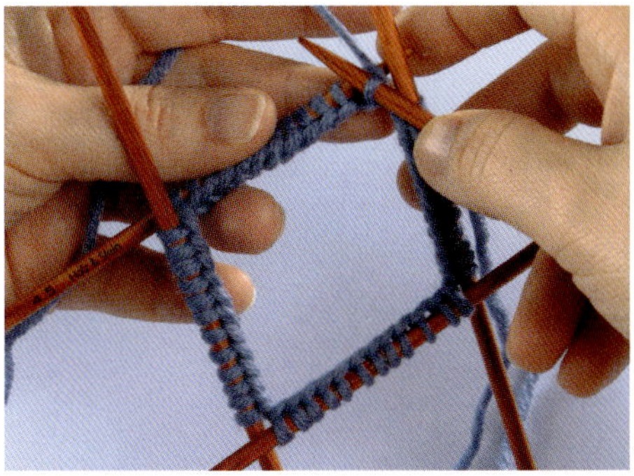

Mit der noch freien Spielnadel werden nun die Maschen der 1. Anschlagnadel gestrickt. Dadurch schließt sich die Runde. Wenn die Maschen der ersten Nadel abgestrickt sind, ist diese Nadel frei und wird zur Arbeitsnadel für die Maschen der 2. Maschennadel.

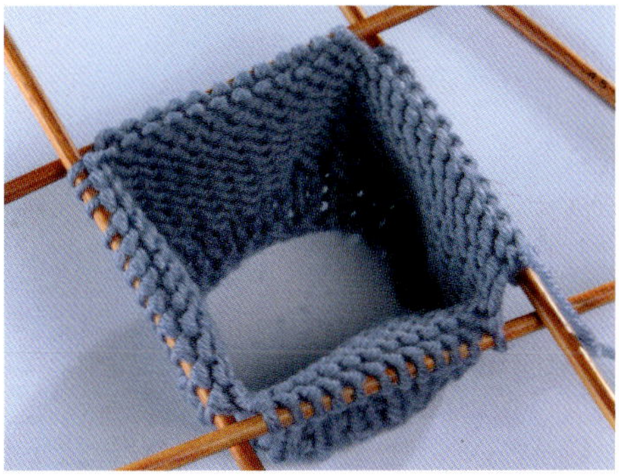

HINWEIS

Es ist auch möglich, die Maschen gleichmäßig auf 3 Spielnadeln verteilt anzuschlagen und im Dreieck rundzustricken.

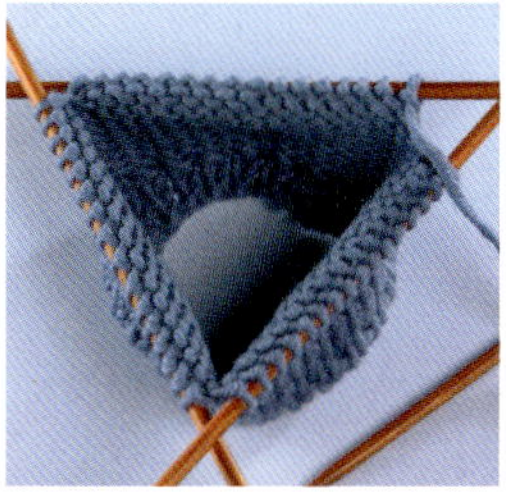

STRICKTRICK

An den Übergängen von einer Nadel zur nächsten muss der Faden gut angezogen werden, sonst entstehen hier leicht größere Maschen. Da diese in allen Reihen übereinander gearbeitet werden, fallen später Streifen im Strickstoff, die gefürchteten Gässchen, auf. Wenn sich diese Gässchen trotz aller Tricks und Mühen hartnäckig halten, hilft es oft, den Rundenwechsel durch einen Maschenmarkierer zu kennzeichnen und nach jeder Nadel die eben frei gewordene Nadel kurz beiseitezulegen und noch 2 oder 3 weitere Maschen der folgenden Nadel (im Dreieck!) abzustricken, bevor mit der freien Spielnadel weitergearbeitet wird. Damit werden eventuell zu locker gearbeitete Nadelübergänge gleichmäßig im gesamten Strickstück versteckt.

ZOPFMÜTZEN
ABSOLUTE KLASSIKER

GRÖSSE
52-56 cm/55-58 cm

Die Angaben für die kleinere Größe stehen vor, für die größere Größe nach dem Schrägstrich. Steht nur eine Angabe, gilt diese für beide Größen.

MATERIAL
Schachenmayr Merino Extrafine 120 (LL 120 m/50 g) in Anis (Fb 174) und Beige Meliert (Fb 106), 100 g

Nadelspiel 3,5-4,0 mm

Zopfnadel

MASCHENPROBE
Im Rippenmuster mit Nd 3,5-4,0 mm 20 M und 30 R = 10 cm x 10 cm

Im Zopfmuster mit Nd 3,5-4,0 mm 24 M und 30 R = 10 cm x 10 cm

Rippenmuster
* 2 M rechts, 2 M links; ab * stets wiederholen.

Zopf nach rechts (über 6 Maschen)
3 M auf einer Zopfnadel hinter die Arbeit legen, 3 M rechts, dann die 3 M der Zopfnadel rechts str.

Zopf nach links (über 4 Maschen)
2 M auf einer Zopfnadel hinter die Arbeit legen, 2 M rechts str, dann die 2 M der Zopfnadel rechts str.

ANLEITUNG

96 M gleichmäßig verteilt auf einem Ndspiel anschl (= 24 M pro Nd). Die M zur Rd schließen, ohne die Anschlagkante zu verdrehen, den Rdbeginn markieren und 45/30 R im Rippenmuster str.
Nach dem Bündchen wie folgt arb:
1. Rd: * 6 M rechts, 2 M links, 2 M rechts, 2 M links str; ab * noch 7x wiederholen.
2. und 3. Rd: Wie die 1. Rd arb
4. Rd: * 1 Zopf aus 6 M, 2 M links, 2 M rechts, 2 M links; ab * noch 7x wiederholen.
5.-10. Rd: Wie die 1. Rd arb.
Die 1.-10. Rd noch 4x wiederholen (= 50 Rd).
Für die Abnahmen wie folgt weiterarb:
51. Rd: Wie die 4. Rd arb.
52. und 53. Rd: Wie die 1. Rd arb.
54. Rd: * 1 linksgeneigte Abnahme, 2 M rechts, 1 rechtsgeneigte Abnahme, 2 M links, 2 M rechts, 2 M links; ab * noch 7x wiederholen (= 80 M).
55. Rd: * 1 Zopf aus 4 M, 2 M links, 2 M rechts, 2 M links; ab * noch 7x wiederholen.

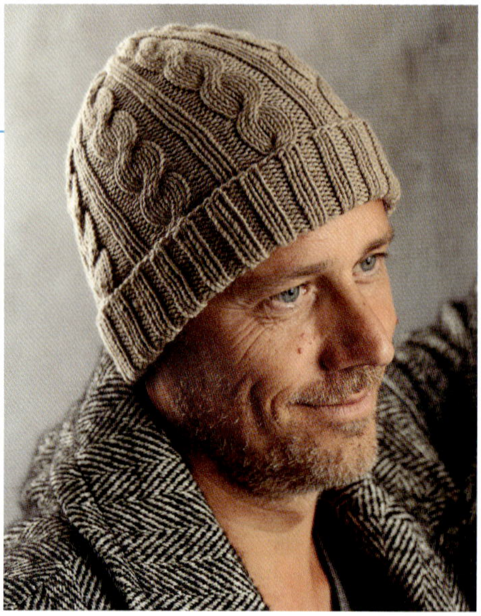

56. Rd: * 4 M rechts, 2 M links zusammenstr, 2 M rechts, 2 M links zusammenstr; ab * noch 7x wiederholen (= 64 M).
57. Rd: * 1 linksgeneigte Abnahme, 1 rechtsgeneigte Abnahme, 1 M links, 2 M rechts, 1 M links; ab * noch 7x wiederholen (= 48 M).
58. Rd: * 1 rechtsgeneigte Abnahme, 1 M links; ab * noch 15x wiederholen (= 32 M).
59. Rd: 1 M rechts str, dann fortlaufend rechtsgeneigte Abnahmen str, bis nur noch 16 M übrig sind.

Fertigstellen
Den Faden abschneiden, mit einer Stopfnadel durch die restlichen 16 M ziehen, die M zusammenziehen und den Faden von innen vernähen.
Das Bündchen der Damenmütze zweimal, das der Herrenmütze einmal umschlagen.

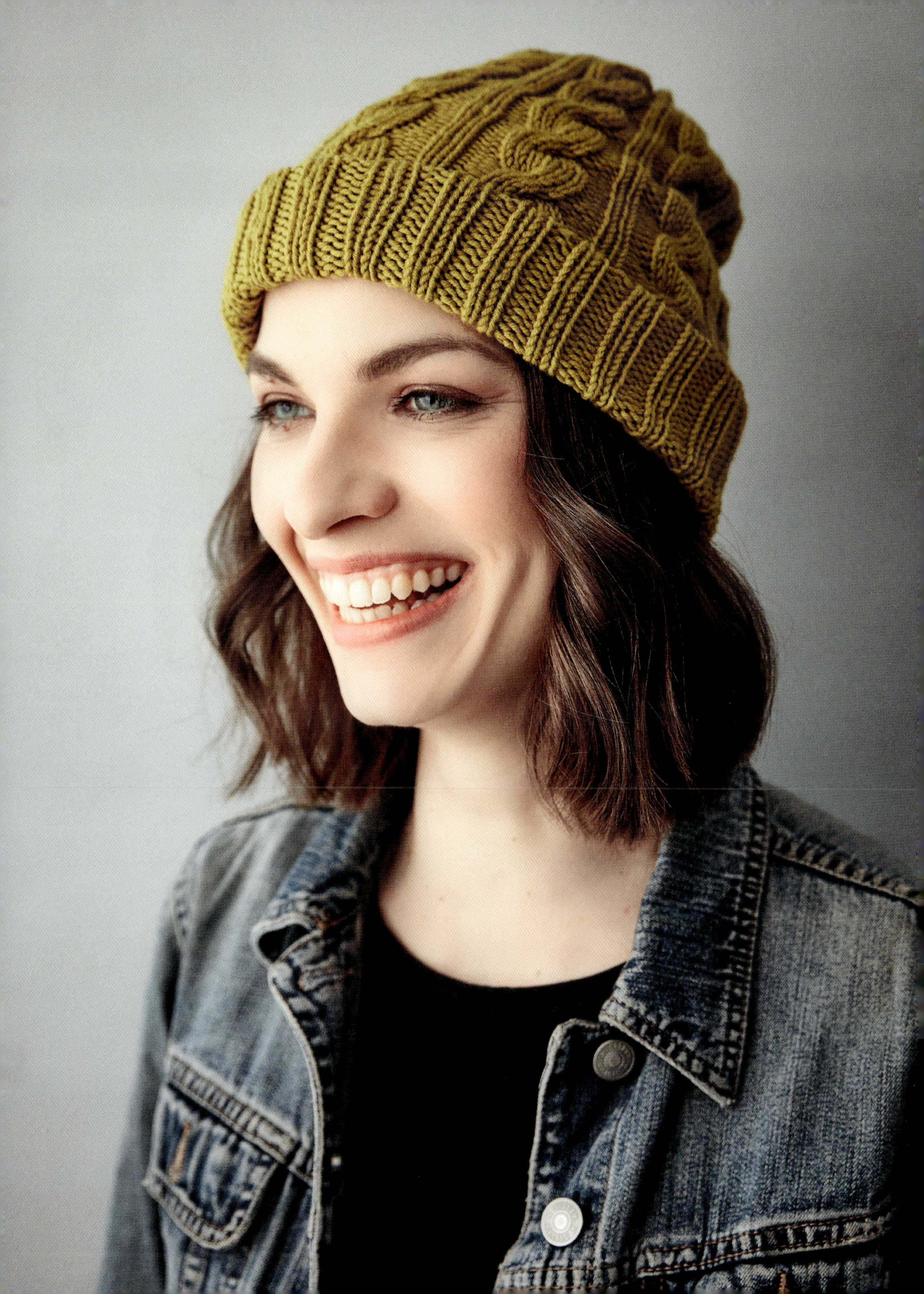

EINKAUFSNETZ

NACHHALTIG SHOPPEN

GRÖSSE
35 cm lang,
40 cm breit

MATERIAL
Schachenmayr Catania Grande (LL 63 m/50 g) in Jeans (Fb 3164) oder Clematis (Fb 3282), 200 g

Rundstricknadeln 4,0 mm und 8,0 mm

Nadelspiel 4,0 mm

2 Taschenhenkel mit Druckknopf oder mit Karabinerhaken, mindestens 42-50 cm lang

MASCHENPROBE
Glatt rechts mit Nd 4,0 mm
16 M und 22 R
= 10 cm x 10 cm

Kraus rechts

Abwechselnd 1 Rd rechte M und 1 Rd linke M str.

ANLEITUNG

8 M anschl und gleichmäßig auf 4 Spielnadeln verteilen (= je 2 M). Die M zur Rd schließen, ohne die Anschlagkante dabei zu verdrehen, und den Rdbeginn markieren.
1. Rd: * 1 M rechts, 1 U; ab * stets wiederholen (= 16 M).
2. Rd und jede gerade Rd: Alle M rechts str.
3. Rd: * 1 M rechts, 1 U, 3 M rechts, 1 U; ab * stets wiederholen (= 24 M).
5. Rd: * 1 M rechts, 1 U, 5 M rechts, 1 U; ab * stets wiederholen (= 32 M).
7. Rd: * 1 M rechts, 1 U, 7 M rechts, 1 U; ab * stets wiederholen (= 40 M).
Auf diese Weise weiterarb bis 26 Re gestrickt sind.
27. Rd: * 1 M rechts, 1 U, 27 M rechts, 1 U; ab * stets wiederholen (= 120 M).
Noch 3 Rd ohne weitere Zunahmen glatt rechts str.
Zur Rundstricknd 8,0 mm wechseln und noch 1 Rd glatt rechts str.
32. Rd: * 2 M rechts zusammenstr, 1 U; ab * stets wiederholen.
33. Rd: Alle M rechts str.
Die 31. und 32. bis zu einer Höhe von 30 cm stets wiederholen.
Zur Rundstricknd 4,0 mm wechseln.
10 Rd kraus rechts str, dann alle M locker abk.

Fertigstellen

Alle Fäden vernähen. Die Taschenhenkel anbringen.

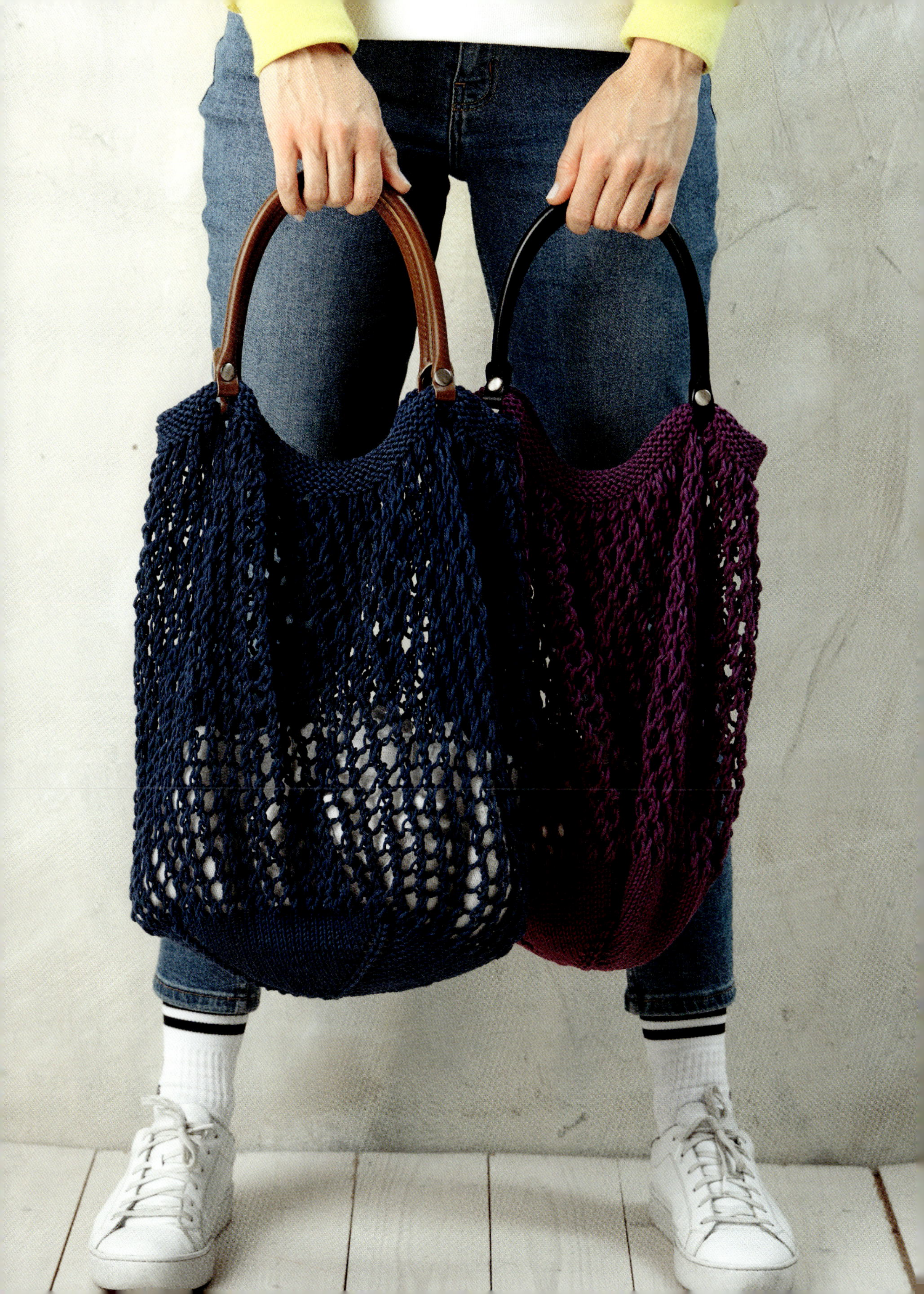

EINE EXTRA MASCHENPROBE FÜRS RUNDSTRICKEN?

Eine besondere Maschenprobe für das Stricken in Runden kann nötig werden, wenn die linken Maschen lockerer gestrickt werden und sie damit etwas größer sind als die rechten Maschen. Da beim Rundenstricken für glatt rechts nur rechte Maschen gestrickt werden, kann es sein, dass mehr Reihen auf 10 cm benötigt werden als beim Stricken in Reihen. Meistens kann das aber vernachlässigt werden. Beim Sockenstricken etwa wird die Länge eines Fußes bis zum Beginn der Spitze immer metrisch in cm angegeben, nie mit der Anzahl an Reihen. Damit ist das Problem bereits umgangen.

STRICKTRICK Wenn eine exakte Maschenprobe nötig wird, z.B. für ein Lochmuster, das in einen Sockenschaft eingestrickt wird, kann man sich Arbeit ersparen, indem man die Maschenprobe auf 2 Spielnadeln in Reihen arbeitet. Dazu nur die Hinreihen stricken und den Arbeitsfaden am Ende jeder Reihe trennen, um am Reihenbeginn der Vorderseite wieder anzusetzen.

STRICKMUSTER BEIM RUNDSTRICKEN

Da beim Stricken in Runden keine Ränder gearbeitet werden müssen, entfallen beim Rundstricken sowohl die Randmaschen als auch die Maschen, die ein Muster zum Rand hin abschließen. Es reiht sich also immer ein Musterrapport an den nächsten. Dabei wird jeweils beim markierten Rundenwechsel in die nächste Reihe der Strickschrift gewechselt. In sehr vielen Strickmustern werden die Maschen der Rückreihe gestrickt, wie sie erscheinen. Diese Muster lassen sich leicht auf das Rundstricken übertragen. Auch wenn es sich nun nicht um Rückreihen, sondern um rundgestrickte Hinreihen handelt, werden die Maschen dieser Zwischenreihen gestrickt, wie sie erscheinen.

Etwas komplizierter wird es bei Mustern, deren Rückreihen ebenfalls gemustert werden und so in den Strickschriften notiert sind. Solche Reihen müssen in Runden invers gestrickt werden, d.h. eine in einer Rückreihe links gestrickte Masche wird in der Runde rechts gestrickt, eine in einer Rückreihe rechts notierte Masche wird in der Runde links gestrickt. Eine links verschränkte Masche muss als rechts verschränkte Masche gearbeitet werden.

STRICKTRICK
Wer beim Rundstricken Streifen in verschiedenen Farben einstricken möchte, wird feststellen, dass sich an den Rundenübergängen kleine Farbtreppchen bilden. Einen schöneren Farbübergang erhält man, wenn die 1. Runde wie üblich mit der neuen Farbe gestrickt, die 1. Masche (die Treppchenmasche) in der 2. Runde dann jedoch nur abgehoben wird. Den Farbstreifen dann bis zur gewünschten Höhe weiterarbeitenn. Zum nächsten Farbwechsel dann wieder die 1. Masche der 2. Reihe in der neuen Farbe ungestrickt abheben.

STRICKKORDELN STRICKEN

Eine witzige und sehr dekorative Kleinigkeit, die ebenfalls rund gestrickt wird, ist die Strickkordel, auch I-Cord genannt.

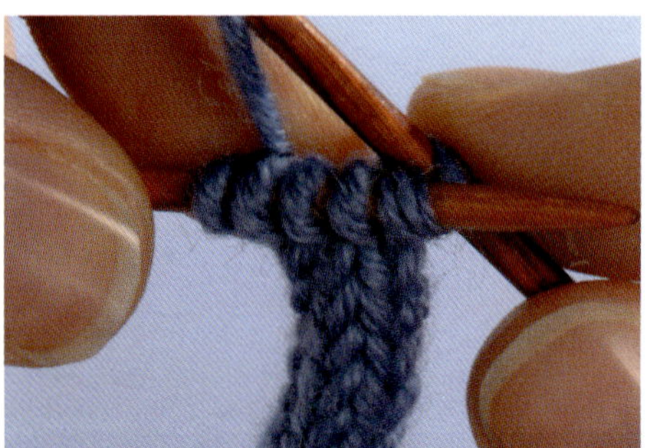

Dazu 3–6 Maschen auf einer Spielnadel anschlagen. Nun aber nicht wenden, sondern die Maschen an das andere Ende der Spielnadel schieben, den Faden hinter der Arbeit von links nach rechts holen, die 1. Masche rechts stricken und den Faden fest anziehen. Indem fortlaufend nur Hinreihen gestrickt werden und der Faden nach jedem Reihenwechsel gut angezogen wird, kann die Kordel bis zur gewünschten Höhe gestrickt werden.

SOCKEN STRICKEN

Socken sind wohl die beliebtesten Strickstücke, sowohl bei Strickenden als auch bei Beschenkten. Sie bleiben als Strickprojekt so überschaubar, dass auch wenig Geübte kaum Mühe haben, sie fertigzustellen, und sind so kleine Strickobjekte, dass sie in jeder Tasche und an jedem Bistrotisch noch Platz finden, um unterwegs nicht ohne Strickzeug bleiben zu müssen.

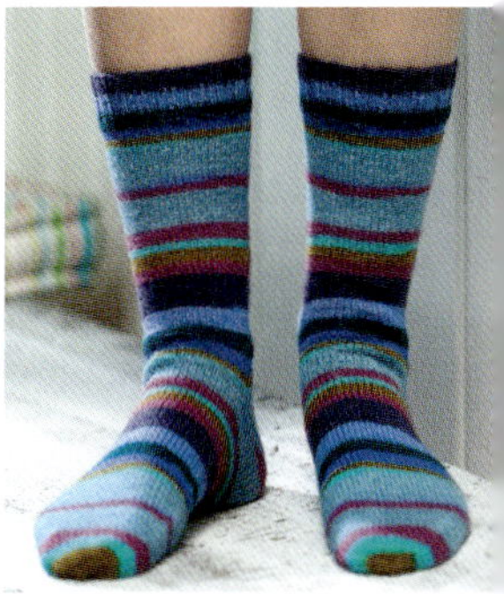

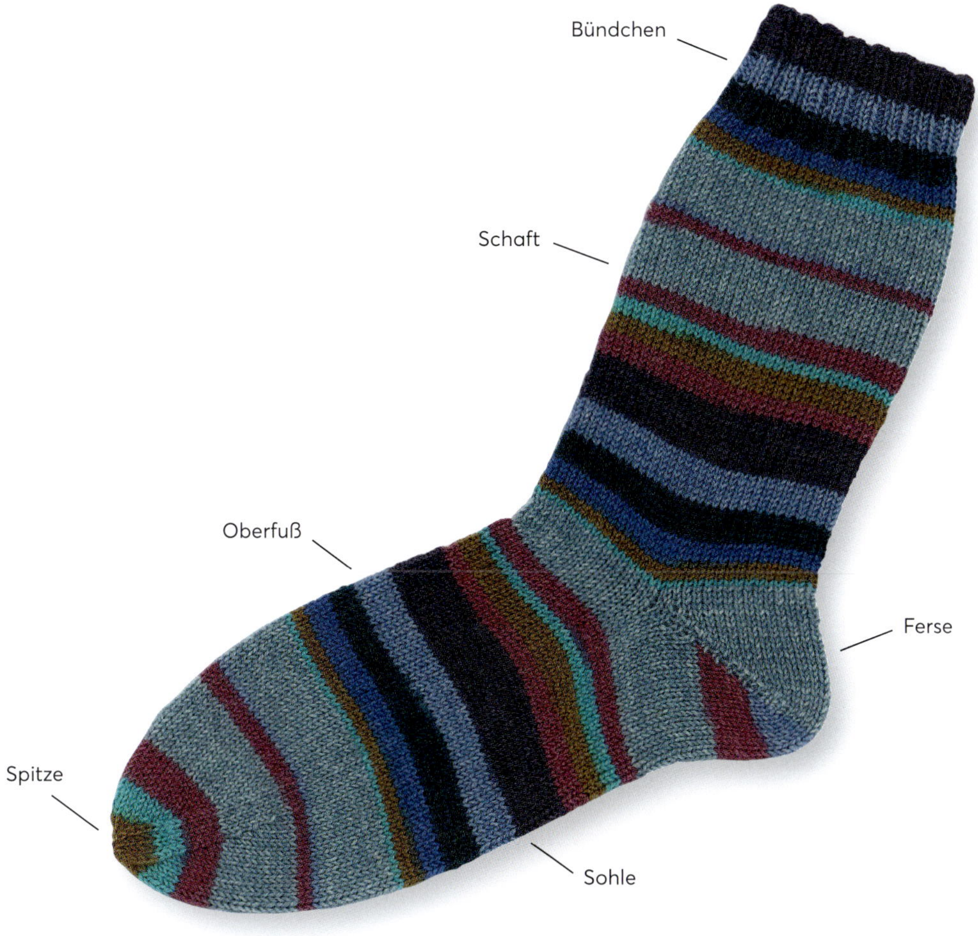

GRÖSSE
38/39

MATERIAL
Regia Landscape Color in Landscape Fog (Fb 4253), 100 g

Nadelspiel 2,5 mm

MASCHENPROBE
30 M und 42 R
= 10 cm x 10 cm

HINWEIS

Je mehr Wechsel von rechten und linken Maschen in einer Runde gearbeitet werden, desto elastischer wird das Bündchen. Werden die rechten Maschen außerdem noch verschränkt gestrickt, zieht sie das Bündchen noch stärker zusammen.

BÜNDCHEN

Zunächst in der Socken-Tabelle auf S. 149 die passende Größe in der gewählten Garnstärke heraussuchen. Diese Spalte gibt nun Auskunft über alle wichtigen Strickdetails für das zu strickende Sockenpaar.
Das möglichst elastische Bündchen soll die Socken am Bein halten und verhindern, dass sie rutschen. Gut geeignet sind alle Rippenbündchen aus Kombinationen von rechten und linken Maschen. Klassische Bündchenmuster für Socken sind:
* 1 Masche rechts, 1 Masche links * im Wechsel
* 2 Maschen rechts, 2 Maschen links * im Wechsel oder
* 1 Masche rechts verschränkt, 1 Masche links * im Wechsel
Dabei in den folgenden Runden immer die rechten Maschen wieder über rechten Maschen und die linken Maschen über linken Maschen platzieren.

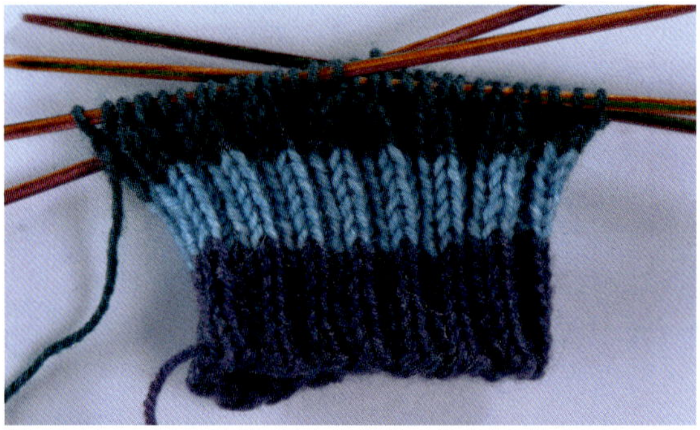

Die in der Tabelle angegebene Maschenzahl gleichmäßig auf 4 Nadeln des Nadelspiels verteilt anschlagen. Die Maschen zur Runde schließen, ohne dass sich die Anschlagkante verdreht und 3–5 cm im Bündchenmuster stricken.

SCHAFT

Als Schaft wird das Stück zwischen Bündchen und Ferse bezeichnet. Wenn an dieser Stelle ein Muster eingestrickt werden soll, unbedingt vorher sichergehen, dass die Maschenprobe besonders in der Maschenbreite stimmt!

STRICKTRICK

Für die Höhe des Schaftes gibt es eine Faustregel: Maschenzahl einer Spielnadel = Länge des Schaftes in cm (ohne Bündchen). Aber letztlich ist erlaubt, was gefällt!

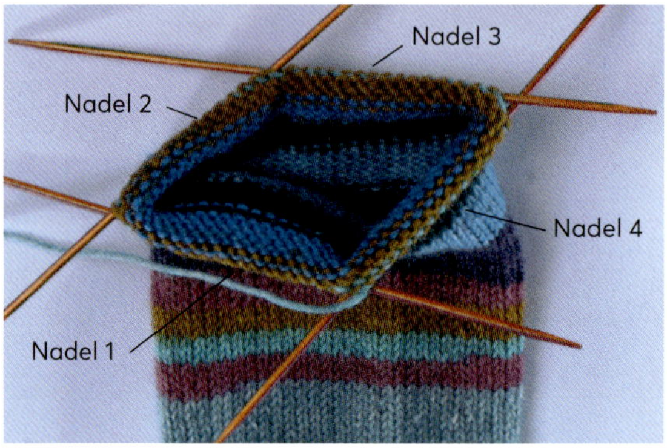

Für den Schaft weiter in Runden glatt rechts bis zur gewünschten Höhe stricken. An dieser Stelle ist es wichtig, den Überblick über seine zu Nadeln behalten! Ausgehend vom Anschlagfädchen, das die hintere Mitte der Ferse markiert, werden die 4 Nadeln in Strickrichtung durchnummeriert.

BUMERANG-FERSE

Die Ferse hilft dem Sockenschlauch nun um die Ecke. Es gibt viele verschiedene Fersen mit ganz unterschiedlichen Passformen und Arbeitsweisen. Die hier gezeigte Bumerang-Ferse lässt sich schnell und leicht arbeiten und bei Bedarf auch noch erweitern. Sie wird in 3 Schritten nur mit den Nadeln 1 und 4 gearbeitet. Die Maschen der Nadeln 2 und 3 zunächst stilllegen. Meistens bleiben die Maschen der Nadeln 2 und 3 so wie bisher auf den Spielnadeln. Besonders Sockenanfängern fällt das Fersenstricken aber häufig leichter, wenn die Maschen der Nadeln 2 und 3 zusammen auf den elastischen Teil einer Rundstricknadel gezogen werden, dort ruhen und so durch die bewegliche Rundung der Rundstricknadel mehr Platz für Strickbewegungen ist.

Für den oberen Teil der Bumerang-Ferse werden die Maschen der Nadeln 4 und 1 glatt rechts in verkürzten Hin- und Rückreihen mit Doppelmaschen an den Wendestellen gestrickt (S. 91).

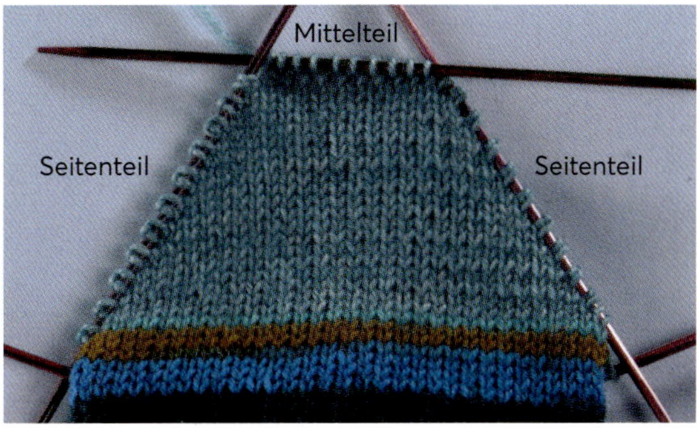

STRICKTRICK

Die Fersenmaschen teilen sich in einen Mittelteil (reguläre Maschen im oberen Teil) und in je einen Seitenteil (die Maschen, die im oberen Teil als Doppelmaschen vorliegen). Noch einmal einen Blick in die Tabelle werfen, dort stehen die Angaben zu allen Maschenzahlen!

1. Reihe (Hinreihe): Alle Maschen bis einschließlich der letzten Masche von Nadel 1 rechts stricken und wenden.
2. Reihe (Rückreihe): Zunächst eine Doppelmasche arbeiten. Dafür den Faden vor die Arbeit holen, mit der Arbeitsnadel wie zum Linksstricken in die erste Masche einstechen, Masche und Faden abheben, den Arbeitsfaden fest auf die Rückseite der Arbeit ziehen und zwischen den Nadeln wieder auf die Vorderseite der Arbeit holen, um die Maschen bis einschließlich der letzten Masche von Nadel 4 links zu stricken und wieder wenden.
3. Reihe (Hinreihe): Die erste Masche als Doppelmasche arbeiten, alle regulären Maschen bis zur Doppelmasche der Vorreihe rechts, die Doppelmasche selber aber nicht mehr stricken und wenden.
4. Reihe (Rückreihe): Die erste Masche als Doppelmasche arbeiten, alle regulären Maschen bis zur Doppelmasche der Vorreihe links, die Doppelmasche selber aber nicht mehr stricken und wenden.
Auf diese Weise kommt mit jeder verkürzten Reihe eine Doppelmasche an einer der beiden Seiten mehr hinzu, die regulären Maschen des Mittelteils werden von Reihe zu Reihe weniger.
Die 3. und 4. Reihe wiederholen, bis an beiden Seiten so viele Doppelmaschen auf den Nadeln liegen, wie in der Größentabelle (S. 149) angegeben.

HINWEIS

Beim Abstricken der Doppelmaschen gut darauf achten, immer gleichzeitig in beide Schlingen der Doppelmasche einzustechen!

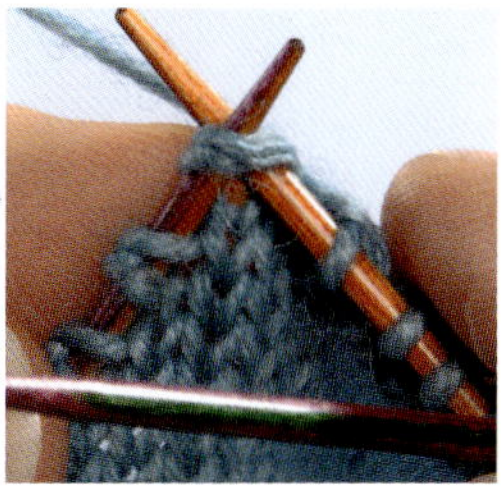

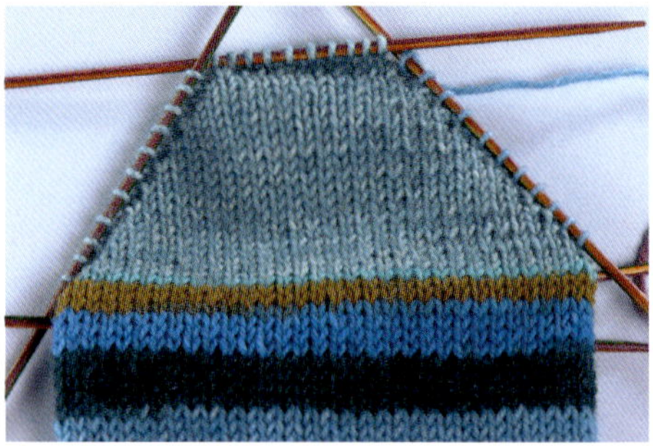

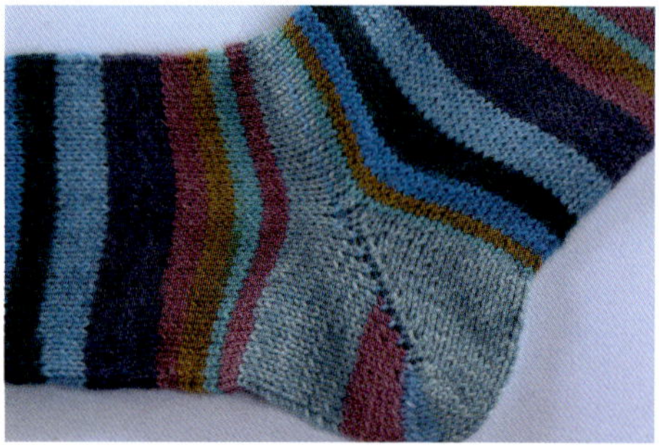

Besonders schön wird der Übergang vom oberen Teil der Bumerang-Ferse zum unteren Teil, wenn an dieser Stelle 2 Zwischenrunden gestrickt werden. Dazu über alle Maschen, also über die Fersenmaschen und die zuvor stillgelegten Maschen 2 Runden glatt rechts stricken.

Für den unteren Teil der Ferse wieder in Hin- und Rückreihen nur über die Fersenmaschen stricken. Wie im oberen Teil wird mitten in den Reihen mit Doppelmaschen gewendet, jedoch wandern die Doppelmaschen nun nicht von außen nach innen, sondern von innen nach außen.

HINWEIS

Gut darauf achten, beim Abstricken der Doppelmaschen in beide Fäden einzustechen!

1. Reihe (Hinreihe): Wieder an der Ferse angelangt, die Maschen des 1. Seitenteils und des Mittelteil, sowie die 1. Masche des 2. Seitenteils rechts stricken und wenden.
2. Reihe (Rückreihe): Aus der 1. Masche 1 Doppelmasche arbeiten, alle Mittelteilmaschen sowie die 1. Masche des Seitenteils links stricken und wenden.
3. Reihe (Hinreihe): Aus der 1. Masche 1 Doppelmasche arbeiten, alle Maschen bis einschließlich der Doppelmasche, sowie 1 Masche darüber hinaus rechts stricken und wenden.
4. Reihe (Rückreihe): Aus der 1. Masche 1 Doppelmasche arbeiten, alle Maschen bis einschließlich der Doppelmasche, sowie 1 Masche darüber hinaus links stricken und wenden. Auf diese Weise „wandern" die Doppelmaschen mit jeder Reihe weiter an den äußeren Rand.
Die 3. und 4. Reihe wiederholen, bis die beiden äußeren Fersenmaschen als Doppelmaschen vorliegen.

FUSS

Den Fuß wieder in Runden glatt rechts über alle Maschen stricken und noch einmal in die Tabelle schauen, dort ist die „Fußlänge bis Spitzenbeginn" angegeben.

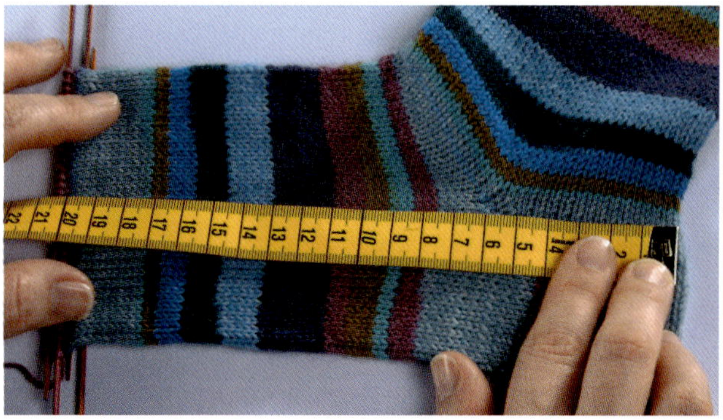

Zum Messen der Fußlänge die Socke flach auf den Tisch legen. Ist die passende Fußlänge erreicht, kann die Socke mit der Bandspitze geschlossen werden.

BANDSPITZE

Wie bei den Fersen gibt es auch bei den Spitzen mehrere Varianten mit verschiedenen Passformen. Die Bandspitze ist die in Deutschland wohl geläufigste.

Die Abnahmerunde der Bandspitze: Auf den Nadeln 1 und 3 jeweils die 2.- und 3.-letzte Masche mit Rechtsneigung [Linksneigung] zusammenstricken und auf den Nadeln 2 und 4 jeweils die 2. und 3. mit Linksneigung [Rechtsneigung] zusammenstricken (S. 58ff). Noch einmal einen Blick in die Socken-Tabelle (S. 149) werfen. Dort ist notiert, wie oft und mit wie vielen Zwischenrunden diese Abnahmerunde noch wiederholt werden soll.

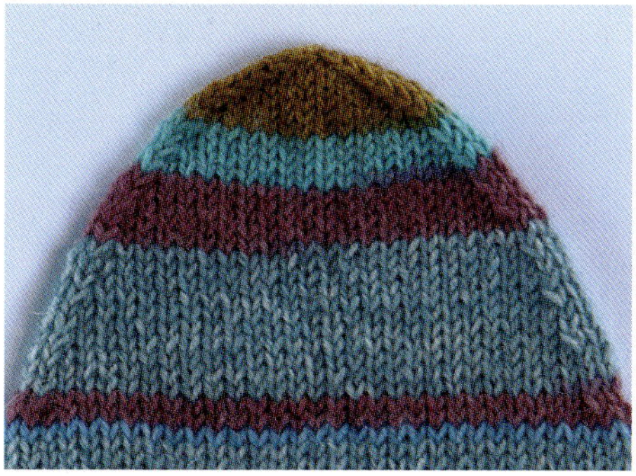

Wenn alle Abnahmen gearbeitet sind, bleiben nur noch 8 Maschen auf den 4 Nadeln verteilt. Den Faden trennen, auf eine Stopfnadel ziehen, 2x ringsum durch die Maschen nähen und fest anziehen. Den Faden sorgfältig auf der Innenseite vernähen.

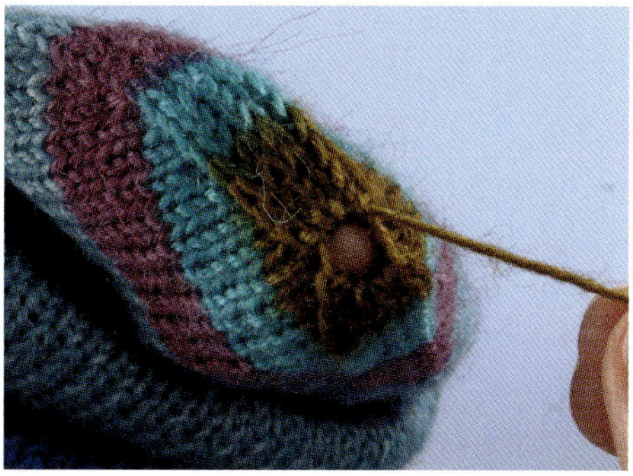

RUSSISCHER FADENANSATZ

Soll beim Stricken in Runden ein neuer Faden angesetzt werden, ein Fadenende auf eine Stopfnadel ziehen und mit der Nadel im Abstand von 5 cm vom Nadelkopf mehrmals spiralförmig durch das Garn nähen. Das Fadenende etwas anziehen, sodass sich eine Garnschlaufe bildet. Das neue Garn durch die Schlaufe fädeln und auch dieses Fadenende wieder mit Hilfe einer Stopfnadel in etwa 5 cm Entfernung vom Nadelkopf durch das Garn ziehen. Wenn beide Fadenenden gut angezogen und die überstehenden Stücke gekürzt werden, kann gleich weitergestrickt werden.

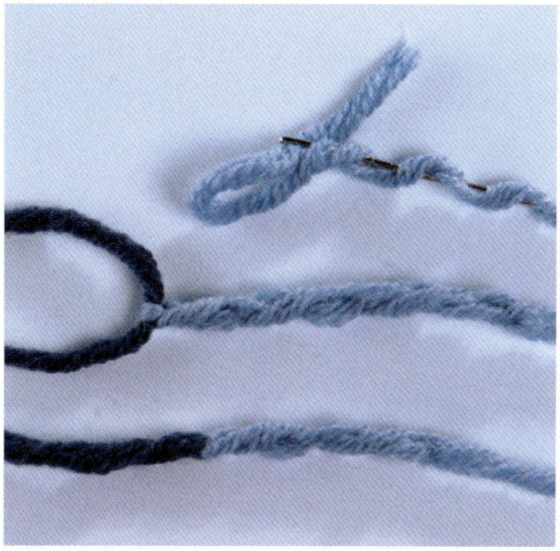

HINWEIS

Der russische Fadenansatz kann auch beim Stricken in Reihen verwendet werden.

AJOURSOCKEN

ROMANTISCH UND RAFFINIERT

GRÖSSE
38/39

MATERIAL
Schachenmayr Regia Premium Silk (LL 400 m/100 g) in Weiß (Fb 1), 100 g

Nadelspiel 2,0-3,0 mm

Rocailles, ø 2,7 mm, klar mit Silbereinzug

MASCHENPROBE
Im Spitzenmuster 32 M und 40 R = 10 cm x 10 cm

Beinmuster

Die ungeraden Rd nach der Strickschrift str, in den geraden Rd alle M rechts str.

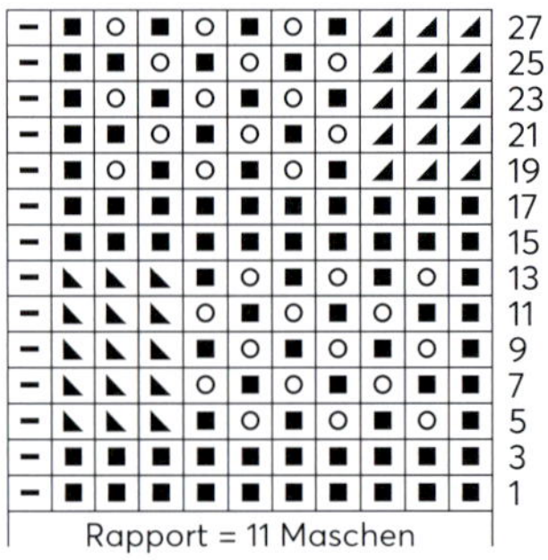

■ = 1 Masche rechts, in Rückreihen als linke Maschen stricken

− = 1 Masche links, in Rückreihen als rechte Maschen stricken

○ = 1 Umschlag

◢ = 2 Maschen rechts zusammenstricken

◣ = 1 Masche wie zum Rechtsstricken abheben, nächste Masche rechts stricken, abgehobene Masche überziehen

ANLEITUNG

Rocaillesbündchen

33 Rocailles auf das Sockengarn auffädeln und ein Stückchen auf das Garn schieben. 66 M gleichmäßig verteilt auf 4 Nd anschl (16+17+16+17 M) und zur Rd schließen. 7 Rd rechte M str, 1 Rd linke und 3 Rd rechte M str. Die Rocailles in der folgenden Rd mit einarb:

1 Rd: * 1 Rocaille auf dem Arbeitsfaden an die Nd heranholen, 1 M rechts, die Rocaille dabei mit durch die Schlinge ziehen, 1 M rechts; ab * noch 32x wiederholen.

1 Rd: * 1 M rechts verschränkt, 1 M rechts; ab * fortlaufend wiederholen, 2 weitere Rd rechte M str.

Die Anschlagkante nach innen schlagen mit der Rd aus linken M als Bruchkante. Mit der Hilfsnd die ersten 16 Schlingen der Anschlagkante auffassen, Hilfsnd und 1. Spielnadel parallel halten und jeweils eine M mit ihrer Anschlagschlinge rechts zusammenstr. Auf diese Weise alle 66 Anschlagschlingen mit den M verbinden. Weiter nach Strickschrift arb. Zur besseren Übersicht die M nun auf 3 Spielnadeln verteilen (22+22+22 M). 56 Rd nach Strickschrift arb (2 Höhenrapporte).

Erhöhung der Bumerang-Ferse

Die M wieder auf 4 Nd verteilen und die Ferse platzieren:

Nd 1: 21 M rechts

Nd 2: 17 M nach Strickschrift

Nd 3: 17 M nach Strickschrift (16 M nach Rapport und 1 M links)

Nd 4: 11 M rechts, noch 5 M von Nd 1 rechts (16+17+17+16 M).

In dieser Einteilung 8 Rd arb.

Ferse

Die Bumerang-Ferse nur über die M der Nd 1 und 4 arb. Dazu in der ersten Hinr alle M der Nd 1 rechts str und wenden. Die erste M als Dm abheben, die M der Nd 1 und 4 links str und wenden.

Hinr: Die erste M als Dm abheben, alle M bis zur Dm rechts str und wenden.

Rückr: Die erste M als Dm abheben, alle M bis zur Dm links str und wenden. Die letzten beiden R so lange wiederholen, bis sich auf beiden Nd jeweils 11 Dm befinden und noch über 10 reguläre M gestrickt wird.

Über die M aller 4 Nd 2 Rd str, mit Nd 1 und 4 glatt rechts, mit Nd 2 und 3 im Beinmuster (9. und 10. Rd) str, dabei darauf achten, die Dm jeweils als 1 M abzustr.

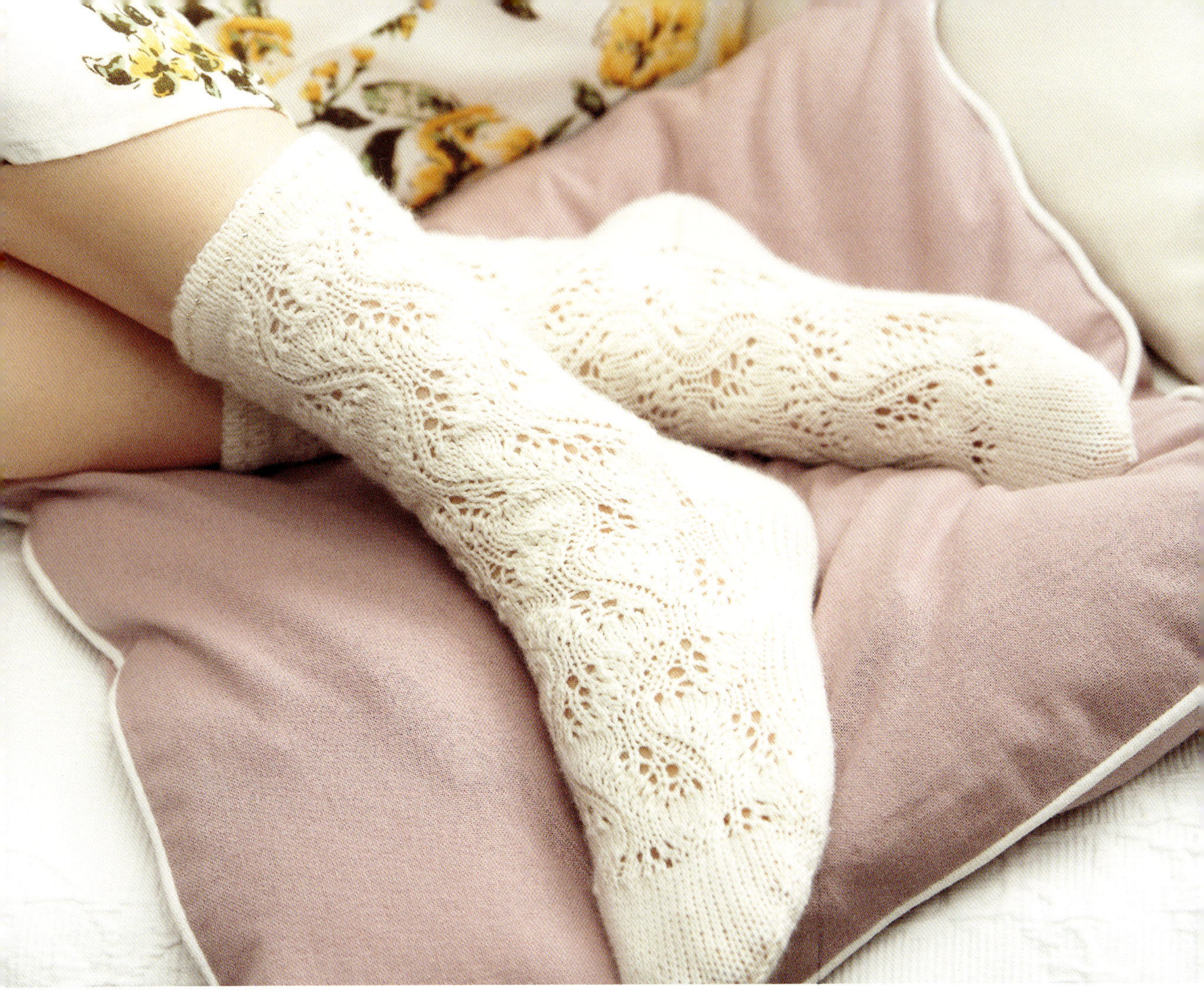

Für den unteren Teil der Bumerang-Ferse wieder nur über die M der Nd 1 und 4 str. Dazu 22 M rechts str und wenden.
1 M als Dm abheben. 11 M links str und wenden.
Hinr: Eine M als Dm abheben, alle M bis einschließlich der Dm aus der unteren R rechts str, 1 weitere M rechts str und wenden.
Rückr: 1 M als Dm abheben, alle M bis einschließlich der Dm aus der unteren R links str, 1 weitere M links str und wenden.
Die letzten beiden R wiederholen, bis die beiden äußeren M als Dm vorliegen.
Für den Fuß weiter in Rd über die M aller 4 Nd str, die M der Nd 1 und 4 (Sohle) glatt rechts, die M der Nd 2 und 3 (Oberfuß) im Beinmuster.
Bei einer Fußlänge von 19,5-20 cm nach einer gerade Rd der Strickschrift 1 Rd rechte M str, dabei die 2. und 3. M von Nd 2 rechts zusammenstr und die zweit- und drittletzte M von Nd 3 wie zum Rechtsstr abheben, wieder zurück auf die linke Nd heben und rechts zusammenstr (16+16+16+16 M).

Spitze

Abnahme-Rd: Alle M rechts str, dabei mit Nd 1 und mit Nd 3 die zweit- und drittletzte M rechts zusammenstr und mit Nd 2 und Nd 4 die 2. und 3. M nacheinander wie zum Rechtsstr abheben, wieder zurück auf die linke Nd heben und rechts zusammenstr. Diese Abnahme-Rd noch 1x in jeder 4. Rd, 2x in jeder 3. Rd, 3x in jeder 2. Rd und 7x in jeder Rd wiederholen. Den Faden durch die restlichen 8 M ziehen und vernähen.

MIT FARBEN STRICKEN

Soll ein Strickstück gleich in mehreren Farben erstrahlen, gibt es dazu mehrere Möglichkeiten.

GESTICKTER MASCHENSTICH

Mit dem gestickten Maschenstich lässt sich auch nachträglich noch Farbe auf ein glatt rechtes Strickstück tricksen. Er eignet sich besonders für einzelne kleine Motive. Die neue Farbe fügt sich dabei in das Maschenbild des Strickgrundes ein. Dazu am besten ein Garn der gleichen Qualität benutzen. Mit einer stumpfen Wollnadel ohne Spitze fällt es leicht, nur in die Maschenzwischenräume und nicht ins Garn einzustechen. Der Maschenstich wird nach Zählmuster gearbeitet, bei dem jedes Kästchen einer Masche entspricht.

HINWEIS

Für ein gleichmäßiges Maschenbild den Maschenstich möglichst immer in Strickrichtung ausführen, Rechtshänder arbeiten ihn also von rechts nach links, Linkshänder von links nach rechts.

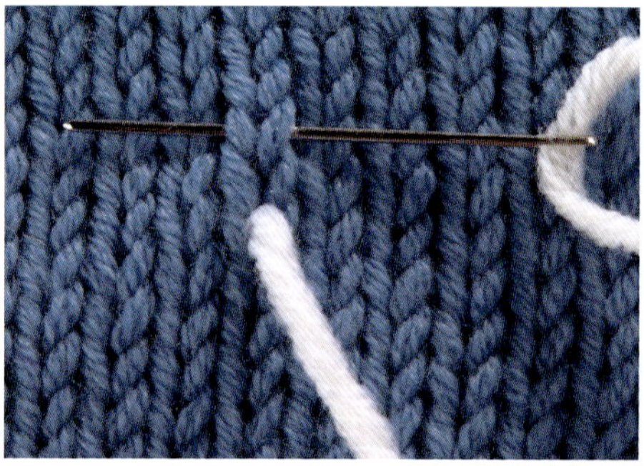

Die Nadel von hinten durch die Mitte der Masche stechen, die sich unter der 1. zu bestickenden Masche befindet, und den Faden bis auf 15 cm durchziehen. 2 Maschen darüber die Masche waagerecht auffassen – Rechtshänder von rechts nach links, Linkshänder von links nach rechts.

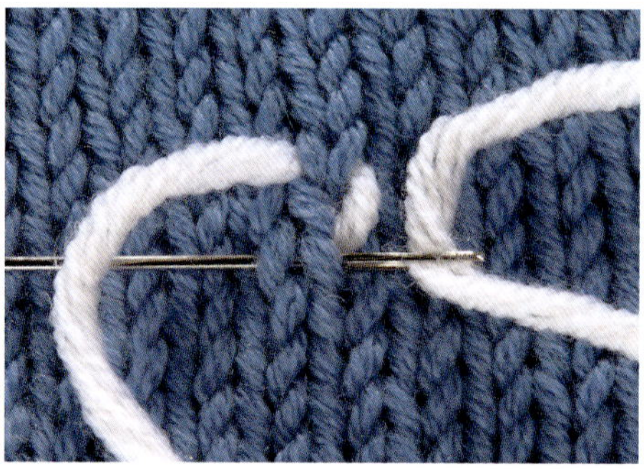

Den Faden anziehen, wieder in die Mitte der Masche einstechen und in der Mitte der folgenden Masche ausstechen. Diese beiden Schritte für alle Maschen der Reihe wiederholen. Mit jedem Stich wird jeweils eine halbe Masche überstickt.

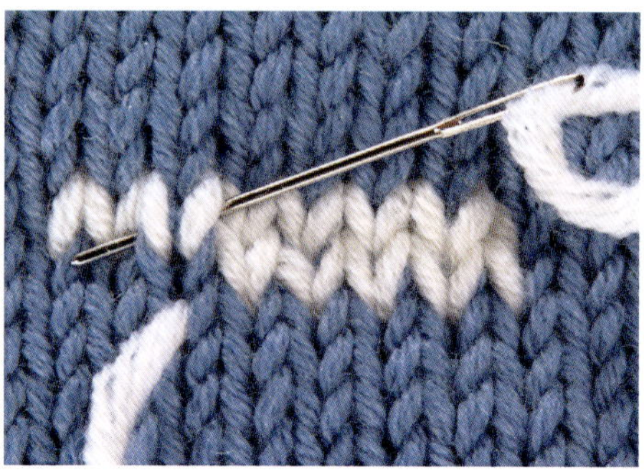

Bei der letzten Masche nur noch in die Mitte der Masche einstechen und Faden und Nadel auf der Rückseite der Arbeit halten. Die Arbeit (und anfangs auch das Zählmuster) um 180° drehen, wieder unter der nächsten zu bestickenden Masche ausstechen und die Maschen erneut in Strickrichtung besticken. So lässt sich das gesamte Motiv nach Zählmuster aufsticken. Anschließend die Fäden auf der Rückseite vernähen.

JACQUARD- ODER NORWEGERTECHNIK

In der Jacquard- oder Norwegertechnik entstehen dagegen tatsächlich mehrfarbige Einstrickmuster. In der Regel wird glatt rechts gestrickt und es gehören mindestens 2 Farben dazu: die Grundfarbe und die Musterfarbe. Während man mit der einen Farbe arbeitet, läuft der andere Faden lose auf der Rückseite der Arbeit mit, bis er nach Farbmuster wieder gestrickt wird.

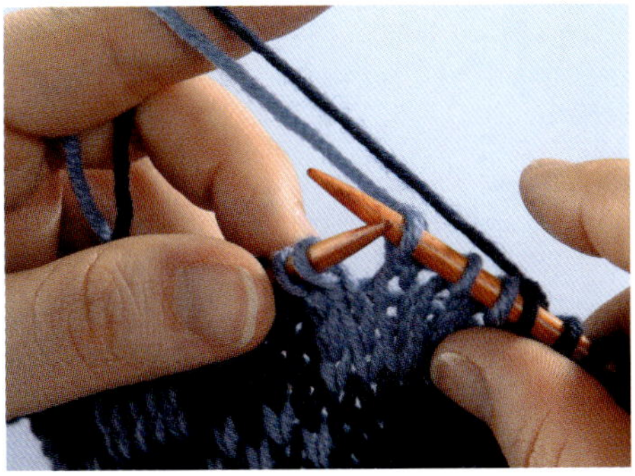

Dabei können beide Farben nebeneinander auf einem Zeigefinger laufen ...

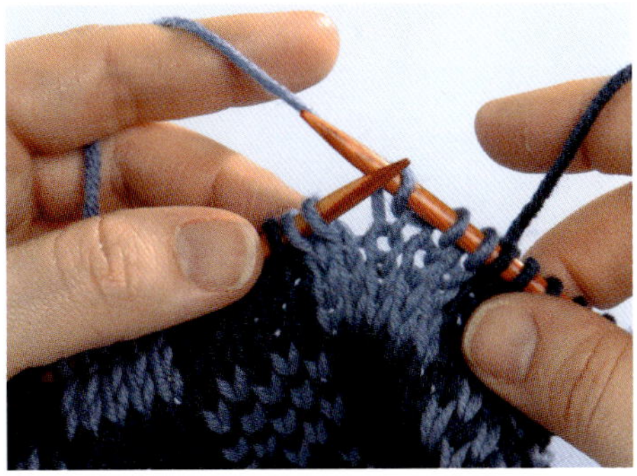

... oder mit ein wenig Übung auf jeder Seite eine Farbe.

STRICKTRICK

Beim Ansetzen der Kontrastfarbe die vorigen Maschen auf der Arbeitsnadel so weit auseinanderziehen, wie sie auch im Maschenbild erscheinen werden. Damit misst man jedes Mal die Länge ab, die ein Faden auf der Rückseite läuft, bevor er in einer neuen Masche wieder auf der Vorderseite erscheint.

HINWEIS

Werden die Spannfäden auf der Rückseite der Arbeit zu fest angezogen, erscheinen die nächsten Maschen beim Farbwechsel auffallend klein und der Strickstoff wellt sich. Werden die Spannfäden dagegen nicht genügend angezogen, bilden sie Schlaufen, in denen man leicht mit Fingern, Zehen oder kleineren Gegenständen hängen bleibt, und im Maschenbild zeigen sich zu große Maschen.

Die Fäden auf der Rückseite sollten möglichst nicht über mehr als 5–8 Maschen gespannt werden, um Schlaufen zu vermeiden. Wenn die Farbabstände in dem Muster jedoch einmal größer sind, kann der Spannfaden mit der aktuellen Musterfarbe eingewebt werden. Dazu beide Fäden auf der Rückseite der Arbeit umeinanderschlingen.

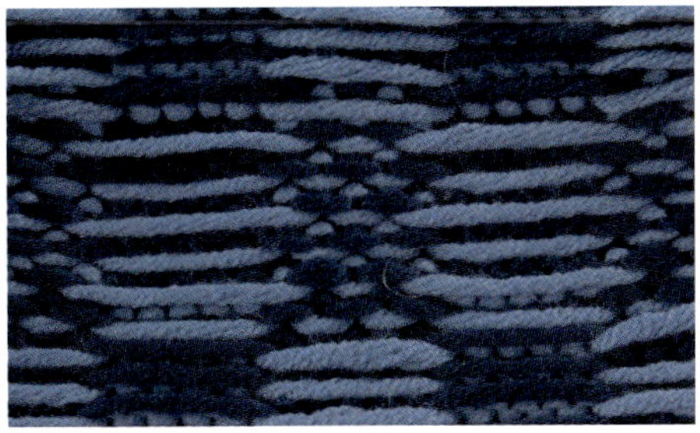

Um unabhängig vom Farbmuster beide Fäden stets bis zum Rand zu spannen, für die letzte Randmasche einer Reihe noch einmal die Farbe wechseln und die gleiche Masche nach dem Wenden wieder mit der ersten Farbe stricken. Die folgende Masche nach Farbmuster weiterstricken.

HINWEIS

Es ist auf diese Weise auch möglich, einzelne Reihen mit 3 Farben zu arbeiten. Einfacher ist es aber, alle weiteren Farben später im Maschenstich aufzusticken!

STRICKTRICK
Für dasStricken von Farbmustern die Wollknäuel in eine große Gefriertüte mit Zippverschluss stecken, am Tütenboden Löcher einstanzen und je einen Farbfaden hindurchfädeln. So vermeidet man bei Farbmustern, dass sich die Knäuel zu einem großen Knoten verwirren.

DOUBLE-FACE-TECHNIK

In der Double-Face-Technik erhält ein Strickstück zwei schöne Gesichter. Bei einem farbig gestrickten Schal oder einer Decke muss dann keine Rückseite mit Spannfäden mehr versteckt werden. Der besondere Clou an dieser Technik ist, dass ein zweifarbiges Muster auf der anderen Seite als negatives Bild erscheint. Die Farben sind im Muster genau vertauscht. Das Maschenbild beider Seiten ist in der Regel glatt rechts, die Seiten rollen sich jedoch nicht ein.

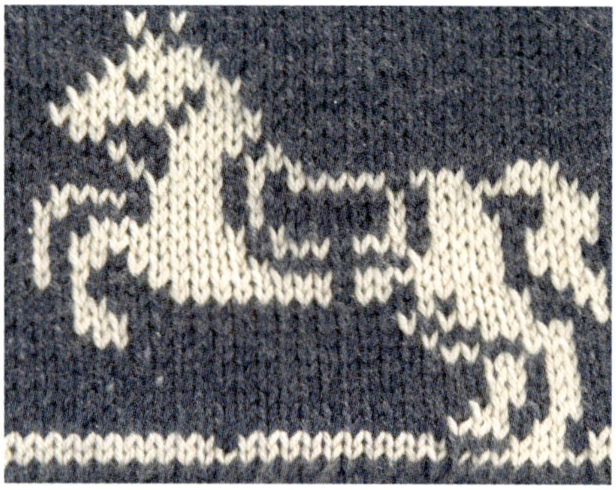

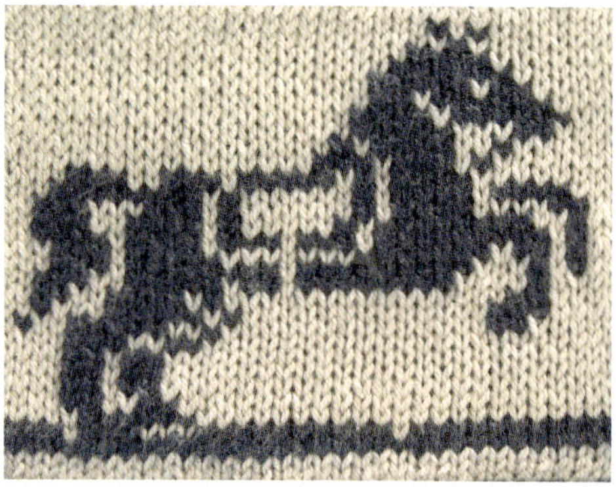

Mit beiden Farben gleichzeitig die benötigte Maschenzahl anschlagen. Auch die Randmaschen in der Double-Face-Technik immer mit beiden Farben gleichzeitig stricken. In den beiden ersten Reihen werden zunächst die Maschen in die benötigte Reihenfolge gebracht. Dazu immer abwechselnd 1 Masche der Farbe A rechts stricken, dann 1 Masche der Farbe B links stricken. Nach dem Wenden wird in der Rückreihe abwechselnd 1 Masche der Farbe B rechts gestrickt, dann 1 Masche der Farbe A links. Auf diese Weise entsteht ein auf beiden Seiten glatt rechts erscheinendes Strickstück, die eine Seite vollständig in Farbe A, die andere Seite vollständig in Farbe B.
Für den Farbwechsel in einem zweifarbigen Muster eine ursprüngliche Masche der Farbe A in Farbe B rechts stricken, die darauf folgende in Farbe B gestrickte Masche in Farbe A links stricken und nach Zählmuster arbeiten. Zum Schluss wieder mit beiden Farben gleichzeitig abketten.

MOSAIKMUSTER

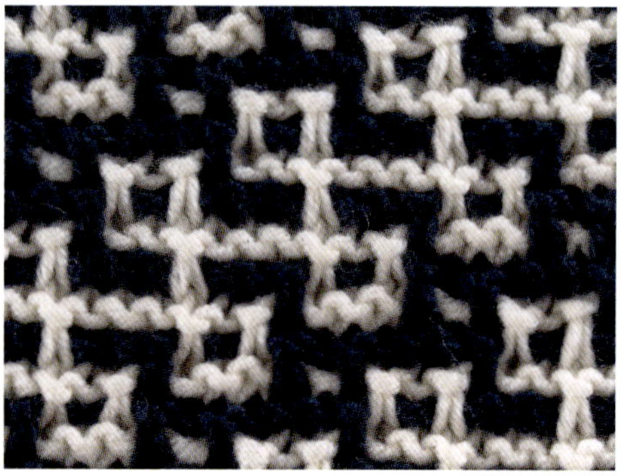

Die Mosaik- oder Hebemaschentechnik ist eine trickreiche Art, mehrfarbige Muster zu arbeiten, dabei aber immer nur mit einer Farbe pro Reihe oder Runde zu stricken. Es treten also hier auch kaum Spannfäden auf. Der Clou besteht darin, jeweils Hin- und Rückreihe in einer Farbe zu arbeiten, dabei jedoch nur die Maschen zu stricken, für die im Zählmuster diese Farbe vorgesehen ist. Die Maschen, die in dieser Reihe andersfarbig erscheinen sollen, werden einfach ungestrickt abgehoben.

Die einfachsten Mosaikmuster werden in Hin- und Rückreihen kraus rechts nach zweifarbigen Farbmustern gearbeitet. Anleitungen für Mosaikmuster mit Wechsel aus rechten und linken Maschen oder Spannfäden auf der Vorderseite benötigen jedoch noch mehr Informationen. Dazu werden Farbmuster und Strickschrift kombiniert. Jede Anleitung erklärt ausführlich, wie die verwendeten Symbole zu lesen sind. Hier ein Beispiel:

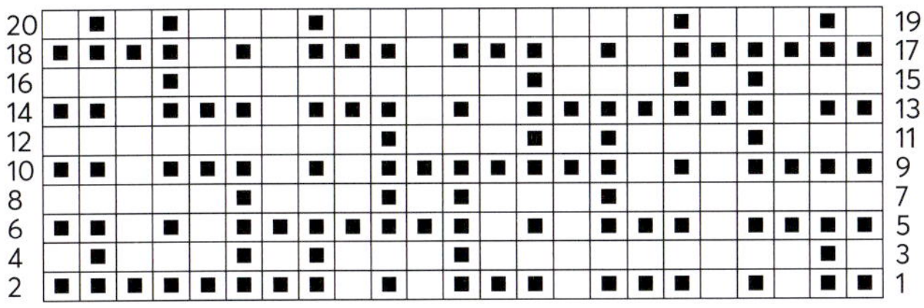

Immer 2 Reihen mit einer Farbe stricken, dabei in den Reihen 1 und 2 mit Farbe ■ beginnen. Die mit ■ markierten Maschen rechts stricken. Die Maschen, die andersfarbig erscheinen sollen, abheben. In den Reihen 3 und 4 mit Farbe □ arbeiten und wieder nur die mit □ markierten Maschen rechts stricken, die andersfarbigen Maschen abheben.

Mosaikmuster bekommen einen besonderen Reiz, wenn im Farbmuster zusätzlich zu den rechten auch linke Maschen gearbeitet werden oder der Faden nach Anleitung nicht wie üblich auf der Rückseite der Arbeit verläuft, sondern vorne sichtbar wird.

HINWEIS

Ob ein Mosaikmuster glatt rechts oder kraus rechts gestrickt wird, steht im Anleitungstext. Im Zählmuster ist nur die Farbverteilung notiert. Sie gibt keine Informationen über die Strickart, auch wenn, wie in diesem Beispiel, Symbole ähnlich denen für rechte Maschen verwendet werden.

INTARSIEN

Um verschiedenfarbige Flächen nebeneinander zu arbeiten, wird in der Intarsientechnik pro Farbfläche mit einem Knäuel oder einer speziellen Spule gearbeitet. Diese Technik ist nur zum Stricken in Reihen geeignet. Häufig wird in Intarsientechnik der Hintergrund für prächtig bestickte Strickstücke geschaffen.

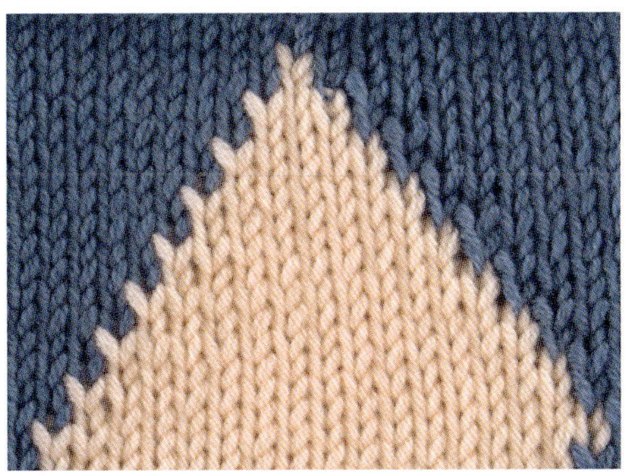

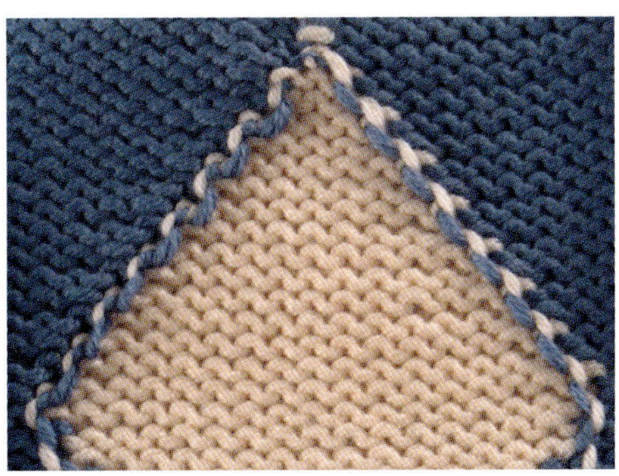

Mit einer Farbe wird bis zum Farbwechsel gestrickt, dann setzt die zweite Farbe an und der Faden der ersten Farbe bleibt an dieser Stelle zurück. Damit an den Übergängen keine Löcher entstehen, werden die Fäden bei jedem Farbwechsel umeinandergeschlungen und verdreht. Auf diese Weise werden Reihe für Reihe die Farbflächen miteinander verbunden.

Bei senkrechten Linien wechselt die Farbe in jeder Hin- und Rückreihe an der gleichen Stelle. Der Farbwechsel kann aber auch um eine oder mehrere Maschen verschoben werden.

SOCKEN AUF ZACK
WOLLSOCKEN ROCKEN!

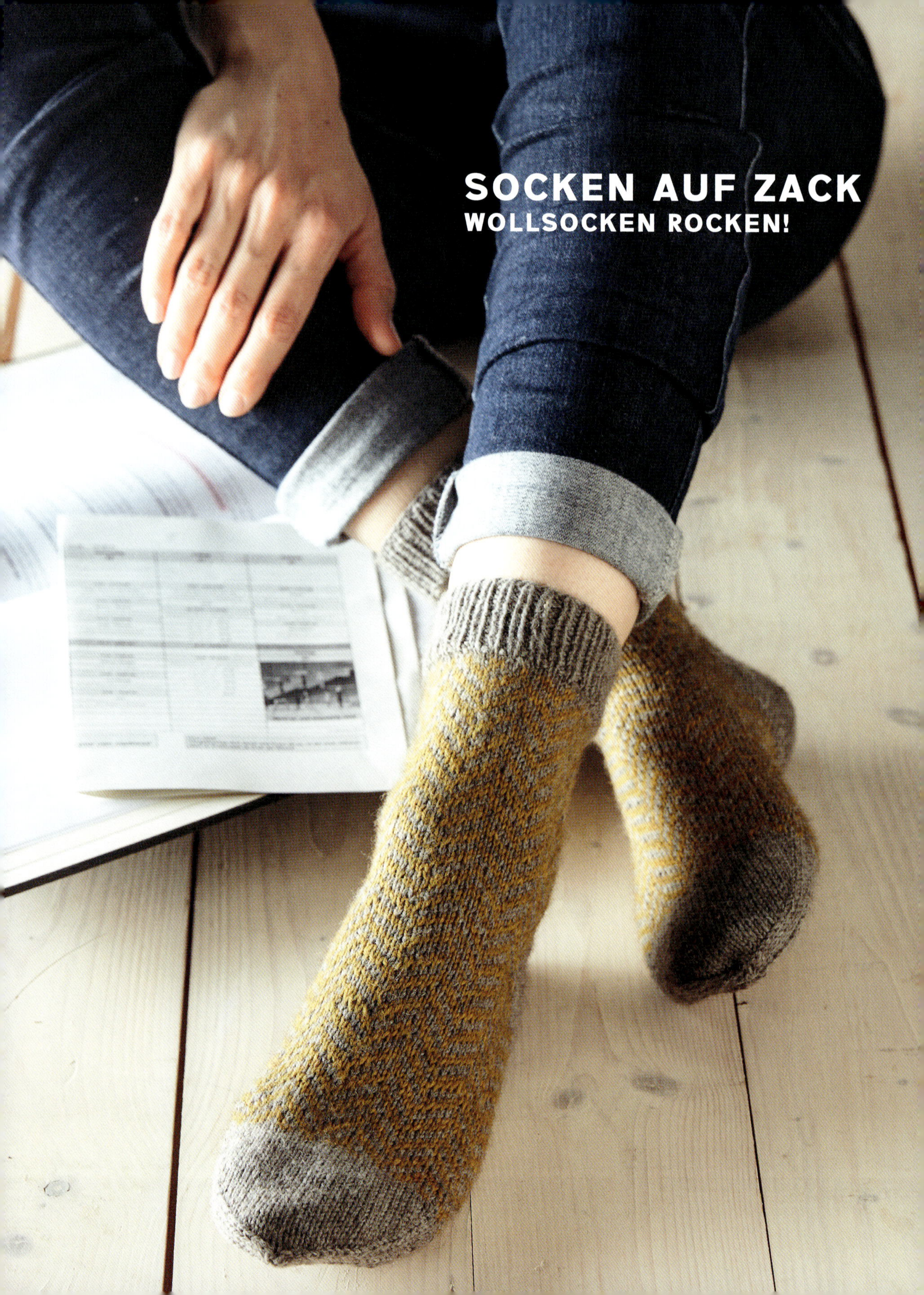

GRÖSSE
38/39

MATERIAL
Schachenmayr Regia Premium Merino Yak (LL 400 m/50 g) in Gras Green (Fb 7516) und Kiesel meliert (Fb 7511), je 50 g

Nadelspiel 2,0-3,0 mm

MASCHENPROBE
Im Jacquardmuster mit Nd 2,0-3,0 mm 34 M und 40 R = 10 cm x 10 cm

Bündchenmuster
* 1 M rechts, 1 M links; ab * fortlaufend wiederholen.

Jacquardmuster

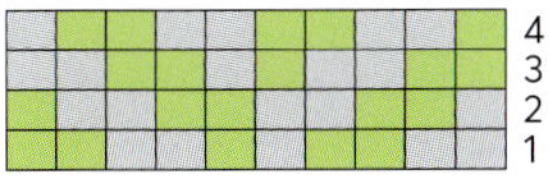

= 1 Masche in Kiesel meliert

= 1 Masche in Gras Green

ANLEITUNG

60 M in Kiesel meliert anschl, zur Rd schließen und 15 Rd im Bündchenmuster str (15+15+15+15 M). Als Übergang zum Muster noch 1 Rd rechte M str, dabei über alle 4 Nd nach jeder 6. M je 1 M zunehmen (17+18+17+18 M).
42 Rd im Jaquardmuster arb (10x die 1.-4. Rd und noch 1x die 1.-2. Rd). In einer Schafthöhe von 16 cm den Faden in Gras Green abschneiden. Die letzten beiden M der Nd 1 zu den M der Nd 2 und die letzten beiden M der Nd 3 zu den M der Nd 4 heben (15+20+15+20 M).

Ferse
Die Bumerang-Ferse über die M der Nd 1 und 4 in Kiesel meliert arb. Dazu die 35 Fersen-M auf eine Nd legen, in der 1. Hinr alle M rechts str, wenden. Die 1. M als Dm abheben und alle M links str, wenden.
Hinr: Die 1. M als Dm abheben, bis zur nächsten Dm rechts str, wenden.
Rückr: Die 1. M als Dm abheben, bis zur nächsten Dm links str, wenden.
Die letzten beiden R wiederholen, bis sich auf beiden Nd jeweils 12 Dm befinden und über 11 reguläre M gestrickt wird.
Über die M aller 4 Nd 2 Rd rechte M str, dabei die Dm als jeweils 1 M abstr. Die M der Nd 1 und 4 in Kiesel meliert, die M der Nd 2 und 3 im Muster arb. Den Faden in Gras Green in beiden Rd bei Nd 2 neu ansetzen und nach der letzten M von Nd 3 trennen.
Für den unteren Teil der Ferse in Kiesel meliert über die Nd 1 und 4 str. 24 M rechts str und wenden. 1 M als Dm abheben, 12 M links str und wenden.
Hinr: 1 M als Dm abheben, alle M bis einschließlich der Dm aus der Vorr rechts str, 1 weitere M rechts str, wenden.
Rückr: 1 M als Dm abheben, alle M bis einschließlich der Dm aus der Vorr links str, 1 weitere M links str, wenden.
Die letzten beiden R wiederholen, bis die beiden äußeren M als Dm vorliegen.
In der letzten einfarbigen Hinr die Fersen-M auf 2 Spielnadeln aufteilen, die ersten 20 der 35 M in Kiesel meliert auf Nd 4 abstr. Die verbleibenden 15 M auf Nd 1 im Jaquardmuster str (15+20+15+20 M).

Fuss
Für den Fuß 44 Rd im Jaquardmuster str. In einer Fußlänge von 19,5-20 cm den Faden in Gras Green abschneiden und in Kiesel meliert eine vorbereitende Rd zur Bandspitze arb:
Nd 1: 15 M rechts.
Nd 2: 16 M rechts str, 2 M rechts zusammenstr, die beiden letzten M ungestrickt auf Nd 3 heben.
Nd 3: 17 M rechts.
Nd 4: 16 M rechts, 2 M rechts zusammenstr, die letzten beiden M ungestrickt auf Nd 1 heben (17+17+17+17 M).

Spitze
Für die erste Abnahme-Rd alle M rechts str, auf Nd 1 und 3 die 2.- und 3.-letzte M rechts zusammenstr und auf Nd 2 und 4 die 2. und 3. M nacheinander wie zum Rechtsstr abheben, zurück auf die linke Nd heben und beide M rechts zusammenstr. Diese Abnahme-Rd noch 1x in jeder 4. Rd, 2x in jeder 3. Rd, 3x in jeder 2. Rd und 8x in jeder Rd wiederholen. Den Faden durch die restlichen 8 M ziehen und vernähen.

FAUST-HANDSCHUHE
GENIAL GEOMETRISCH

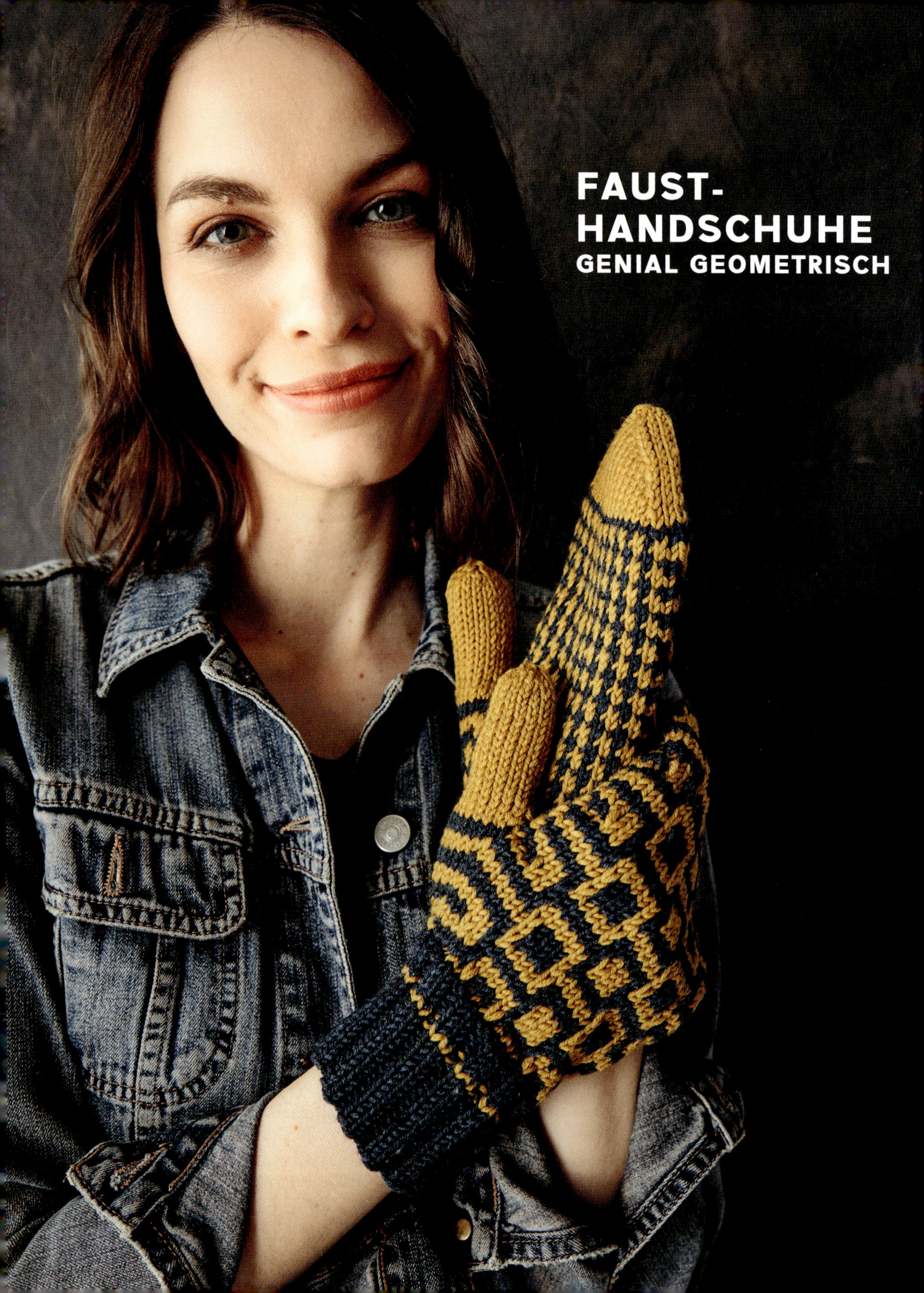

Bündchenmuster

* 2 M rechts, 2 M links str; ab * stets wiederholen.

Hebemaschenmuster

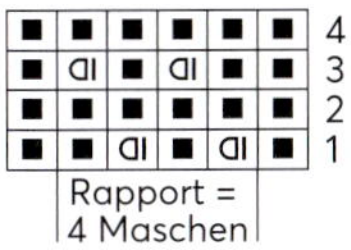

■ = 1 Masche rechts

ɑl = 1 Masche abheben mit dem Faden hinter der Arbeit

Mosaikmuster

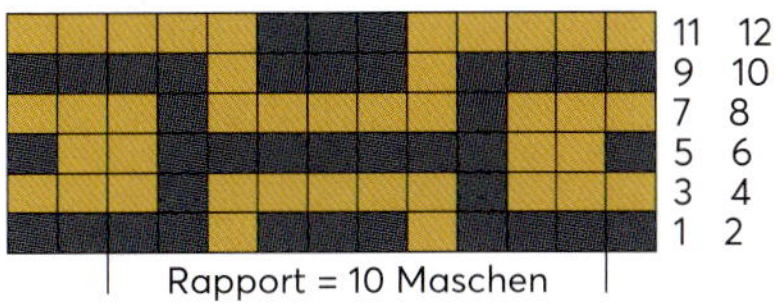

■ = 1 Masche in Schwarzblau meliert

■ = 1 Masche in Olivgelb

ANLEITUNG

48 M in Schwarzblau auf dem Ndspiel anschl (= 12 M pro Nd), zur Rd schließen und bis zu einer Höhe von 6 cm im Bündchenmuster str: 15 Rd in Schwarzblau, 1 Rd in Olivgelb und noch 5 Rd in Schwarzblau.
1 Rd rechte M in Olivgelb meliert str, dabei die 1. und 2. M der Nd 1 rechts zusammenstr (11+12+12+12 = 47 M).
In den folgenden Rd werden Handrücken und Handfläche unterschiedlich gemustert: mit den Nd 1 und 2 (= 23 M) das Mosaikmuster und mit den Nd 3 und 4 (= 24 M) das Hebemaschenmuster arb. Jeweils 2 Rd abwechselnd in Schwarzblau und Olivgelb str. An den Rd-Übergängen die beiden Fäden miteinander verdrehen, damit keine Löcher entstehen.
Beginnend mit Schwarzblau 23 M (Nd 1+2) im Mosaikmuster, dann 24 M (Nd 3+4) im Hebemaschenmuster str und in Rd nach Strickschriften und in der Farbfolge weiterarb. Dabei für den rechten Handschuh nach der 2. M und nach der 4. M von Nd 3 bzw. für den linken Handschuh nach der 8. M und nach der 10. M von Nd 4 je einen M-Markierer einhängen.
In der 3., 6., 9., 12., 14. und 16. Rd für den Daumenkeil nach dem 1. Markierer und vor dem 2. Markierer jeweils 1 M verschränkt aus dem Querfaden zunehmen (= 2 Zunahmen pro Zunahme-Rd) und alle M zwischen den Markierern in allen Rd glatt rechts in der Farbe der jeweiligen Rd str (= 59 M).
Die 14 gestreift gestrickten M von Nd 3 bzw. 4 auf einer Sicherheitsnd für den Daumen stilllegen. In der folgenden Rd über dem Daumenloch (nach den ersten beiden M der Nd 3 bzw. vor den letzten beiden M der Nd 4) 5 neue M aufschlingen und alle übrigen M weiter nach Muster str. In der folgenden Rd 2x 2 der 4 neuen M rechts zusammenstr und im Hebemaschenmuster der übrigen M abstr.
In einer Höhe von 14 cm ab dem Bündchen in Olivgelb eine Bandspitze arb: Die 2. und 3. M von Nd 1 und Nd 3 mit Linksneigung zusammenstr und die 2.- und 3.-letzte M von Nd 2 und Nd 4 mit Rechtsneigung zusammenstr. Diese Abnahmen noch 4x in jeder 2. Rd und 6x in jeder Rd wiederholen. Die letzte Abnahme auf Nd 3 auslassen, da sich hier 1 M weniger befand.
Den Faden abschneiden, mit einer Stopfnadel durch die letzten 8 M ziehen und auf der Innenseite gut vernähen.
Für den Daumen aus den aufgeschlungenen Daumen-M 5 neue M in Olivgelb auffassen und gemeinsam mit den 14 stillgelegten M der Sicherheitsnd so auf dem Ndspiel verteilen, dass sich auf 3 Nd je 4 M befinden und auf 1 Spielnadel die 5 neuen M mit seitlich je 1 der stillgelegten M (= 19 M). Den Daumen in Olivgelb glatt rechts str, dabei in der 2. Rd 2x 2 der 5 neuen M zusammenstr (4+4+4+5 = 17 M).
In einer Höhe von 5 cm in Olivgelb für die Daumenabn jeweils die ersten beiden M jeder Nd rechts zusammenstr, bis nur noch 4 M übrig sind. Den Faden abschneiden, mit einer Stopfnadel durch die letzten 4 M ziehen und auf der Innenseite gut vernähen.
Einen rechten und einen linken Handschuh arb.

GRÖSSE

Einheitsgröße

MATERIAL

Lana Grossa Bingo Melange GOTS (LL 80 m/50 g) in Schwarzblau meliert (Fb 311), 100 g, und in Dunkeloliv/Olivgelb meliert (Fb 308), 50 g

Nadelspiel 3,0-4,0 mm

Sicherheitsnadel

MASCHENPROBE

Im Mosaikmuster mit Nd 3,5-4,0 mm 25 M und 28 Rd = 10 cm x 10 cm

JACQUARDROLLI

KLASSISCHES MEISTERSTÜCK

GRÖSSE
36/38

MATERIAL
Lana Grossa Alpaca Peru 200 (LL 200 m/50 g) in Dunkelpetrol (Fb 227), 350 g, und in Saphirblau (Fb 11), Khaki (Fb 27) und Beere (Fb 40), je 50 g

Rundstricknadeln 3,5-4,0 mm, 40 cm und 80 cm lang

MASCHENPROBE
Im Jaquardmuster 2 mit Nd 3,5-4,0 mm 24 M und 30 R = 10 cm x 10 cm

Bündchenmuster

M-Zahl teilbar durch 2+1+2 Rdm

1. R (Rückr): Rdm, * 1 M links, 1 M rechts; ab * stets wiederholen, 1 M links, Rdm.

In den folgenden R alle M str, wie sie erscheinen.

Rippenmuster

M-Zahl teilbar durch 4+1+2 Rdm

1. R (Hinr): Rdm, * 1 links, 3 M rechts; ab * stets wiederholen, 1 M links, Rdm.

In den folgenden R oder Rd alle M str, wie sie erscheinen.

Jacquardmuster 1

M-Zahl teilbar durch 4+1+2 Rdm

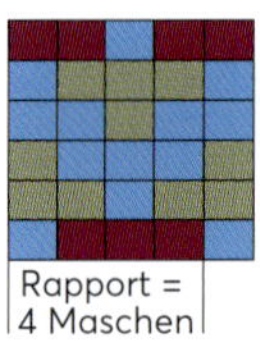

Jacquardmuster 2
(linke Schulter über 38 Maschen zu Beginn)

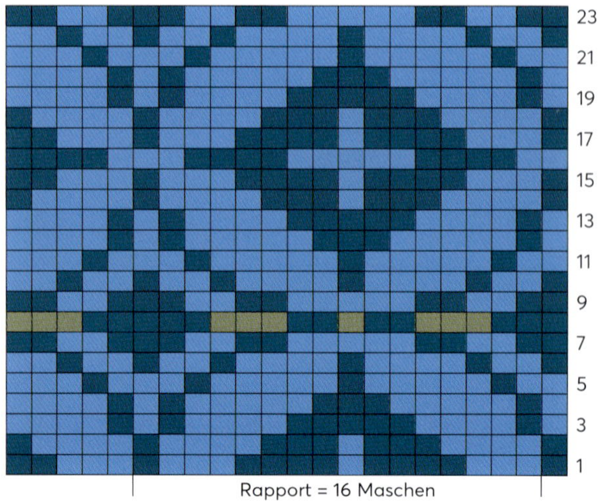

Jacquardmuster 2
(rechte Schulter über 38 Maschen zu Beginn)

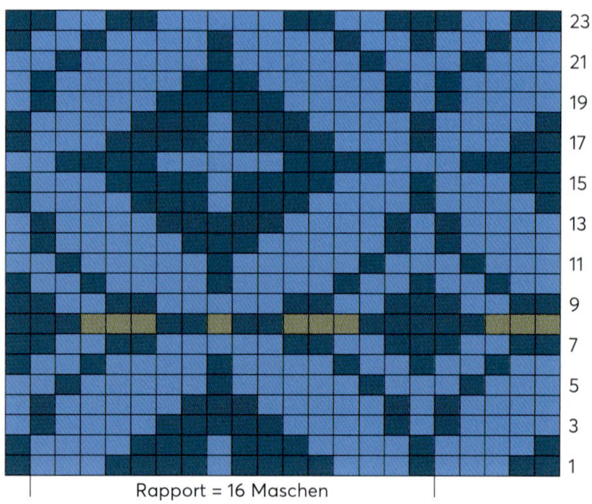

= Dunkelpetrol
= Saphirblau
= Khaki
= Beere

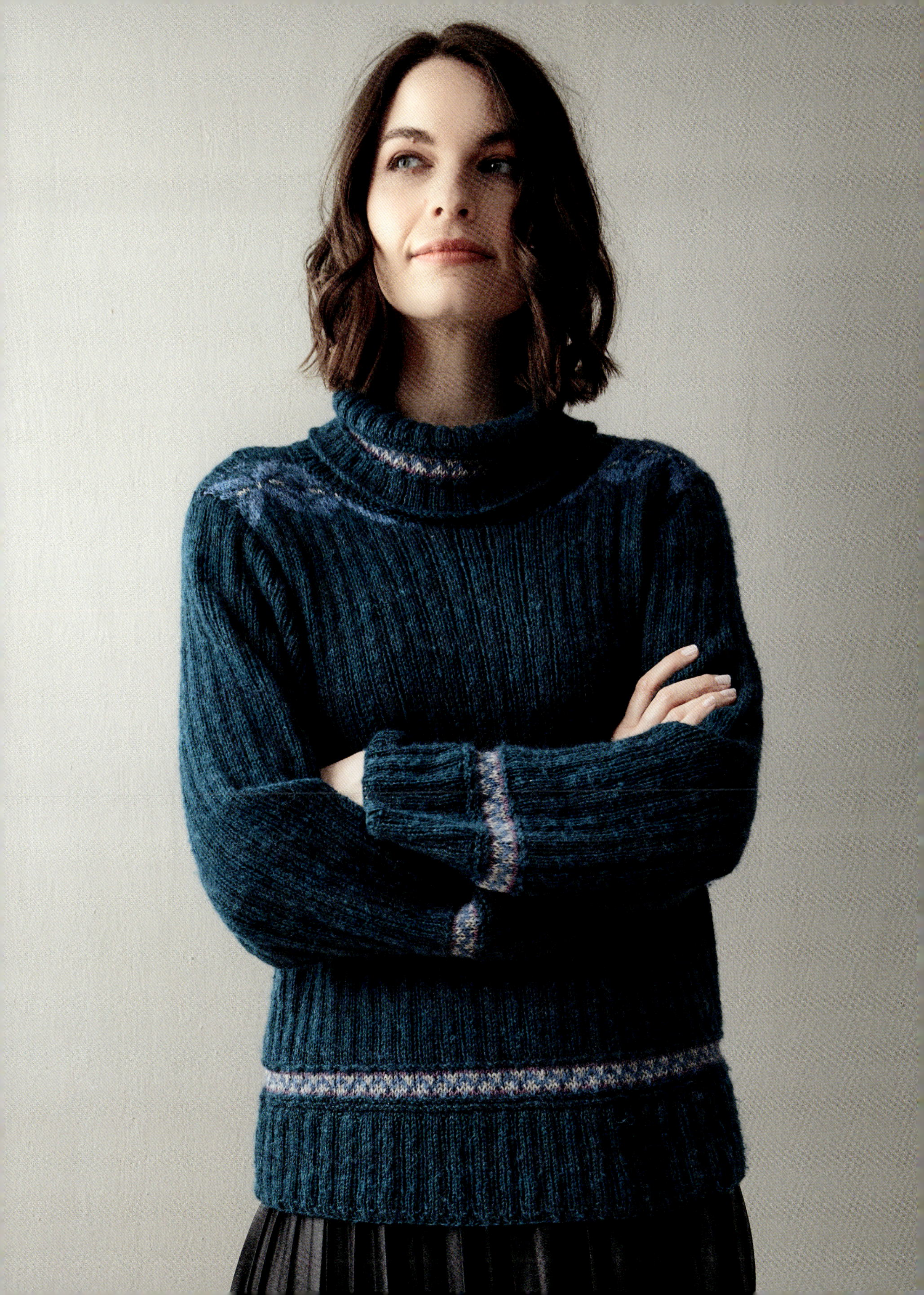

ANLEITUNG

Rückenteil

131 M in Dunkelpetrol anschl und 3 R im Bündchenmuster, dann weiter im Rippenmuster str.

In einer Gesamthöhe von 8 cm 4 R kraus rechts str, dabei mit einer Hinr beginnen.

6 R im Jacquardmuster 1 arb, dann 3 R kraus rechts in Dunkelpetrol str.

Weiter im Rippenmuster str. In einer Gesamthöhe von 37 cm für die Armausschnitte beidseitig 1x 5 M abk, dann in jeder 2. R noch 2x 3 M, 3x 2 M und 5x 1 M abk (= 87 M).

Weiter im Rippenmuster str. In einer Höhe von 58 cm für die Schulterschrägung an beiden Seiten in jeder 2. R erst 2x 5 M, dann noch 3x 4 M abk. Gleichzeitig in einer Höhe von 59 cm die mittleren 29 M abk und beide Seiten getrennt fertigstellen, dabei an der Halsseite in jeder 2. R noch 1x 4 M und 1x 3 M abk. Die 2. Seite gegengleich arb.

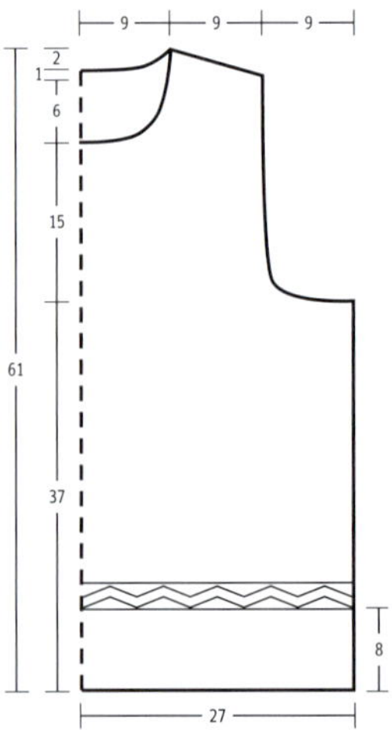

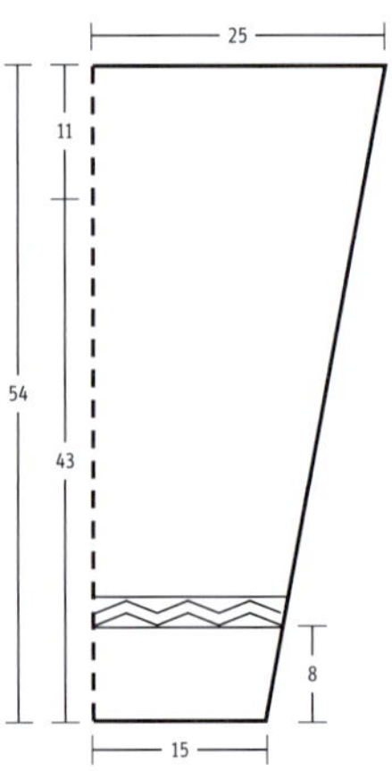

Vorderteil

Wie das Rückenteil arb, dabei jedoch in einer Höhe von 52 cm weiter im Jacquardmuster 2 str und dabei für den vorderen Halsausschnitt die mittleren 11 M abk (= 38 M im Jacquardmuster 2 (linke Schulter) str, 11 M abk, 38 M im Jacquardmuster 2 (rechte Schulter) str) und beide Seiten getrennt fertigstellen. An der Halsseite in jeder 2. R noch 1x 4 M, 1x 3 M, 3x 2 M und 3x 1 M abk. Für die Schulterschrägung in einer Höhe von 58 cm an beiden Seiten in jeder 2. R erst 2x 5 M, dann noch 3x 4 M abk. Die 2. Seite gegengleich arb.

Ärmel

75 M in Dunkelpetrol anschl und 3 R im Bündchenmuster, dann weiter im Rippenmuster str.

In einer Gesamthöhe von 8 cm 4 R rechts kraus str, dabei mit einer Hinr beginnen.

6 R im Jacquardmuster 1 arb, dann 3 R kraus rechts in Dunkelpetrol str.

Weiter im Rippenmuster arb, dabei an beiden Seiten (nach der 1. Rdm und vor der letzten Rdm) 6x in jeder 6. R und noch 17x in jeder 4. R je 1 M verschränkt aus dem Querfaden zunehmen (= 121 M). Weiter ohne Zunahmen bis zu einer Höhe von 43 cm str.

Für die Armkugel auf beiden Seiten in jeder 2. R 1x 6 M, 2x 4 M, 2x 3 M, 2x 2 M, 5x 1 M, 2x 2 M, 2x 3 M, 2x 4 M und 1x 5 M, dann die restlichen 15 M abk. Den 2. Ärmel genauso arb.

Fertigstellen

Alle Teile vorsichtig von links dämpfen oder anfeuchten und spannen. Schulter-, Seiten- und Ärmelnähte im Matratzenstich schließen und die Ärmel einnähen.

Aus dem Halsausschnitt mit der kurzen Rundstricknd 124 M auffassen, dabei an einer Schulternaht beginnen.

1 Rd linke M, 1 Rd rechte M, dann 10 Rd * 1 M rechts, 1 M links; ab * stets wiederholen.

Am Ende der letzten Rd wenden und den Rollkragen in die andere Richtung (von innen) wie folgt weiterarb:

* 15x [3 M rechts, 1 M links], 2 M rechts, aus dem Querfaden 1 M rechts und 1 M rechts verschränkt herausstr; ab * noch einmal wiederholen (= 128 M). Dann * 3 M rechts, 1 M links; ab * stets wiederholen.

In einer Höhe von 42 Rd noch 1 Rd rechte M, dann 1 Rd linke M str. Danach 6 Rd Jacquardmuster 1 arb. Anschließend wieder in Dunkelpetrol 1 Rd rechte M, 1 Rd linke M, 1 Rd rechte M und weiter 8 Rd * 3 M rechts, 1 M links; ab * stets wiederholen.

Alle M locker abk und die Fäden auf der Innenseite vernähen.

SO WIRD ES RICHTIG SCHÖN

Es gibt viele nette Kleinigkeiten, die selbst eher schlichte Strickstücke mächtig aufpeppen und nach dem Stricken noch einmal richtig Spaß machen. Aber egal, ob es Stickstiche, Häkelmaschen oder angehängte Troddeln sein sollen – vor dem Vergnügen bleibt die Arbeit des Zusammennähens. Denn auch noch so ebenmäßig gestrickte Teile und kunstvolle Stickereien retten ein Strickstück nicht, wenn nicht alles gut vernäht ist. Ungleichmäßige Nähte stechen leider immer als erstes ins Auge. Wichtig für ein tolles Strickstück ist es also, saubere Randmaschen und sorgfältige Matratzenstiche zu arbeiten. Und nach der Arbeit kommt dann wieder das Vergnügen!

FRANSEN

Um Fransen an eine Strickkante einzuknüpfen, zunächst Fäden von etwa doppelter Fransenlänge schneiden. Dazu das Garn um ein Stück Karton in Fransenlänge wickeln und anschließend an einer Seite aufschneiden. Mehrere Fäden zur Hälfte zusammenlegen, die Schlinge mit einer dicken Häkelnadel durch eine Masche an der gewünschten Stelle des Strickstücks häkeln und die Fadenenden durch die Schlinge fest anziehen. Die eingeknüpften Fransen können nun untereinander verknotet oder mit aufgezogenen Perlen verziert werden.

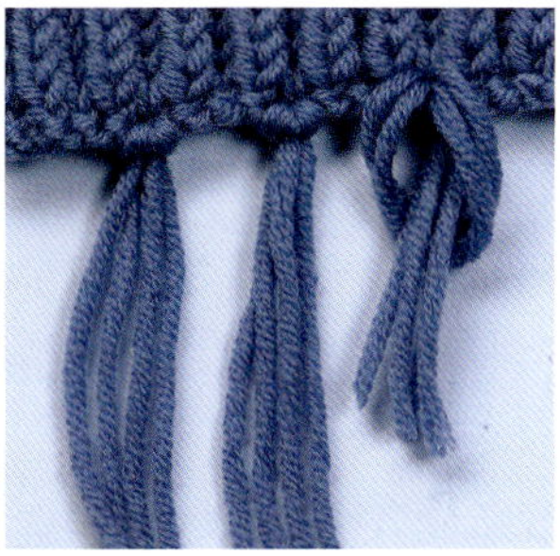

STRICKTRICK

Ein Aufsplitten der Fransenenden kann man vermeiden, wenn jeder Faden am Ende in sich verknotet wird.

QUASTEN

Um Quasten herzustellen, das Garn je nach Stärke 20-50 mal über einen Streifen festen Karton in Quastenlänge (oder einfach über den Handteller) wickeln, den Faden drei- bis viermal an der oberen Kante durch alle Schlaufen ziehen und fest verknoten.
Die beiden Enden eines etwa 30 cm langen Fadens aufeinanderlegen, den doppelten Faden etwa 1,5–2 cm vom oberen Ende entfernt um die Quaste legen, die Fadenenden durch die Schlaufe ziehen und die Quaste noch drei- bis viermal umwickeln. Die Fadenenden durch die Wickelung ins Innere der Quaste ziehen. Die Quaste aufschneiden und alle Fäden und Fadenenden auf eine Länge bringen.

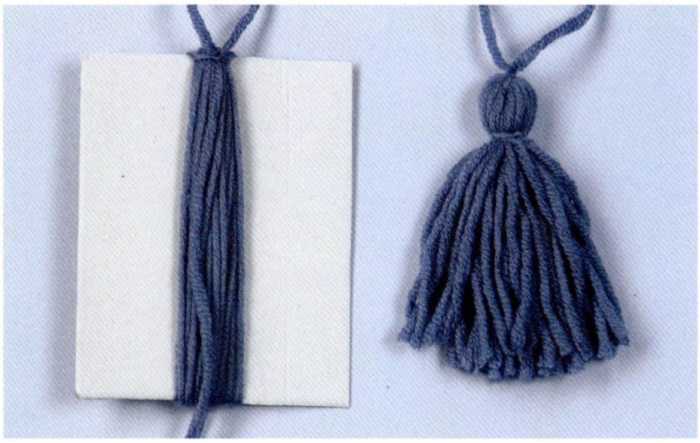

STRICKTRICK

Aus zwei aneinandergenähten Pompons lassen sich schnell kleine Stofftierchen kreieren: Kulleraugen, Rübennasen oder Schnäbel aus Filz verwandeln die harmlosen Wollbälle in schrille Monster oder süße Küken.

POMPONS

Ein Pompon ist ein Wollball aus vielen einzelnen Fäden, die in der Mitte fest zusammengeschnürt sind. Sie können direkt an das Strickstück genäht oder an einer Kordel oder einem Faden hängend angebracht werden.
Um einen Pompon anzufertigen, zwei gleich große Pappkreise ausschneiden. Die Größe der Kreise entspricht dann später der der fertigen Pompons. In die Mitte beider Pappkreise je ein Loch hineinschneiden. Je größer dieses Loch ausfällt, desto dichter können die Pompons gewickelt werden. Garn auf eine Wollnadel ziehen oder zu einem kleinen Knäuel wickeln und sehr dicht um beide Ringe wickeln, bis das Loch in der Mitte geschlossen ist. Mit einer Schere zwischen die beiden Pappkreise stechen und die Fäden rundherum aufschneiden. Einen festen Faden zweimal zwischen den Pappringen um die Fäden herumwickeln und zusammenknoten. Die Pappscheiben zerschneiden und entfernen. Den Pompon etwas ausschütteln und in Form frisieren.

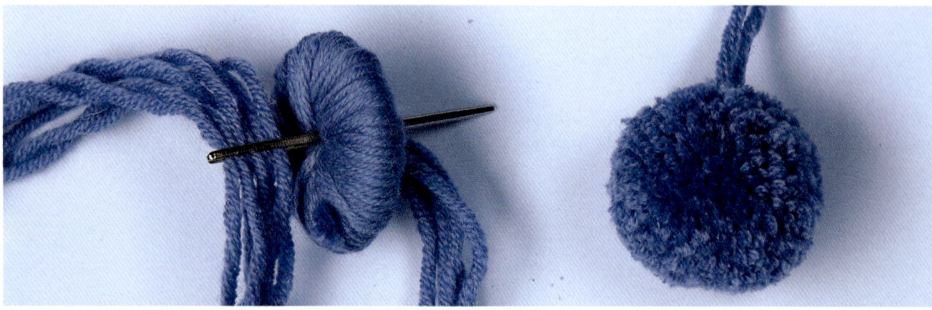

STICKSTICHE

Mit jedem dieser Stickstiche lässt sich ein anderer Akzent auf das Strickstück zaubern.

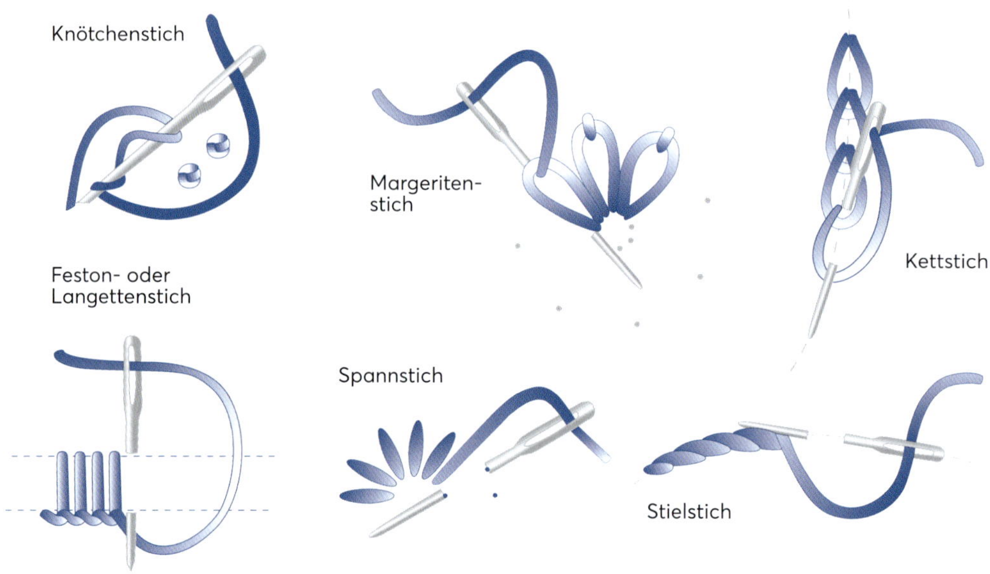

HÄKELMASCHEN

Alle Strickkanten erhalten durch Umhäkeln mit festen Maschen ein sehr gleichmäßiges Aussehen und etwas mehr Halt.

Für das Umhäkeln an Anschlag- und Abkettkanten aus jeder Masche je eine feste Masche heraushäkeln (1 aus 1).
Für das **Umhäkeln von Seitenrändern** gilt die 3-aus-4-Regel.

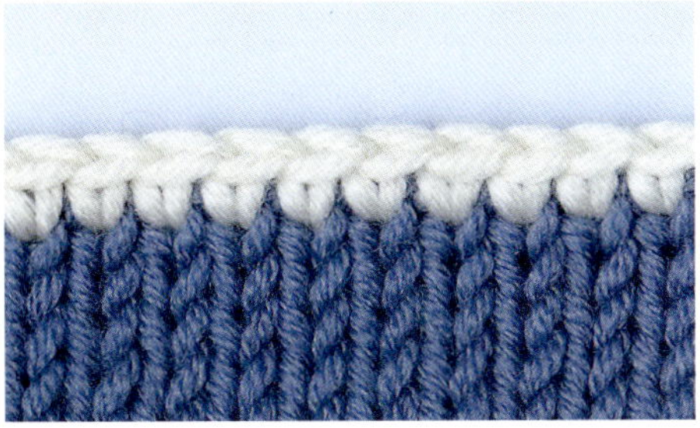

Für die **spitzen irischen Picots** in der 2. Reihe oder Runde 3 feste Maschen, * 4 Luftmaschen, 1 feste Masche in die 1. Luftmasche arbeiten *.
Für die **Bogenpicots** in der 2. Reihe oder Runde 1 feste Masche, * 4 Luftmaschen, 1 feste Masche in die gleiche Einstichstelle, 2 Maschen übergehen *.

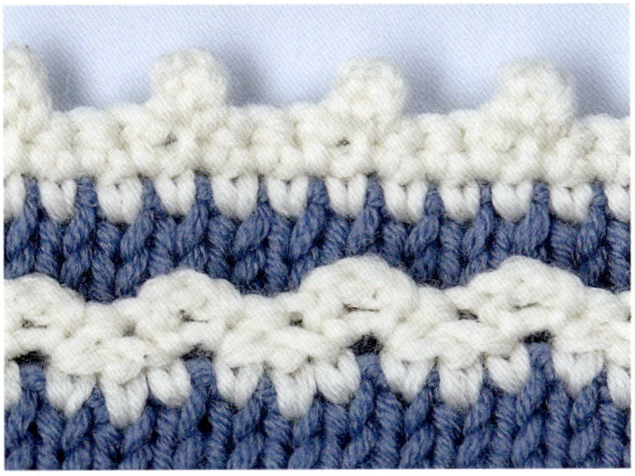

Für die **Krebsmaschen** werden feste Maschen entgegen der üblichen Häkelrichtung im Rückwärtsgang gearbeitet. Die Maschen verkreuzen sich und bilden so einen feinen Abschluss.

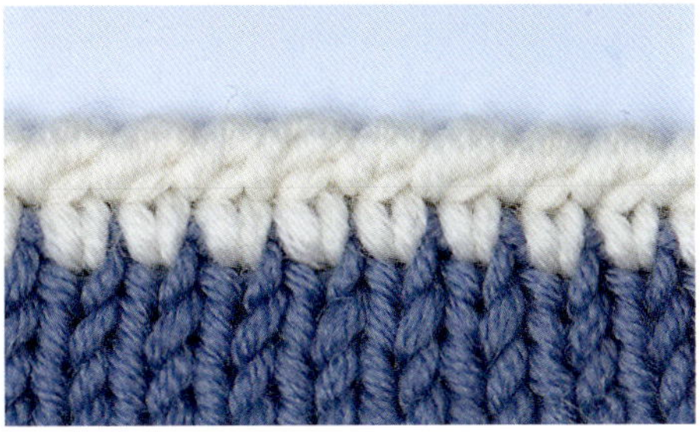

KNOPFSCHLAUFE

Um nachträglich eine Knopfschlaufe an ein Strickstück anzusetzen, einen Faden an der gewünschten Stelle befestigen und damit zunächst 3 Spannfäden in der Größe der Schlaufe legen. Alle 3 Schlingen gleichzeitig eng mit kleinen Feston- oder Langettenstichen umsäumen.

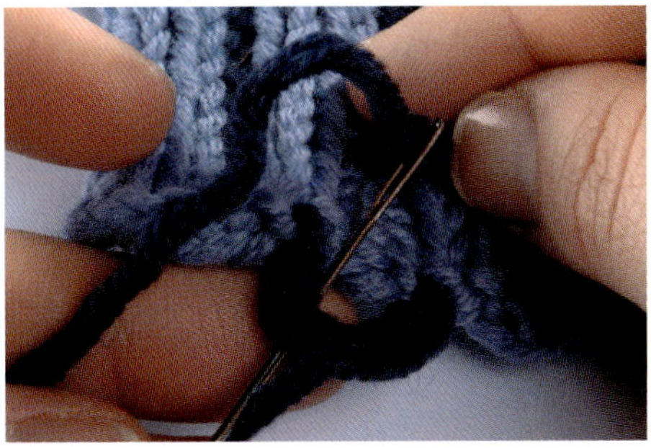

■ = 1 Masche rechts
– = 1 Masche links
● = 1 Randmasche
○ = 1 Umschlag
■ = 1 Masche rechts
– = 1 Masche links
● = 1 Randmasche
○ = 1 Umschlag
◢ = 2 Maschen rechts zusammenstricken
◣ = 2 Maschen rechts überzogen zusammenstricken: 1 Masche wie zum Rechtsstricken abheben, die nächste Masche rechts stricken und die abgehobene Masche überziehen
∩ = 3 Maschen mit aufliegender Mittelmasche zusammenstricken: 2 Maschen gleichzeitig wie zum Rechtsstricken abheben, 1 Masche rechts stricken und die abgehobenen Maschen überziehen

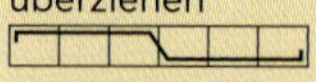 = Zopf nach links: Die Maschen auf dem unteren Balken auf einer Hilfsnadel vor die Arbeit legen, die Maschen unter dem oberen Balken im angegebenen Muster stricken, dann die Maschen der Hilfsnadel im angegebenen Muster stricken.

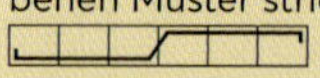 = Zopf nach rechts: Die Maschen unter dem oberen Balken auf einer Hilfsnadel hinter die Arbeit legen, die Maschen auf dem unteren Balken im angegebenen Muster stricken, dann die Maschen der Hilfsnadel im angegebenen Muster stricken.

KOMBINIERTE MUSTER

RHOMBENGITTER

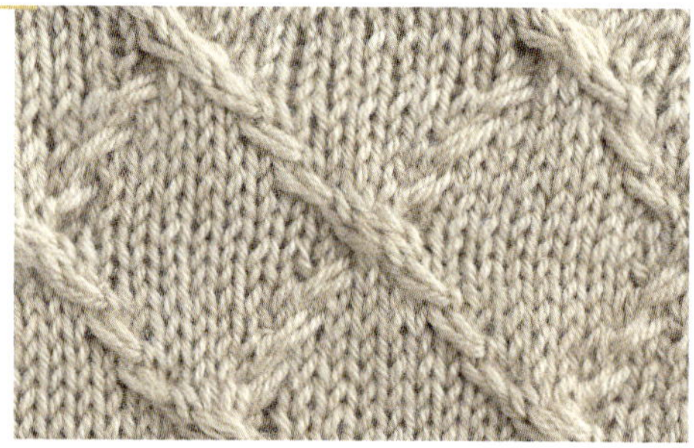

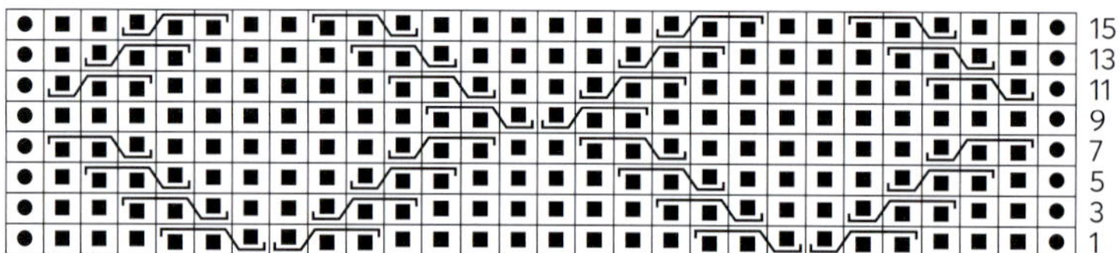

Rapport = 14 Maschen

VERSCHLUNGENE ZOPFPERLEN

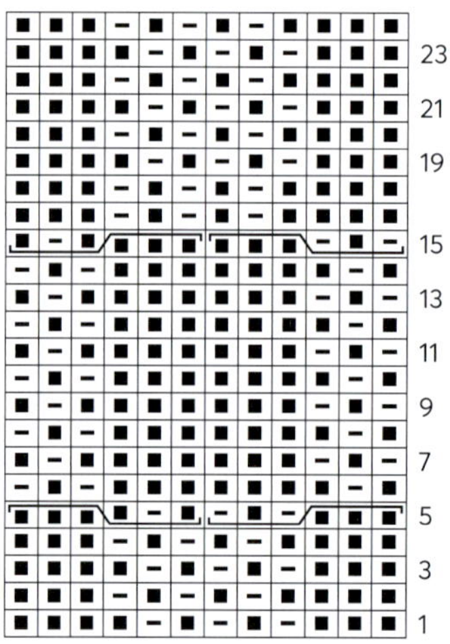

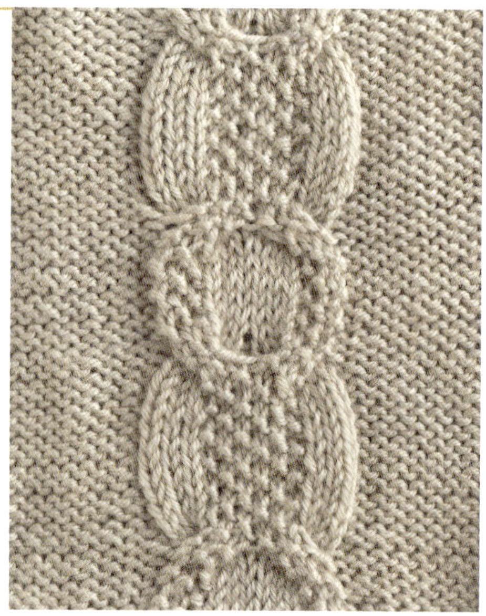

LOCH- UND ZOPFZACKEN

Die Maschen in allen Rückreihen stricken wie sie erscheinen.

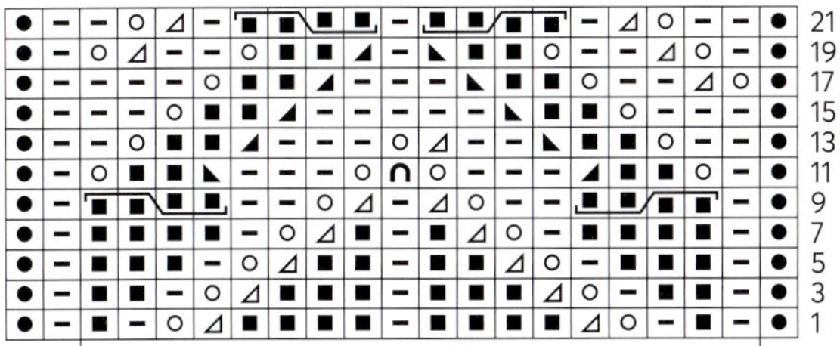

Rapport = 18 Maschen

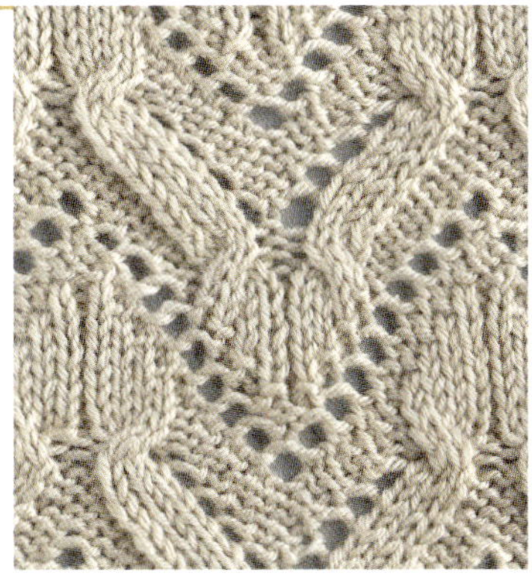

HINWEIS

Weitere Muster finden Sie auch in der TOPP Digitalen Bibliothek www.topp-kreativ.de/digibib.
Der Freischaltcode dazu steht im Impressum auf Seite 156.

STEHENDE ZÖPFE

Die Maschen in allen Rückreihen stricken wie sie erscheinen. Reihen 3–22 stets wiederholen.

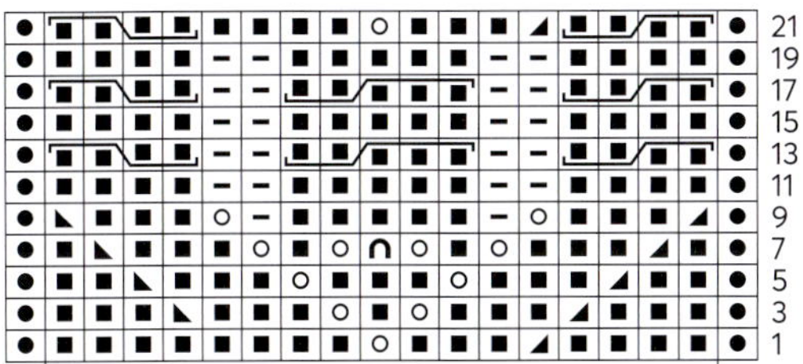

Rapport = 17 Maschen

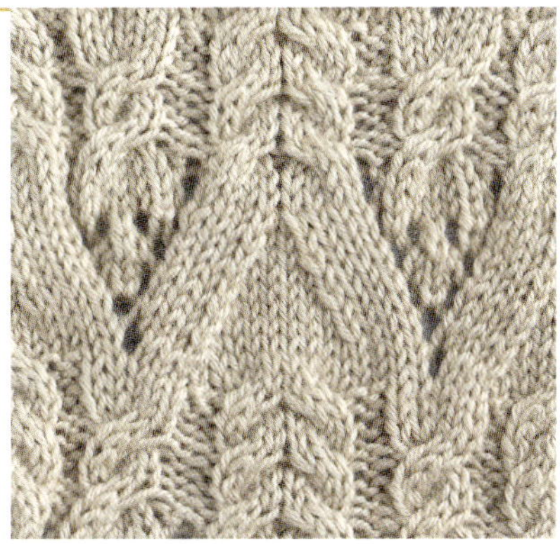

GRÄTEN UND ZÖPFE

In den Rückreihen die Maschen stricken wie sie erscheinen. Die verschränkt gestrickten Maschen links verschränkt stricken.

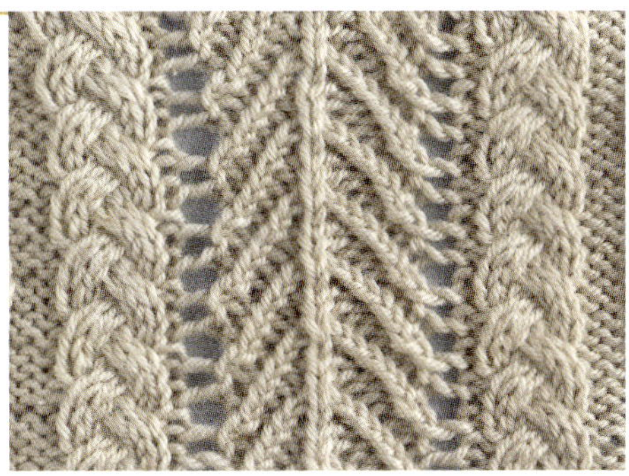

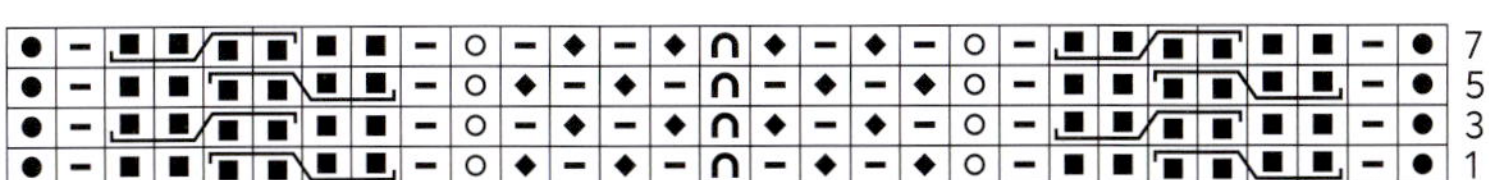

Rapport = 19 Maschen

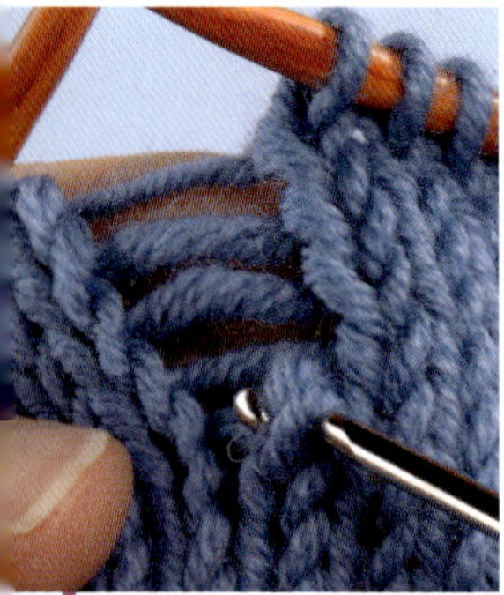

Video: Fehler beheben

HILFE! RETTE SICH, WER KANN!

Manchmal passieren im Eifer des Gefechtes Dinge, die besser schnell behoben werden sollten, bevor sie größeren Schaden anrichten.

Beim allzu schwungvollem Wenden oder beim ungesicherten Transport des Strickzeugs rutscht leicht einmal eine Nadel aus den Maschen. Bemerkt man es sofort, ist oft noch nichts Schlimmes passiert. Die Nadel wird einfach wieder in die Maschen geschoben. Mit einer dünneren Nadelstärke wäre das noch leichter, oft hat man die in dem Moment aber nicht zur Hand. Sind die Maschen sorgfältig gerettet, beim Stricken der folgenden Reihe gut darauf achten, dass die Maschen richtig herum auf der Nadel liegen!
Rutscht eine einzelne Masche von der Nadel, sollte sie ebenfalls möglichst schnell wieder aufgefangen und zurück auf die Nadel gehoben werden, damit sich keine Laufmaschen bilden. Ist das aber doch einmal passiert, kann die Laufmasche wieder hochgehäkelt werden.

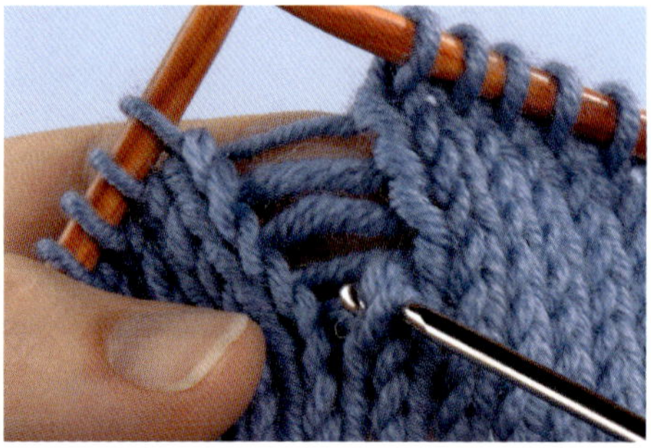

Soll eine rechte Masche über der letzten noch nicht geribbelten Masche entstehen, mit einer Häkelnadel von vorn durch die Masche stechen, den darüberliegenden langen Querfaden erfassen und durchziehen. Aus dieser Position können leicht weitere rechte Maschen aus den darüberliegenden Querfäden aufgefasst werden. Die Schlinge aus dem letzten Querfaden wieder auf die Maschennadel heben.

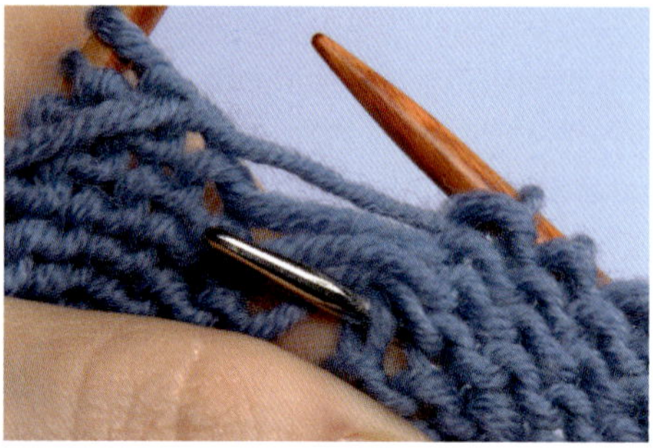

Damit eine linke Masche über der letzten ungeribbelten Masche entstehen kann, entweder mit der Häkelnadel von hinten nach vorn in die Maschen einstechen und den nächsten längeren Querfaden von vorne nach hinten durchziehen, oder die Strickarbeit einmal wenden und nun eine rechte Masche auf der Rückseite des Strickstücks auffassen.

HINWEIS

Ähnlich geht man vor, wenn man einige Reihen weiter unten eine falsch gestrickte Masche entdeckt: Beherzt die entsprechende Masche von der Nadel fallen lassen, bis zur Fehlerstelle aufribbeln und mit Hilfe einer Häkelnadel den Fehler wieder ausbessern. Dafür müssen noch nicht alle Reihen bis zur Fehlerstelle aufgezogen werden. Geübten Strickerinnen gelingt es auf diese Weise, gleich mehrere Maschen über mehrere Reihen auszubessern.

STRICKTRICK

Es ist auch möglich, abwechselnd rechte und linke Maschen wieder aufzufassen. Dazu sollte man sich am Maschenbild orientieren.

Ist ein gravierender Fehler einige Reihen zuvor passiert, hilft es oft nur noch, die falschen Reihen aufzuziehen. Am besten eine Reihe weniger aufribbeln, als nötig ist. Die Maschen auf die Nadel nehmen, vorsichtig im Rückwärtsgang Masche für Masche auflösen und mit der Maschennadel wieder auffangen. Dabei darauf achten, dass die Maschen richtig auf der Nadel liegen!

STRICKABKÜRZUNGEN

abh	abheben	Hinr	Hinreihe/n	U	Umschlag
abk	abketten	li	links, linke	verschr	verschränkt
Abn	Abnahme/n	LL	Lauflänge	vord	vordere/r
abn	abnehmen	M	Masche/n	wdh	wiederholen
anschl	anschlagen	mittl	mittlere/n	Zun	Zunahme/n
arb	arbeiten	Nd	Nadel/n	zun	zunehmen
auff	auffassen	R	Reihe/n	zus	zusammen
aufn	aufnehmen	Rdm	Randmasche/n		
Dm	Doppelmasche/n	Rd	Runde/n	[] ()* *	Angaben zwischen diesen Zeichen wiederholen
Fb	Farbe	re	rechts		
folg	folgende/r/n	Rückr	Rückreihe/n		
Hilfs-Nd	Hilfsnadel/n	str	stricken		

SYMBOLLISTE

- ■ = 1 Masche rechts
- − = 1 Masche links
- ◆ = 1 Masche rechts verschränkt
- ◇ = 1 Masche links verschränkt
- ● = 1 Randmasche
- □ = 1 Platzhalter – beim Stricken einfach überspringen
- ID = 1 Masche wie zum Linksstricken abheben mit dem Faden vor der Masche
- dI = 1 Masche wie zum Linksstricken abheben mit dem Faden hinter der Masche
- O = 1 Umschlag
- + = 1 Masche rechts verschränkt aus dem Querfaden zunehmen
- ◢ = 2 Maschen rechts Zusammenstricken (Rechtsneigung)
- ◣ = 1 Masche wie zum Rechtsstricken abheben, nächste Masche rechts stricken, abgehobene Masche überziehen (Linksneigung)
- ◿ = 2 Maschen links zusammenstricken (Rechtsneigung)
- ◺ = 2 Maschen nacheinander wie zum Rechtsstricken abheben und zurück auf die linke Nadel nehmen, dann links verschränkt zusammenstricken
- ▲ = 3 Maschen rechts zusammenstricken (Rechtsneigung)
- △ = 3 Maschen links zusammenstricken (Linksneigung)
- ⩓ = 3 Maschen rechts überzogen zusammenstricken: 1 Masche wie zum Rechtsstricken abheben, 2 Maschen rechts zusammenstricken, abgehobene Masche überziehen.
- ⬍ = 1 Masche abketten
- N = 1 Noppe: aus der folgenden Masche 6 Maschen herausstricken (1 Masche rechts, 1 Masche links im Wechsel), dann nacheinander die 5., 4., 3., 2., und 1. Masche über die 6. Masche ziehen
- ⧍ = Mit der Arbeitsnadel zwischen die beiden Abnahmen 2 Reihen zuvor einstechen und eine rechte Masche herausstricken
- ❖ = 2 Maschen rechts zusammenstricken, die alten Maschen aber nicht von der Maschennadel abheben, sondern noch einmal links stricken
- ⩔ = 2 Maschen aus einer herausstricken: eine Masche erst rechts stricken und auf der linken Nadel belassen, dann noch einmal rechts verschränkt abstricken. Alternativ: eine Masche erst rechts, dann noch einmal rechts verschränkt abstricken.

HINWEIS

Leere Kästchen können beim Stricken übersprungen werden.

AUSBESSERN VON STRICKSACHEN

Zerrissene oder abgenutzte Stellen in Stricksachen lassen sich ausbessern. Kleinere Stellen werden gestopft und in größere Stellen können nachträglich neue Stücke eingestrickt werden. Für beide Arten müssen zunächst die Maschenreihen freigelegt werden.

VORBEREITEN DES MASCHENGRUNDES

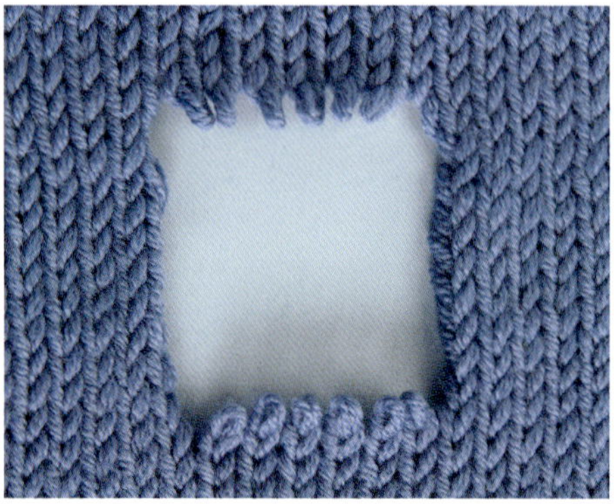

Zunächst die Ränder des Loches begradigen. Dazu innerhalb der schadhaften Stelle alle Fäden entlang einer Maschensäule aufschneiden und die Fadenenden zu beiden Seiten hin auseinanderziehen. Die Maschen am oberen und unteren Rand freilegen und an den Enden noch 1 – 2 Maschen weiter auftrennen. Die freiliegenden Maschen können vorübergehend auf 2 Sicherheitsnadeln gelegt werden. Dann die Fadenenden an beiden Seiten so weit herauslösen, dass die ausgelöste Stelle eine rechteckige Form erhält und sich an beiden Seite des Lochs eine senkrechte Maschenreihe befindet.

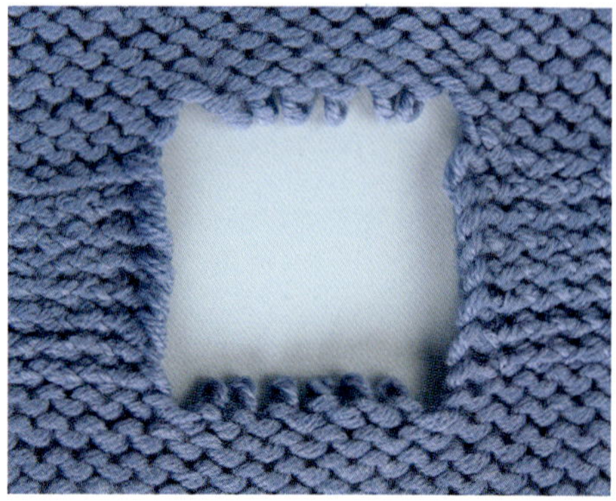

Die Fäden der aufgetrennten Maschen auf der Rückseite umschlagen und dort sorgfältig vernähen. Flache Strickstücke können in einen Stickrahmen eingespannt, Sockenfersen oder Ellenbogen über ein Stopfei gezogen werden, bis sich die Maschen ein wenig spannen. So erhält die ausgebesserte Stelle später die gleiche Fadenspannung, wie die Maschen im Strickstück.

FÜR KLEINERE LÖCHER: STOPFEN IM MASCHENSTICH

Ist das Loch noch klein, lässt es sich mit Maschenstichen übersticken. Das Stopfen eignet sich für Gestricktes aus mittleren bis dicken Garnen.

Mit Nähseide oder anderen dünneren, möglichst stark gezwirnten Garnen senkrechte Hilfsfäden in die offenen Maschen einziehen. Dabei die Nadel immer von rechts nach links durch 2 Maschen ziehen und die Fäden senkrecht über das Loch hinweg spannen.

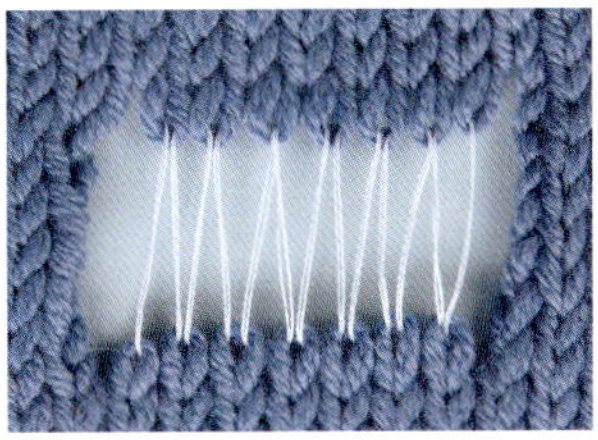

Das Übersticken der ersten Reihe beginnt in der rechten unteren Ecke der schadhaften Stelle, 2 Maschen vor den Spannfäden und endet 2 Maschen nach den Spannfäden. Durch das Übersticken von jeweils 2 Maschen über das Loch hinaus wird das Stopfloch im Gestrickten verankert.

Die ersten beiden Maschen im Maschenstich übersticken. Die Nadel stich von hinten durch die Mitte der Masche unterhalb der Spannfäden aus. Mit der Wollnadel die beiden darüberliegenden Hilfsfäden von rechts nach links erfassen und den Faden durchziehen. Wieder in die Austrittsstelle einstechen und in der Mitte der nächsten Maschen ausstechen. Den Faden so anziehen, dass die Maschen ebenso groß werden wie die Maschen im Strickstück.

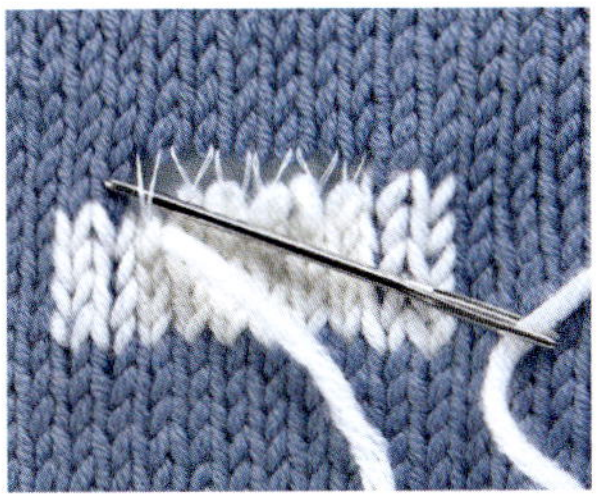

Nach der letzten Masche am Schluss der Reihe nicht mehr waagerecht aus der nächste Masche, sondern senkrecht aus der darüberliegenden Masche ausstechen. Dieser Ausstich ist bereits der Anfang der 2. Reihe. Die Arbeit wenden, sodass wieder von rechts nach links genäht werden kann. Beim Ein- und Ausstechen in die Maschen der Vorreihe zwischen die Spannfäden einstechen und für die neuen Maschen wieder unter den Spannfäden durchstechen. In der letzten Reihe, in der das Loch geschlossen wird, auch in die freiliegenden Maschen des oberen Lochrandes einstechen und im Maschenstich vernähen. Stopffaden auf der Rückseite vernähen und Spannfaden entfernen.

HINWEIS

Gut darauf achten, nicht in die Spannfäden einzustechen, da diese zum Schluss herausgezogen werden. Damit erhält das gestopfte Stück erst die gleiche Elastizität wie das Gestrickte. Am besten wird dazu eine Wollnadel oder Stopfnadel ohne Spitze verwendet.

FÜR GRÖSSERE LÖCHER: EINSTRICKEN EINES STÜCKES

Die Maschen der oberen und der unteren Kante jeweils auf eine Stricknadel nehmen. Aus der 1. Masche 1 Masche rechts verschränkt und 1 Masche rechts herausstricken, die Maschen bis zum Nadelende stricken und aus der letzten Maschen 1 Masche rechts und 1 Masche rechts verschränkt als Randmasche herausstricken. Auf der Nadel befinden sich nun 2 (Rand-)Maschen mehr als zum Ausbessern der Stelle benötigt werden. Das fehlende Stück in so vielen Hin- und Rückreihen einstricken wie zuvor aufgetrennt wurden. Dabei mit einer Rückreihe enden. Falls nötig, eine Rückreihe mehr arbeiten, als Reihe aufgetrennt wurden. Die Randmaschen im Nahtrand, also glatt rechts stricken.
Die Maschen des neu eingestrickten Flickens im Maschenstich mit den oberen freigelegten Maschen des Strickstücks verbinden:

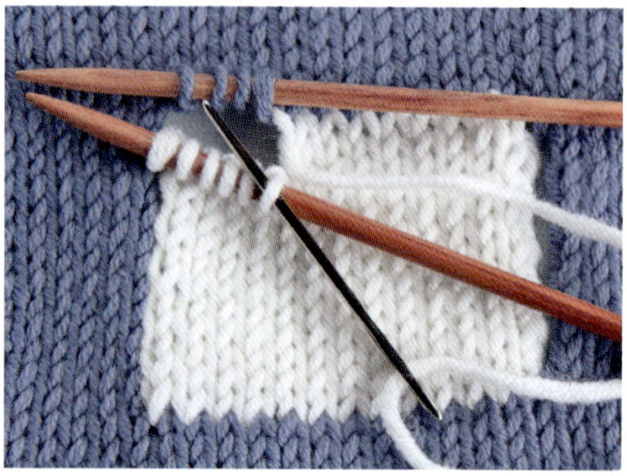

Dazu den Arbeitsfaden auf einer Länge abschneiden, die etwa 4 cm pro Masche im neuen Flicken entspricht, und auf eine Wollnadel oder stumpfe Stopfnadel ziehen. Beide Stricknadeln parallel in der linken Hand halten. Mit der Wollnadel in die 1. Masche der hinteren Nadel wie zum Rechtsstricken einstechen, den Faden durchziehen, die Masche aber auf der Nadel lassen.

In die 1. Masche der vorderen Nadel wie zum Linksstricken einstechen, den Faden durchziehen und die Masche auf der Nadel lassen.
Hinten die 1. Masche wie zum Linksstricken abheben, in die 2. Masche wie zum Rechtsstricken einstechen und den Faden durchziehen, ohne die 2. Masche abzuheben.
Vorne die 1. Masche wie zum Rechtsstricken abheben, in die 2. Masche wie zum Linksstricken einstechen und den Faden durchziehen, ohne die 2. Masche abzuheben.
Die letzen beiden Schritte wiederholen, bis alle Maschen verbunden sind und die Ränder im Matratzenstich vernähen.

DÄMPFEN UND SPANNEN

Durch das Spannen werden die einzelnen Strickteile in ihre endgültige Form gebracht. Alle Längen lassen sich beim Aufspannen mit den angegebenen Maßen in der Schnittskizze vergleichen. Das Dämpfen gleicht kleinere Ungleichmäßigkeiten im Maschenbild aus und glättet eingerollte Ränder, sodass das Zusammennähen der einzelnen Teile leichter fällt und viel sauberer gelingt.

Spezielle Spannunterlagen mit aufgedrucktem Karoraster sind im Handel erhältlich. Man kann dazu aber auch eine weiche Bügelunterlage, eine Schaumstoff- oder eine Styroporplatte oder Puzzlematten aus Moosgummi verwenden, auf die man nach Bedarf ein mit Karoraster bedrucktes Vlies legt.

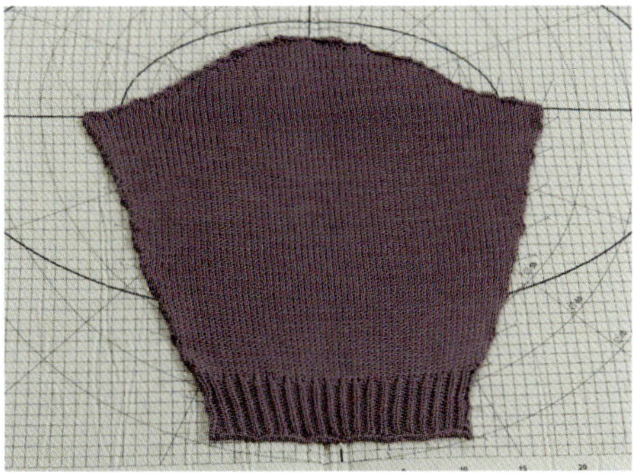

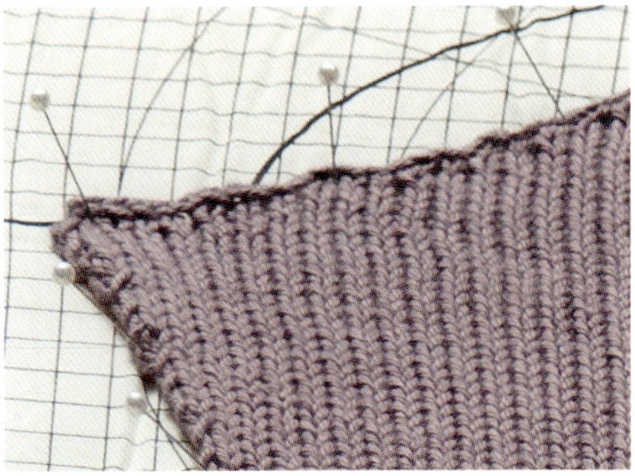

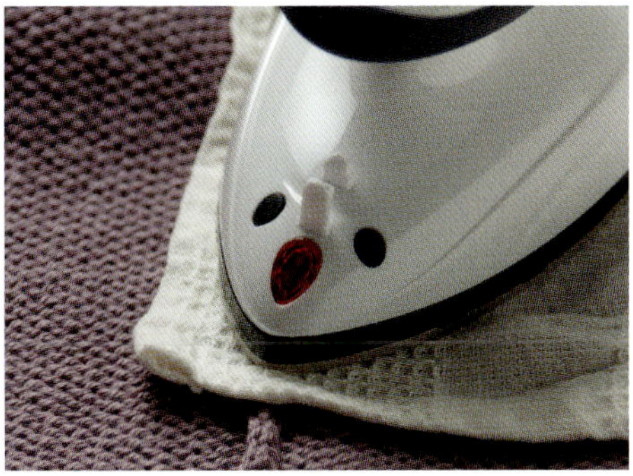

Beim Aufspannen der Strickteile die Stecknadeln maximal 5 cm weit voneinander entfernt platzieren und besonders alle Ecken feststecken. Das Bügeleisen auf die empfohlene Temperatur einstellen.
Ein sauberes Leinen- oder Baumwolltuch – ideal eignen sich Geschirrtücher – mit kaltem Wasser anfeuchten und gut auswringen. Das feuchte Tuch auf das aufgespannte Strickteil legen und das Bügeleisen vorsichtig aufsetzen, dabei nicht fest aufdrücken und möglichst wenig hin- und her schieben, sondern immer wieder neu aufsetzen, bis die gesamte Fläche gedämpft ist. Das Tuch abnehmen und das noch feuchte aufgespannte Strickteil vollständig trocknen lassen. Dann erst die Stecknadeln entfernen.
Nach dem Zusammennähen lohnt es sich, alle innen liegenden Nähte noch einmal kurz zu dämpfen. Die Nähte werden dadurch deutlich flacher und weniger steif.

HINWEIS

Auch rund gestrickte Strickteile zeigen ein viel gleichmäßigeres Maschenbild, wenn man sie in feuchtem Zustand aufspannt und so trocknen lässt. Für Socken gibt es Sockenbretter in vielen Schuhgrößen. Es lassen sich aber auch leicht entsprechende Schablonen aus fester Pappe schneiden, die man mit Folie umwickelt, damit sie die Feuchtigkeit nicht zu schnell aufnehmen.

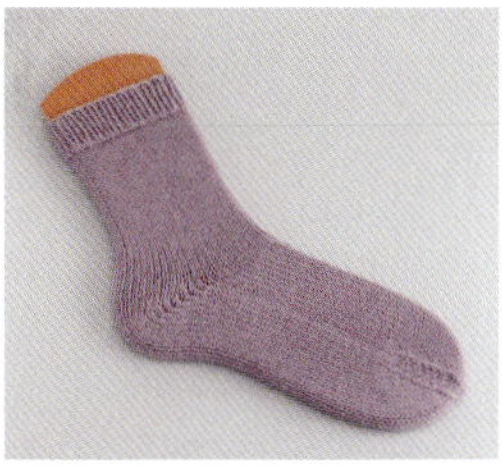

HINWEIS

Mützen lassen sich zum Spannen über kleine Schüsseln, Lampenschirme oder Eimer ziehen.

HINWEIS

Die Technik des Strickfilzens eignet sich hervorragend für Hausschuhe, Taschen und Accessoires, bei denen es auf eine exakte Größe und Passform nicht ankommt. Für Kleidungsstücke empfiehlt sich die Methode weniger.

DICHT UND WARM: STRICKFILZEN

Unbehandelte Wollfasern sind von einer Schuppenschicht umhüllt, deren Zellen einander überlappen. Durch Reibung und Wärme können sich einzelne Schuppen aufstellen und miteinander verhaken. An der Oberfläche bilden sich Fusseln und schließlich kleine Knötchen, die sich leicht wieder entfernen lassen.
Laugen lassen Wollfasern stark aufquellen. Setzt man Wollfasern in einer Lauge zusätzlich starker mechanischer Beanspruchung wie Reibung oder Bewegung aus, verhaken sich die Schüppchen so stark, dass sie nicht mehr zu lösen sind und ein weicher, dichter Filzstoff entsteht. Einen ähnlichen Effekt erreicht man durch Waschen und Trocknen mit starken Temperatursprüngen oder zu hohen Temperaturen.

FILZEN IN DER WASCHMASCHINE

In der Regel werden die bereits fertig vernähten Strickstücke zweimal bei 40°C mit 10 bis 12 Waschbällen oder 4 Massagebällen mit Colorwaschmittel in der Waschmaschine gewaschen. Man sollte dem Gestrickten aber nach der ersten Wäsche genügend Zeit zum Trocknen lassen und prüfen, ob nicht bereits ein Waschgang die Maschen auf die gewünschte Größe hat schrumpfen lassen, denn das Ergebnis ist leider nicht nur abhängig von Garn und Nadelstärke. Immer wieder stellt man fest, dass nahezu jede Waschmaschine ein anderes Ergebnis liefert. Das Ermitteln eines eigenen Schrumpf-Faktors zusätzlich zur Maschenprobe ist also unumgänglich. Das Strickstück wird noch feucht in die gewünschte Form gezogen und falls nötig mit Stecknadeln zum Trocknen aufgespannt.

FILZEN IM WÄSCHETROCKNER

Es ist auch möglich, mithilfe eines Wäschetrockners Wollfilz aus locker verstricktem Wollgarn herzustellen. Dazu das möglichst fertig vernähte Strickstück kurz von Hand waschen und je nach bestem Ergebnis zum Erzielen des Schrumpf-Faktors bei hoher Temperatur im Wäschetrockner verfilzen. Es ist dabei nicht nötig, dass das Strickstück vollständig getrocknet wird. Viel sinnvoller ist es, den Trockenvorgang immer wieder zu unterbrechen und die Größe des Strickstücks zu kontrollieren. Ist die gewünschte Größe erreicht, kann das Strickstück leicht gespannt an der Luft weiter trocknen.

SCHRUMPF-FAKTOR UND MASCHENPROBE

Der Schrumpf-Faktor gibt an, um wieviel ein Strickstück beim Filzen einläuft. Ihn zu ermitteln ist damit ein wesentlicher Bestandteil der Maschenprobe.
Zur Bestimmung des Schrumpf-Faktors ein mindestens 20 cm x 20 cm großes Stück glatt rechts stricken. Um ein wenig experimentieren zu können, empfiehlt es sich, gleich 3 solcher Probestücke zu erstellen. Anschlags- und Endfaden möglichst vernähen, um ein Verknoten während des Waschens zu vermeiden.
Werden mehrere Probestücke gleichzeitig verfilzt, markiert man sie zusätzlich z.B. durch verschiedenfarbige Fäden, die mithilfe einer Wollnadel in eine Ecke eingezogen, verknotet und mit verfilzt werden. Die Farbe der Fäden notieren!

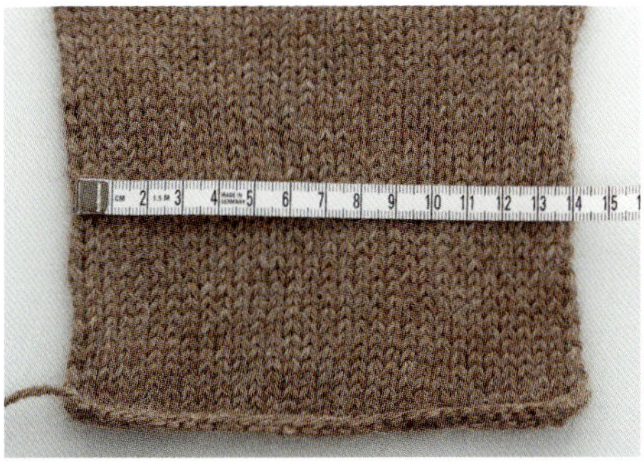

Vor dem Verfilzen werden die Maschenzahl und die Reihenzahl jedes glatt rechts gestrickten Probestücks auf jeweils 10 cm ausgezählt und zur Farbe des Markierungsfadens notiert. Außerdem werden (a) die gesamte Breite und (b) die gesamte Höhe jedes Probestücks gemessen und notiert.

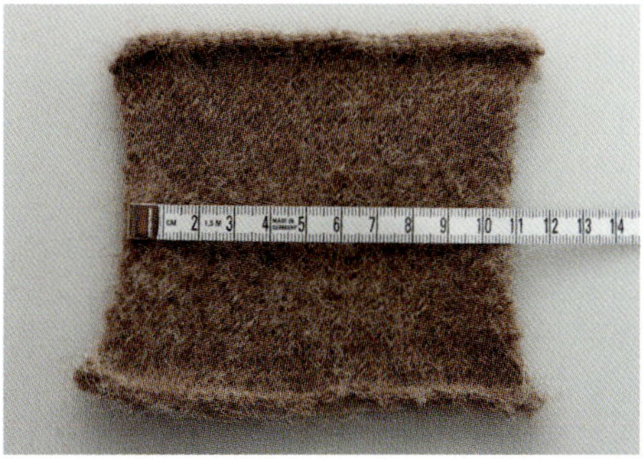

Alle Probestücke entweder in der Waschmaschine oder im Wäschetrockner verfilzen. Nach dem vollständigen Durchtrocknen werden (c) die gesamte Breite und (d) die gesamte Höhe jedes verfilzten Probestücks notiert. Darauf achten, dass mithilfe der Farbmarkierungen die Maße den richtigen Probestücken zugeordnet werden.

Der Schrumpf-Faktor der Maschenbreite berechnet sich aus:
gesamte Breite vor dem Filzen (a) : gesamte Breite nach dem Filzen (c).

Der Schrumpf-Faktor der Reihenhöhe berechnet sich aus:
gesamte Höhe vor dem Filzen (b) : gesamte Höhe nach dem Filzen (d).

Da das Gestrick beim Verfilzen einläuft, ist der Schrumpf-Faktor immer größer als 1. Häufig liegt er bei ca. 1,25 bis 1,35. Das bedeutet, dass das Gestrick nach dem Filzen nur noch ca. 75% bis 80% der Ausgangsgröße misst. In diesem Zustand ist das Maschenbild im Filz noch zu erkennen, die Struktur des Filzes ist aber bereits sehr dicht.
Der Schnitt des gewünschten Filzmodells wird in der Breite mit dem Schrumpf-Faktor der Maschenbreite multipliziert und in der Höhe mit dem Schrumpf-Faktor der Reihenhöhe. Ein auf diese Weise vergrößerter Schnitt ist Grundlage für die Strickanleitung, die anschließend mithilfe der Maschenprobe vor dem Verfilzen berechnet wird.

KLEINER SPICKZETTEL FÜR DIE STRICKANLEITUNG

In der deutschen Stricksprache haben sich mit der Zeit Begriffe etabliert, die als allgemein bekannt vorausgesetzt werden, aber fast nirgendwo erklärt werden. Ebenso verhält es sich mit Abkürzungen, die auf S. 139 im Überblick dargestellt sind.

… / […]
In Sternchen oder Klammern gesetzte Angaben sollen fortlaufend, oder so oft wie angegeben, wiederholt werden. Häufig steht auch nur ein Sternchen am Anfang der zu wiederholenden Schritte mit dem Hinweis, „ab * wiederholen", so oft wie angegeben.

Vorderseite
So bezeichnet man die „schöne" Seite, auf der das Muster erscheinen und die nach außen sichtbar getragen werden soll. Die Reihen, die gestrickt werden, während man die Vorderseite eines Strickstücks vor Augen hat, werden Hinreihen genannt.

Rückseite
Die Rückseite eines Strickstücks wird zum Körper hin getragen. Reihen, die gestrickt werden, während man die Rückseite betrachtet, heißen Rückreihen.

Vor der Arbeit/hinter der Arbeit
Etwas, das sich vor der Arbeit befindet, bewegt sich immer unabhängig von Vorder- oder Rückseite zwischen Strickerin und Maschen. Hinter der Arbeit ist immer jenseits der Nadeln, also aus der Sicht des Strickenden hinter den Nadeln.

Rechtes/linkes Strickteil
Diese Angabe bezieht sich auf die Sicht desjenigen, der das Strickstück einmal tragen soll. Ein rechter Ärmel bedeckt den rechten Arm des Trägers, ein linkes Vorderteil bedeckt die Herzseite.

Rechter/linker Strickrand
Dies bezieht sich auf die Sicht des Strickenden, während er die Vorderseite eines Strickstücks betrachtet. Am rechten Strickrand befindet sich der Reihenbeginn einer Hinreihe.

Gerade hochstricken
Über alle Maschen ohne Zu- oder Abnahmen bis zur angegebenen Höhe im Strickmuster arbeiten. Die Seitenränder laufen also gerade nach oben, auch rundgestrickte Schläuche werden nicht weiter oder enger.

In jeder 4. Reihe
Immer wieder werden 3 Reihen nach Muster gestrickt, in der folgenden, der 4. Reihe, ist eine Besonderheit zu beachten. Wieder 3 Reihen nach Muster stricken und 1 Reihe mit besonders beschriebener Anleitung arbeiten. Dieses so oft wie angegeben wiederholen.

Gleichzeitig

Sollen an beiden Seiten eines Strickteils unterschiedliche Schrägen, Rundungen oder Ausschnitte gearbeitet werden, wird in der Regel zunächst die vollständige Anleitung für eine Seite beschrieben. Dann wird die Anleitung für die andere Seite angegeben, die aber natürlich gleichzeitig und nicht erst nach der gesamten Ausführung der ersten Seite gearbeitet werden muss. Dieses Wort am besten beim ersten Durchlesen einer Anleitung mit einem Textmarker markieren, um nicht böse überrascht zu werden.

Beidseits

An beiden Seiten eines Strickstücks wird nach gleicher Anleitung gearbeitet, wie etwa die Zunahmen für einen Ärmel, damit das Strickstück symmetrisch wird.

Gegengleich

Um ein gegengleiches Stück zu stricken, alle Zu- oder Abnahmen spiegelverkehrt arbeiten. Ein linkes Vorderteil wird z.B. gegengleich zum rechten gestrickt.

Gleichmäßig verteilt zu- oder abnehmen

Ein Beispiel, wie Zunahmen oder Abnahmen gleichmäßig in einer Reihe verteilt werden, ist auf Seite 49 beschrieben. Dies wird immer dann nötig, wenn zu einem Strickmuster mit anderer Maschenprobe gewechselt werden soll.

Mit doppeltem Faden

Beide Fäden aus 2 Knäueln gleichzeitig zusammen verstricken.

Wenn für das Strickstück nur ein Knäuel benötigt wird, können der äußere Faden und der Faden aus der Knäuelmitte zusammen verstrickt werden.

Mit einer Rückreihe enden

Bis zur angegebenen Höhe stricken und darauf achten, dass die letzte Reihe eine Rückreihe ist. Meistens taucht diese Anweisung auf, wenn 2 Strickteile bis zur gleichen Höhe gestrickt, die Maschen der Rückreihe zwischenzeitlich stillgelegt und dann beide Teile zusammengefügt werden.

Links auf links/rechts auf rechts

2 Strickteile mit den beiden Rückseiten (links auf links) oder mit den beiden Vorderseiten (rechts auf rechts) aufeinanderlegen.

Maschen auffassen

Um erneut Maschen aus einer bereits abgeschlossenen Maschenkante aufzufassen, werden rechte oder linke Maschen aus dem Strickstück herausgestrickt.

Fully fashioned

Handgestricktes lässt sich nur mit sorgfältiger Vorbereitung schneiden, ohne vollständig aufzuribbeln. Daher wird jedes Strickteil in der Regel durch Zunahmen, Abnahmen oder verkürzte Reihen in Form gebracht und nicht durch Zuschneiden.

NADELSTÄRKEN

In Deutschland und in den meisten europäischen Ländern werden die Nadelstärken nach Nadeldurchmesser in Millimeter angegeben und bezeichnet.

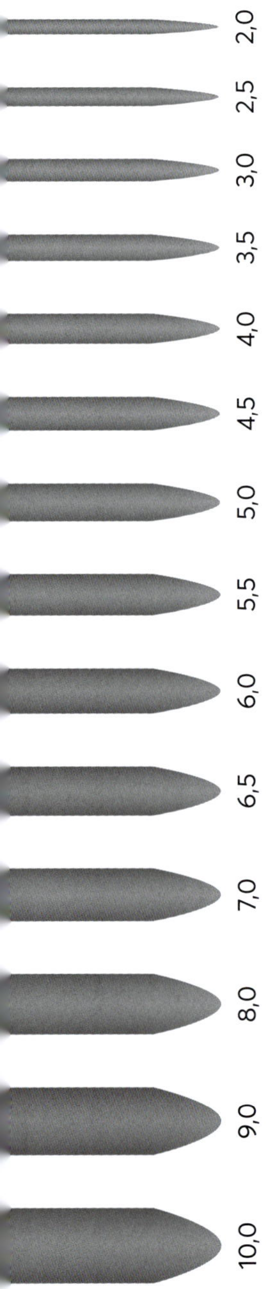

Üblicherweise sind sie bis zur Nadelstärke 7 in ganzen und halben Größen erhältlich. Zwischengrößen von 0,25 mm sind eher selten zu bekommen, aber mitunter auch sehr begehrt, da sie trotz des geringen Durchmesserunterschiedes das Maschenbild schon sichtbar verändern.

Generell gilt: dünne Nadel = kleine Nadelstärke = kleine Masche.

Allerdings sind die Nadeln nicht immer mit der entsprechenden Größe beschriftet oder bestanzt, sodass ein Nadelmaß sehr praktisch ist. Die gängigsten Nadeldicken sind zum Vergleich hier abgedruckt. Selbst wenn Sie also kein gelochtes Nadelmaß zur Verfügung haben, finden Sie so schnell heraus, welche Nadelstärke Sie in der Hand halten.

In den USA wird eher mit Zwischengrößen gestrickt, die einer 0,25 mm Stärke entsprechen und auch die Engländer haben ihre Nadelstärken auf eigene Weise absteigend nummeriert.

Ein kleiner Überblick über die Entsprechungen hiesiger, amerikanischer und englischer Nadelstärken erleichtert den Griff zur richtigen Nadel.

Europa	USA	UK
12,00 mm	0	14
12,25 mm	1	13
12,50 mm	–	–
12,75 mm	2	12
13,00 mm	–	11
13,25 mm	3	10
13,50 mm	4	–
13,75 mm	5	9
14,00 mm	6	8
14,50 mm	6	8
15,00 mm	8	6
15,50 mm	9	5
16,00 mm	10	4
16,50 mm	10,5	3
17,00 mm	–	2
18,00 mm	11	0
19,00 mm	13	00
10,00 mm	15	000

GRÖSSENTABELLE FÜR SOCKEN AUS 4-FÄDIGEM SOCKENGARN

LL = 210 m/50 g, 30 Maschen x 42 Reihen = 10 cm x 10 cm, Nadelstärke 2,0–3,0 mm

Größe	22/23	24/25	26/27	28/29	30/31	32/33	34/35	36/37	38/39	40/41	42/43	44/45	46/47
Maschenanschlag/Maschenzahl je Nadel	44/11	48/12	48/12	52/13	52/13	56/14	56/14	60/15	60/15	64/16	64/16	68/17	72/18
Fersenmaschen insgesamt	22	24	24	26	26	28	28	30	30	32	32	34	36
Doppelmaschen für jedes Seitenteil	7	8	8	8	8	9	9	10	10	10	10	11	12
Reguläre Fersenmaschen im Mittelteil	8	8	8	10	10	10	10	10	10	12	12	12	12
Fußlänge bis Spitzenbeginn in cm	12,0	13,0	14,0	15,0	16,5	17,0	18,5	19,5	20,5	21,5	23,0	23,5	24,5
Abnahme für Bandspitze nach der 1. Abnahme in der 4. Runde								1x	1x	1x	1x	1x	1x
in jeder 3. Runde	1x	1x	1x	2x	2x	2x	2x	2x	2x	2x	2x	2x	2x
in jeder 2. Runde	3x	3x	3x	3x	3x	3x	3x	3x	3x	3x	3x	4x	4x
in jeder Runde	4x	5x	5x	5x	5x	6x	6x	6x	6x	7x	7x	7x	8x
Gesamte Fußlänge in cm	15,0	15,5	17,5	19,0	20,5	21,5	23,0	24,5	25,5	27,0	28,5	29,5	31,0

GRÖSSENTABELLE FÜR SOCKEN AUS 6-FÄDIGEM SOCKENGARN

LL = 125 m/50 g, 22 Maschen x 30 Reihen = 10 cm x 10 cm, Nadelstärke 2,5–3,5 mm

Größe	22/23	24/25	26/27	28/29	30/31	32/33	34/35	36/37	38/39	40/41	42/43	44/45	46/47
Maschenanschlag/Maschenzahl je Nadel	32/8	36/9	36/9	40/10	40/10	44/11	44/11	48/12	48/12	52/13	52/13	52/13	56/14
Fersenmaschen insgesamt	16	18	18	20	20	22	22	24	24	26	26	26	28
Doppelmaschen für jedes Seitenteil	5	6	6	6	6	7	7	8	8	8	8	8	9
Reguläre Fersenmaschen im Mittelteil	6	6	6	8	8	8	8	8	8	10	10	10	10
Fußlänge bis Spitzenbeginn in cm	12,0	13,0	14,0	15,0	16,5	17,0	18,5	19,5	20,5	21,5	23,0	23,5	24,5
Abnahme für Bandspitze nach der 1. Abnahme in der 4. Runde													1x
in jeder 3. Runde	1x	1x	1x	1x	1x	1x	1x	1x	1x	2x	2x	2x	1x
in jeder 2. Runde	2x	2x	2x	3x	3x	3x	3x	3x	4x	4x	4x	3x	3x
in jeder Runde	2x	3x	3x	3x	3x	4x	4x	4x	4x	4x	4x	5x	6x
Gesamte Fußlänge in cm	15,0	15,5	17,5	19,0	20,5	21,5	23,0	24,5	25,5	27,0	28,5	29,5	31,0

ENGLISCHE STRICKBEGRIFFE

Im Internet finden sich unzählige Anleitungen internationaler DesignerInnen in englischer Sprache. Das Stricken nach diesen Anleitungen erfordert keine besonders fortgeschrittenen Sprachkenntnisse, sondern es reicht aus, sich einige Fachbegriffe anzueignen. Dabei hilft die folgende Übersetzungs- und Abkürzungsliste.

Beginnen Sie am besten mit einem einfachen Modell, um sich langsam in die andersartige Beschreibung einzuarbeiten. Bitte beachten: Oftmals werden andere Nummerierungen für die Nadelstärken verwendet!

arm		Arm
back		Rückenteil
to bind off	BO	abketten
cable		Zopf
to cast off		abketten
to cast on		anschlagen
casting on	CO	Maschenanschlag
chart		Zählmuster, Strickschrift
circular needle		Rundstricknadel
collar		Kragen
colorwork		mehrfarbige Strickarbeit
to crochet		häkeln
cuff		Bündchen
decrease(s)	dec	Abnehmen, Abnahme(n)
double pointed needles	dpn	Spielnadel(n)
edge stitch		Randmasche(n)
garter stitch	gst	kraus rechts stricken (Hinreihe rechts, Rückreihe rechts)
gauge		Maschenprobe
heel		Ferse
(to) increase(s)	inc	zunehmen, Zunahme(n)
to join into round		zur Runde schließen
kitchener stitch		Maschenstich (genäht)
to knit	k	rechts stricken
to knit in front and back	kfb	doppelte Zunahme aus einer Masche
to knit 2 stitches together	k2tog, ktog2	2 M rechts zusammenstricken
knit stitch		rechte Masche
to knit through back of loop	k tbl	rechts verschränkt stricken
knitwise	kwise	wie zum Rechtsstricken
long-tail cast-on		Kreuzanschlag
to make 1	M1, m1	1 Masche aus dem Querfaden zunehmen
marker		Maschenmarkierer
neck		Halsausschnitt
to pass over	po	überziehen
pattern	Patt(s), Pat(s)	Muster, Schablone
pick up stitches	pu	Maschen auffassen
to purl	p	links stricken
to purl 2 together	ptog 2, p 2tog	2 Maschen links zusammenstricken
to purl through back of loop	p tbl	links verschränkt stricken
repeat(s)	rep	Wiederholung(en); Rapporte
to repeat	rep	wiederholen
rib		Bündchenmuster, Rippenmuster
round(s)	rnd(s), rd(s)	Runde(n)
row		Reihe
to sew up		zusammennähen, schließen
short row		verkürzte Reihe, Kurzreihe
sleeve		Ärmel
stitch(es)	st(s)	Maschen(n)
stitchholder		Hilfsnadel
stocking stitch/ stockinette stitch	st st	glatt rechts (Hinreihe rechts, Rückreihe links)
swatch		Strickprobe, Maschenprobe
through the back loop	tbl	verschränkt durch den hinteren Maschenschenkel stricken
to turn		(Arbeit) wenden
twisted stitch		verschränkte Masche
to weave in		einweben
with yarn in front	wyif	mit dem Arbeitsfaden vorne
with yarn in back	wyib	mit dem Arbeitsfaden hinten
yarn over (needle)	yo (yon)	Umschlag

REGISTER

BUCHEMPFEHLUNGEN FÜR SIE

Noch mehr kreative Bücher zum gleichen Thema gesucht?

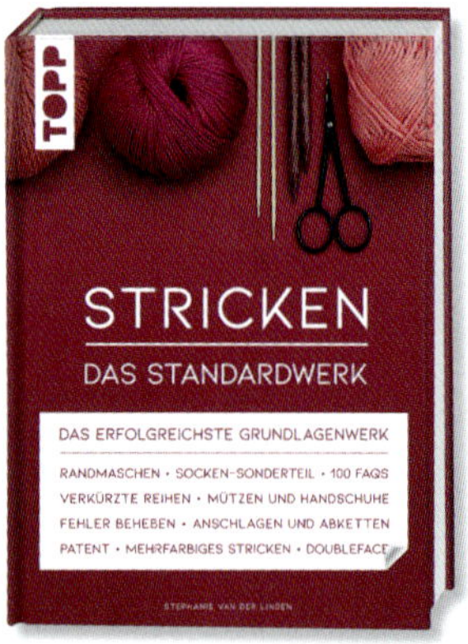

ISBN 978-3-7724-4884-3

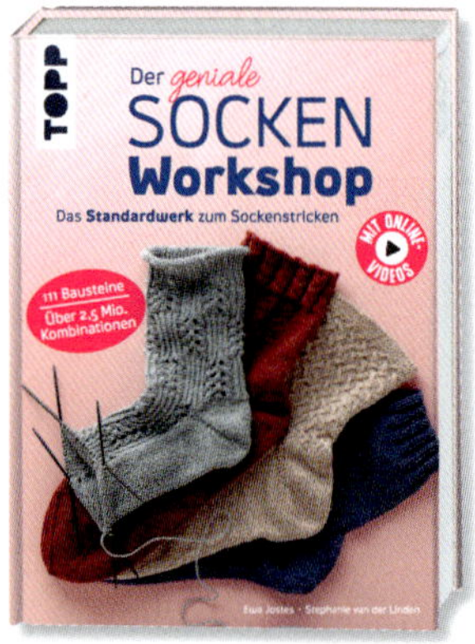

ISBN 978-3-7724-8151-2

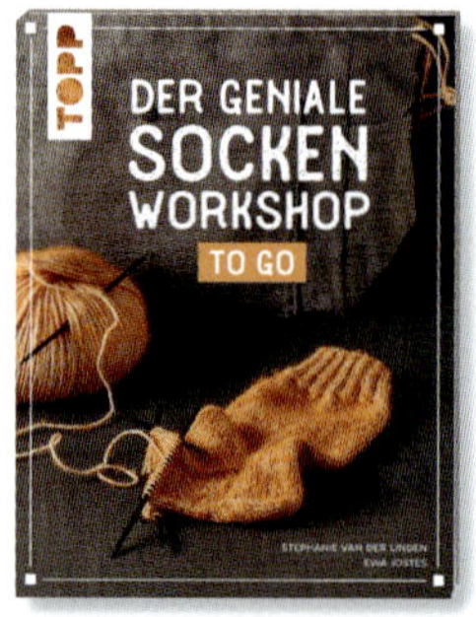

ISBN 978-3-7724-8153-6

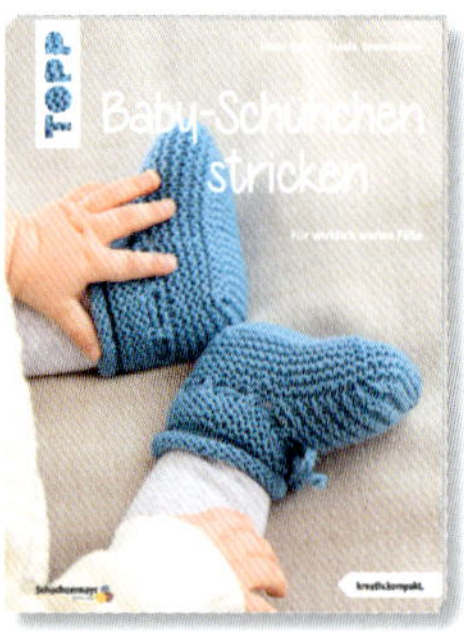

ISBN 978-3-7724-6838-4

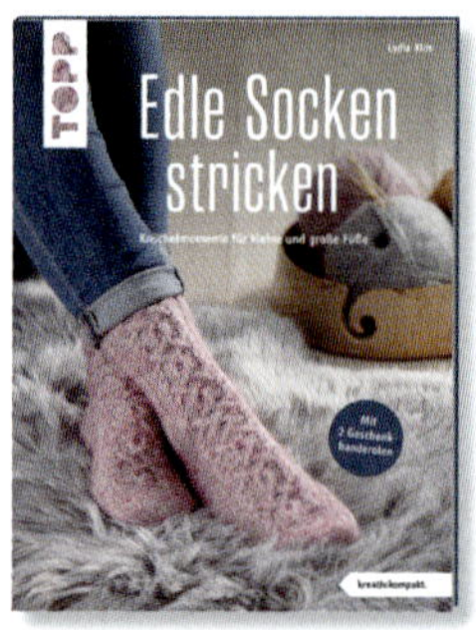

ISBN 978-3-7724-6845-2

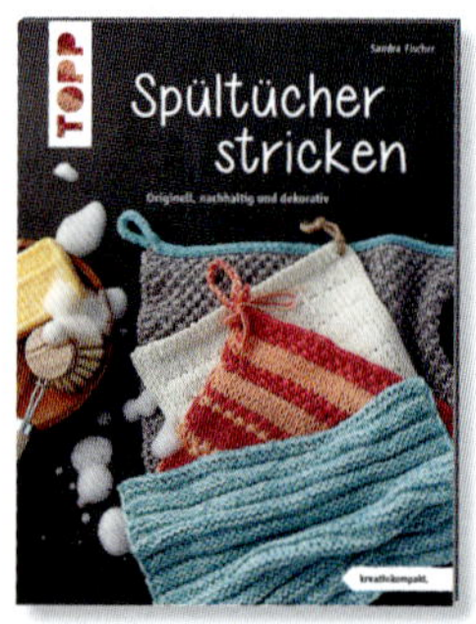

ISBN 978-3-7724-6846-6

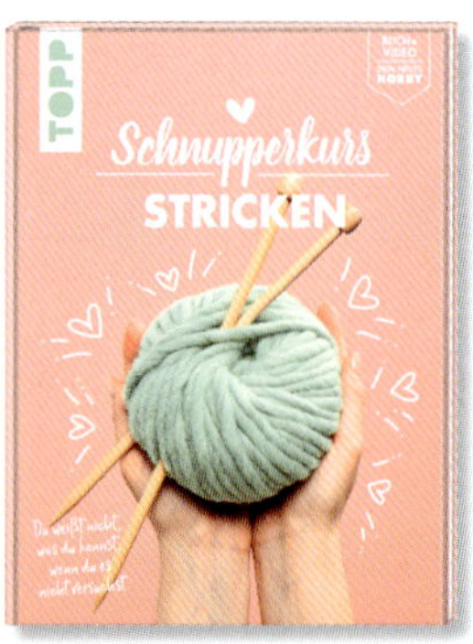

ISBN 978-3-7724-4801-0

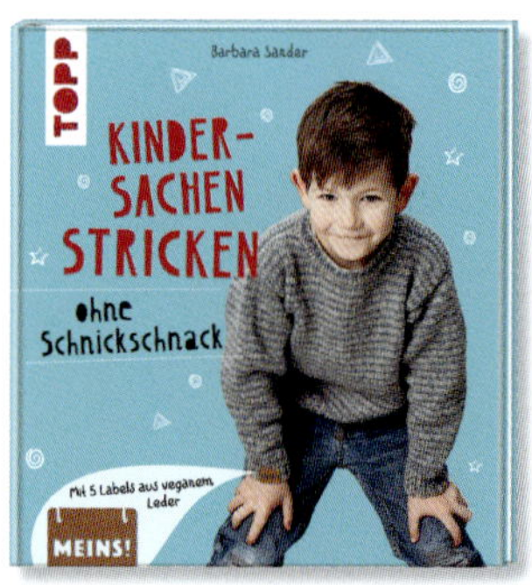

ISBN 978-3-7724-4842-3

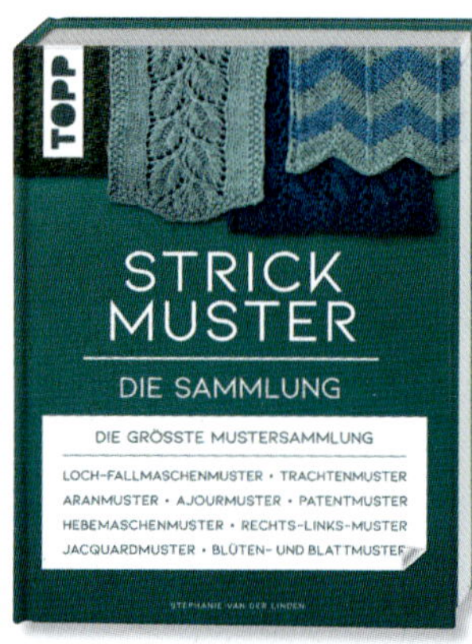

ISBN 978-3-7724-4886-7

Noch mehr Kreativ-Bücher finden Sie auf www.TOPP-kreativ.de

ENTDECKEN SIE ...

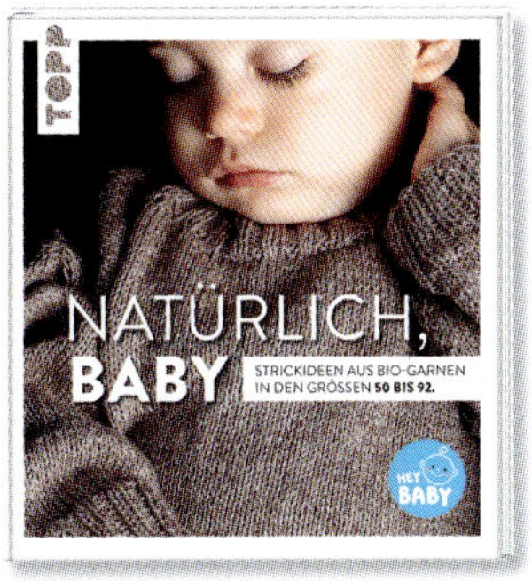

ISBN 978-3-7724-4825-6

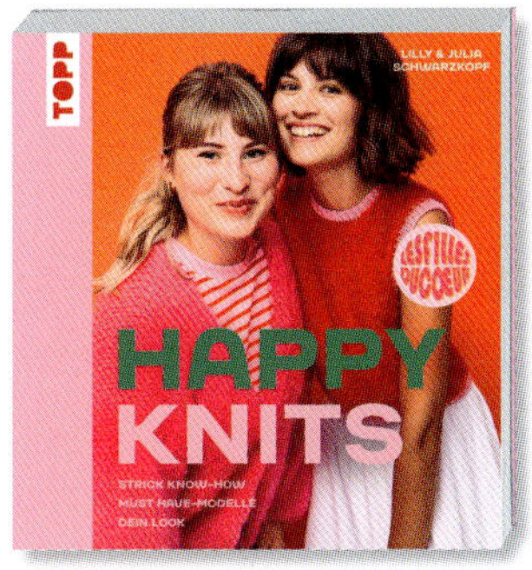

ISBN 978-3-7358-7148-0

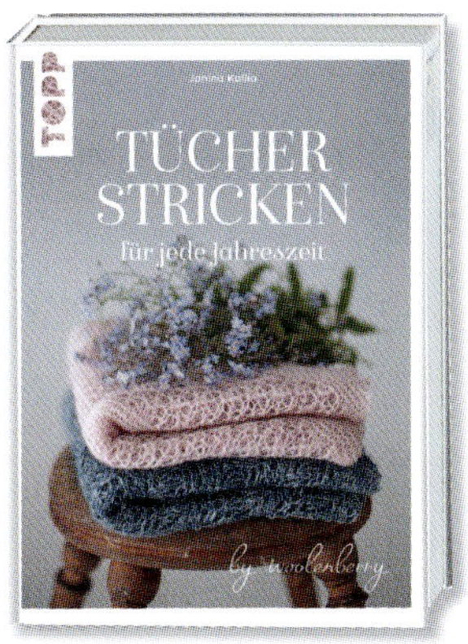

ISBN 978-3-7724-4814-0

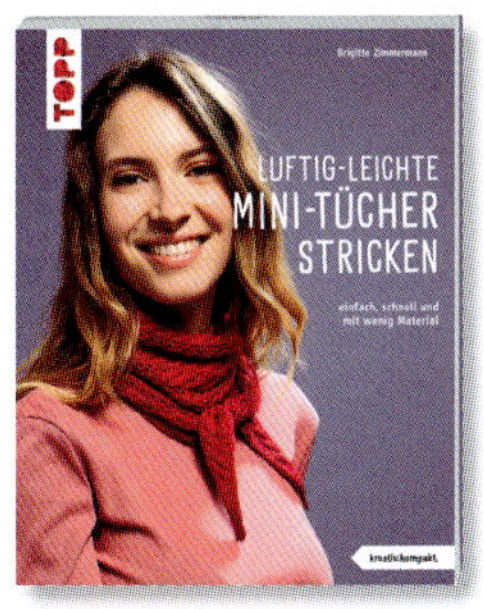

ISBN 978-3-7358-7168-8

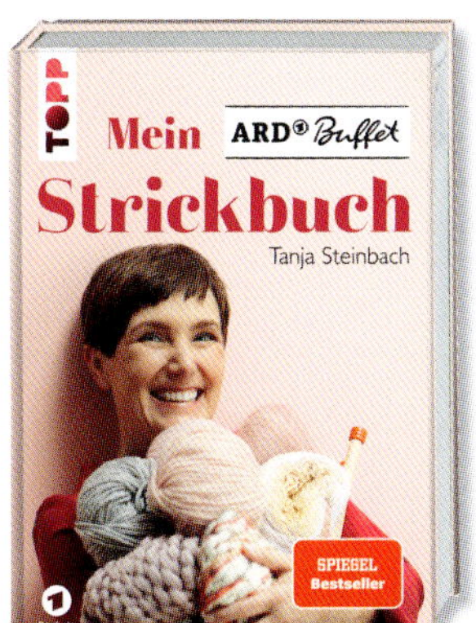

ISBN 978-3-7724-8177-2

#TOPPPROJEKT

Die eigene Kreativität zeigen: TOPPprojekt mit anderen Kreativen teilen und Teil der Gemeinschaft werden.

DIY-begeistert und auf Instagram? Dann unbedingt mitmachen! Hier gibt's Tipps und Feedback zu den eigenen Projekten. Außerdem verlosen wir jeden Monat ein Überraschungspaket. Um am Gewinnspiel teilzunehmen, einfach ein Bild vom Kreativ-Projekt aus unseren Büchern mit #TOPPprojekt posten und unserem Account @frechverlag folgen. Mehr Infos auf TOPP-kreativ.de/TOPPprojekt

Mach mit beim

#TOPPprojekt

#TOPPprojekt
@frechverlag

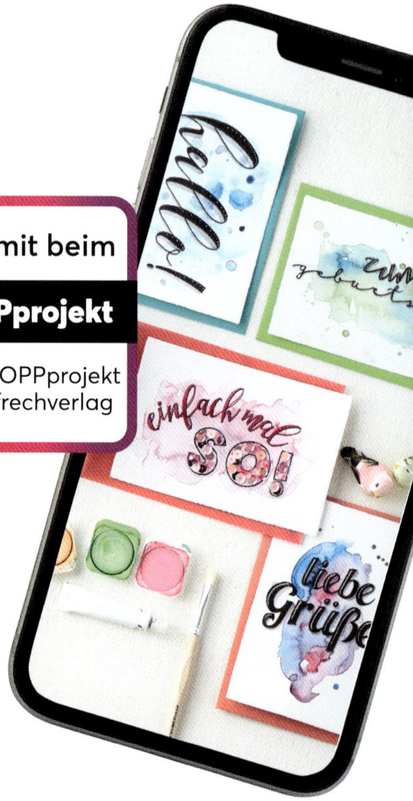

Webseite

Auf TOPP-kreativ.de gibt es ein riesiges Angebot von über 1.000 Kreativbüchern, Sets und mehr zu entdecken.

Newsletter

Immer als Erstes von unseren Neuheiten und Sonderaktionen erfahren: TOPP-kreativ.de/newsletter

Instagram

@frechverlag

Pinterest

pinterest.com/frechverlag

Facebook

facebook.com/frechverlag

DigiBib

Hier gibt es zusätzlich zu einigen unserer Bücher digitale Extras, wie Video-Tutorials, Plotter-Dateien, Vorlagen, Übungsblätter und vieles mehr. Einfach im Impressum eines TOPP-Buchs nachschauen, ob dort ein Code vorhanden ist, und exklusive Inhalte freischalten. TOPP-kreativ.de/digibib

Youtube

youtube.com/frechverlag

WER WIR SIND, WIE WIR ARBEITEN, WAS WIR LIEBEN

Mehr über uns und unsere Arbeit und immer mit den neuesten Informationen versorgt schnell und einfach auf Instagram, Facebook und Pinterest.

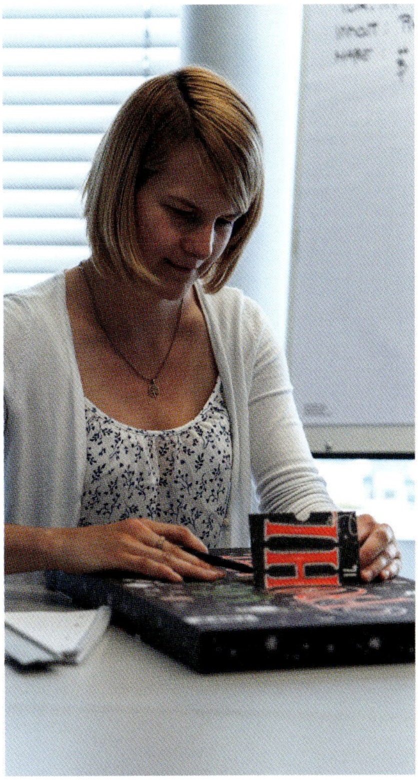

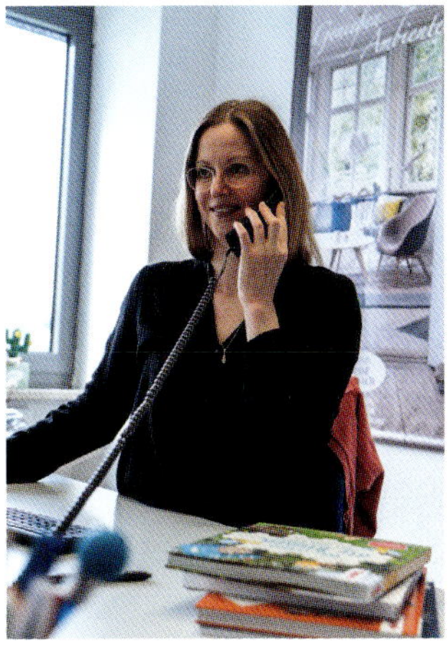

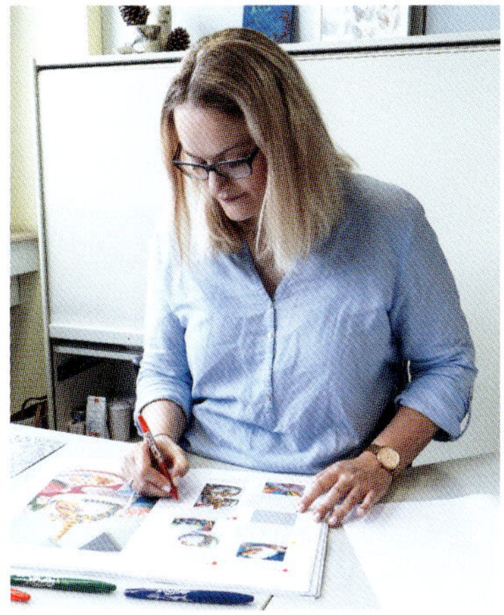

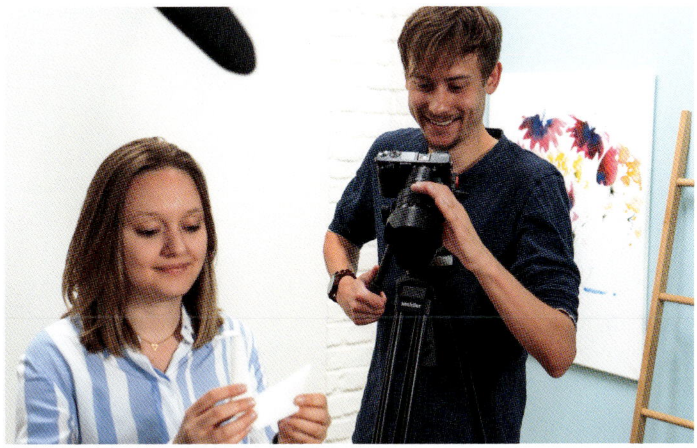

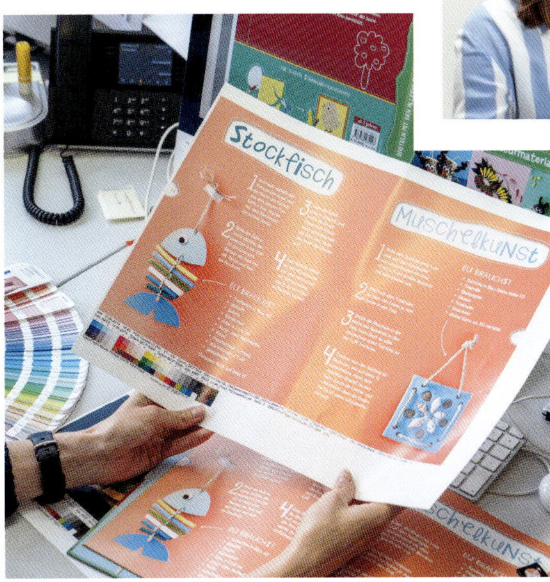

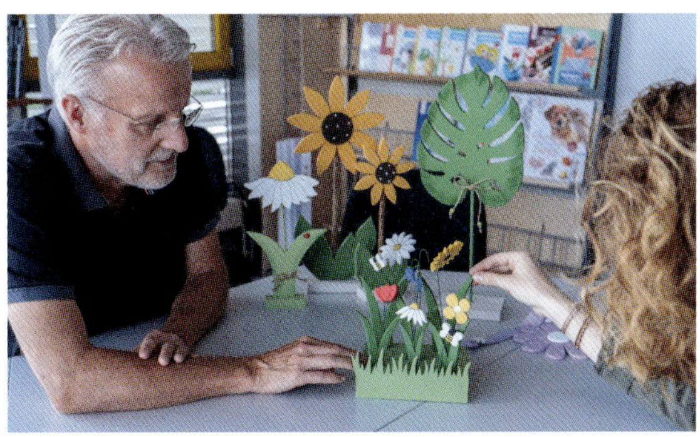

Alle News, alle Infos und alle Links finden Sie auf www.TOPP-kreativ.de

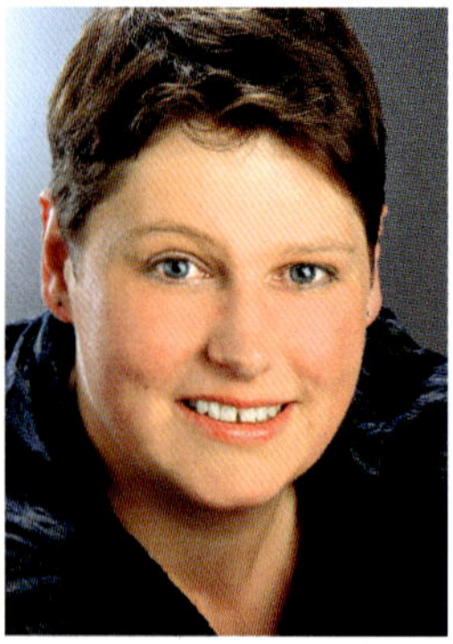

AUTORIN

Als Kind der 70er wurde ich schon früh mit dem Bastel- und Handarbeitsvirus infiziert. Ich hatte noch das Glück, das Stricken von meiner Oma zu lernen. Auch wenn ich mich beruflich zunächst naturwissenschaftlich orientierte, blieb die Begeisterung am Werkeln mit meinen Händen und die Faszination an mathematischen Strukturen hinter rechten und linken Maschen.
Richtig ausleben konnte ich das, als unsere Kinder ihre Füßchen in die Welt setzten. Damals habe ich angefangen, Baby- und Kinderkleidung aus ökologischen Garnen zu entwerfen und mich viel mit den Eigenschaften von Materialien, Farbstoffen und auch mit Farbwirkung beschäftigt.
Besonders das Austüfteln etwas ungewöhnlicher Strickideen, das Entdecken neuer Materialien und der Austausch mit jungen, unkonventionellen Strickerinnen in aller Welt machen mir Spaß. Seit über 15 Jahren entwerfe und lektoriere ich inzwischen freiberuflich für deutsche und internationale Garnhersteller, Magazine und Verlage.

KREATIV-SERVICE

Hilfestellung zu allen Fragen, die Materialien und Bücher zu kreativen Hobbys betreffen: Frau Erika Noll berät Sie. Rufen Sie an oder schreiben Sie eine E-Mail!

Telefon: 0711/12375720*
*normale Telefongebühren
E-Mail: mail@kreativ-service.info

VIDEOS

Der Freischaltcode für die Videos lautet:
11014

DANK

Wir danken den Firmen MEZ GmbH (www.mezcrafts.com) und Lana Grossa (www.lana-grossa.de) für die Unterstützung bei diesem Buch.

Allen fleißigen Strickerinnen ein herzliches Dankeschön für die Unterstützung!

IMPRESSUM

Überarbeitete und erweiterte Neugestaltung von TOPP 6741

FOTOS: frechverlag GmbH, 70839 Gerlingen; Fotostudio Ullrich & Co., Renningen; lichtpunkt, Michael Ruder, Stuttgart (S. 10, 12, 30-33, 39, 47, 55-56, 63-65, 73, 77-81, 93-94, 100-101, 110-113, 121, 126-131, 143-145)

PRODUKTMANAGEMENT: Eva-Barbara Zirn

LEKTORAT: Katrin Akyol, Leinfelden-Echterdingen

UMSCHLAGGESTALTUNG UND LAYOUT: Tatjana Weiß

GESTALTUNG: Petra Theilfarth

DRUCK UND BINDUNG: Balto print, Litauen

3. Auflage 2025

produktsicherheit@frechverlag.de

ISBN 978-3-7724-4890-4 • Best.-Nr. 4890

MIX
Papier | Fördert gute Waldnutzung
FSC® C107574

Penguin Random House Verlagsgruppe
FSC® N001967